U0454822

湖南大学出版社·长沙

HUNAN UNIVERSITY PRESS

积极教育丛书 · 主编 王玉玺

刘洪翔　祝铨云　著

积极教育学基础

内 容 简 介

本书论述了积极教育的概念内涵与基本特征，阐述了积极教育对"人""积极"等基础性概念的基本认识，提出了"积极是教育的本有之义"的基本主张，阐明了积极教育在师生关系、德育、课程与教学、家校共育等问题上的基本观点，提出了"双主体""做学生成长有意义的他者""反思性实践"等主张以及积极教育中国化的路径建议。

图书在版编目（CIP）数据

积极教育学基础/刘洪翔，祝铨云著 . —长沙：湖南大学出版社，2021.5（2022.8 重印）

ISBN 978-7-5667-2175-4

Ⅰ.①积… Ⅱ.①刘… ②祝… Ⅲ.①教育学 Ⅳ.①G40

中国版本图书馆 CIP 数据核字（2021）第 076452 号

积极教育学基础

JIJI JIAOYUXUE JICHU

著　　者：刘洪翔　祝铨云
责任编辑：刘　锋
印　　装：河北文盛印刷有限公司
开　　本：710 mm×1000 mm　1/16　　印　张：16.25　字　数：271 千字
版　　次：2021 年 5 月第 1 版　　印　次：2022 年 8 月第 2 次印刷
书　　号：ISBN 978-7-5667-2175-4
定　　价：68.00 元

出 版 人：李文邦
出版发行：湖南大学出版社
社　　址：湖南·长沙·岳麓山　　　邮　编：410082
电　　话：0731-88822559（营销部），88821173（编辑室），88821006（出版部）
传　　真：0731-88822264（总编室）
网　　址：http：//www.hnupress.com
电子邮箱：553501186@qq.com

积极教育是一种有价值的理想。

——[美]马丁·塞利格曼

积极教育丛书编委会

主　　编：王玉玺

副 主 编：谌叶春　　段先清　　张学斌　　袁再旺

编　　委：胡学安　　朱美健　　黄仕则　　席春玲
　　　　　刘洪翔　　林日福　　刘丽芳　　祝铨云

序

　　世纪之交，美国著名心理学家塞利格曼创立的积极心理学逐渐在世界范围内兴起，人们也逐渐以此为视角审视传统教育。由此，一种作为传统教育的审视者、批判者、补充者的积极教育逐渐进入人们的视野，并成为部分教师、学校、区域推进教育改革的一种尝试。

　　本书正是对这一尝试、趋势的回应与研究。之所以用"基础"来命名本书，有两个原因：一是积极教育是新鲜事物，要对它进行全面的研究，成就一门积极教育学，还为时过早，还有待理论与实践两方面的全面展开；二是积极教育的深入推广，一些大根大本即基础性的问题必须解决，必须回答。对积极教育学来说，本书主要完成的是五项基础性工作。

　　一、述其源。积极教育的源头是积极心理学。本书对积极心理学做了概要性介绍，包括塞利格曼女儿的灵魂一问、积极心理学的发生发展以及它的两个基本范畴——幸福、美德与性格优势。在此基础上，提出了积极教育的概念，分析了它的特征，阐明了它的原则，为积极教师、积极学生、积极德育、积极课程等积极教育各组成部分的论述，定好调、张好本。

　　二、定其本。积极心理学是人本主义心理学，积极教育学也是人本主义教育学。以人为本，是积极教育的基本原则。本书对这个本——"人"从哲学的、伦理学的、教育学的多重角度进行了全面分析，明确提出"人是教育的目的"的基本主张。以人为本，关键在于启发、尊重、落实人的主体性。本书用了大量篇幅论述了主体、主体性、主体间性，并将对师生主体性的启发、尊重、落实贯穿全书。以此解决在积极教育推行过程中，在教育改革推进过程中，都讲主体，却浑然不知主体为何义的尴尬局面，为"以人为本"这一基本原则的落地提供一份理论自觉。

　　三、明其经。本书论述最多的范畴之一是"实践"。在论"人"时，指出人是实践的主体，是实践的产物；在论"教师"时，提出以"反思性实践"重构教师专业成长之路；在论"课程"时，以"实践"为中心构建课程实施链条；在论"德育"时，以"创造性劳动"定义人的价值，反复申明"知行合一"之理；在论"家庭教育"时，提出亲子"一起做"是最好的陪伴，最好的教育。从马克思主义实践论、布尔迪厄的实践理论、存在主义哲学、中国传统文化的"知行合一"等多重理论视角反复论述实践的哲学内涵、教育要义，以此为积极教育建立大纲大本。为什么如此看重"实践"？因为实践是推动人的全面发展、实现人的解放的根本原因、根本动力，是人的生命存在的最高本质。要消除应试教育的弊端，实现人的全面发展，唯在实践，唯在做学教合一，唯在手脑并用，心手合一。

本书是做基础性工作的，教育的基础是哲学，是人学。所以本书对各基本范畴进行论述时，并不仅仅拘泥于教育学的内涵，而是更多从哲学、伦理学、人类学等视角进行深度生发、阐释。教育有时不明，不在方法不通，而在一些根本性问题上没有想通。既然是"基础"，多从哲学、人学立论也是必然之势。

四、通其流。在述源、定本、明经的同时，本书还对积极教师、积极学生、积极师生关系、积极德育、积极课程、积极家庭教育、积极家校共育等积极教育的组成部分进行了深入阐述，提出了一些具体措施，为积极教育的推广、实践、落地提出一些切实可行的指导性意见、建议。

五、合其归。积极教育归于何处？归于在中国大地上办教育，归于积极教育中国化。本书认为，在中国大地上推行积极教育，要全面吸收中国优秀传统文化、中国特色社会主义教育思想。积极教育的中国化既有必要，也有可能。

本书的一个鲜明特色是以基本范畴的论述贯穿全书。而在对这些基本范畴做哲学、教育学分析之前，进行字源分析，指出字源的教育学隐喻。语言是存在的居所，文字是文化的精华。这一处理一定程度上来讲，是对传统的回归，是对文化的传承，是对优秀传统文化进行现代性注释，建立传统文化与现代教育理性链接的尝试。也许，也是为积极教育建立文化之基的尝试。

本书只是基础，只立基础。至于积极教育学的建立，则有待来时，有待贤者。积极教育的全面推行，必将迎来春花烂漫的美好时刻。我们愿做这美好时刻的报春鸟。

是以为序！

王玉玺

2021 年 2 月

目　次

第一章　内涵与特征

——积极教育的基本认识

教育必须保护好孩子们心灵中巨大的、无可比拟的精神财产和精神财富——欢乐和幸福。

——苏霍姆林斯基

2020 年 3 月份以来，有两件事先后刷屏。一是英国疫情暴发期间，1.5 万个小留学生滞留英国，亟待接回。二是两会期间李克强总理说，中国有 6 亿人月均收入也就 1 000 元。如果联想到五年前曾被很多人寄予厚望的高考自主招生联盟测试被叫停，我们就能看到当前中国教育的困境所在。

一方面，作为广受诟病的应试教育的发动机——高考仍旧承担着维护教育公平，为寒门学子保留一条上升通道的重要责任。这一点近期内不可能出现根本性的改变。原因都在李克强总理说的 "6 亿人月均收入也就 1 000 元" 当中。这一基本国情决定了教育公平仍旧是中国当下最重要的，也是最沉重的社会诉求。自主招生联盟测试被取消的一个重要原因就在于其妨碍了教育公平。尽管学子们要忍受应试教育的痛苦，但仅就保障基本的教育公平而言，高考仍旧是最大的社会公约数。而以个性发展为核心内涵的素质教育，也是教育发展的大势所趋，但就可预见的将来而言，对于中下阶层来讲，由此带来的高昂的教育成本是他们无法承担，也无法接受的。

另一方面，富裕阶层却通过送孩子出国留学，表达其对僵化的应试教育体制的不满，对 "千军万马过独木桥" 的不满，对应试教育伤害个性的不满。

因为他们已经到了马丁·塞利格曼所说的"更多创造性思维，更少机械服从，甚至更多享乐才能更成功"①的阶段。一句话，教育对于富裕阶层来说，不再是生存性的，而是发展性的、创造性的、享受性的，而应试教育无法提供这样的教育形态。

应试教育弊端重重，却维护着教育公平；素质教育前景广阔，但高昂的成本使它短期内不可能全面推广。前者为富裕阶层所抛弃，后者为中下阶层所拒绝。中国教育，在应试教育与素质教育的左右拉扯中尴尬前行，教育改革困难重重——不说教育形态的整体性变革，就单单一个高考改革也是几度重来，蹒跚前行，至今难有一个为全社会所接受的方案。

相较于基于不同的教育目的所持的对应试教育的不同态度，在教育教学方式上，对应试教育体制下的知识中心、教师中心、技术中心以及由此形成的应试时的题海战术，绝大部分人，包括应试教育的受益者们——历经中考、高考进入高等学府的学子们也同样持批评，甚至是激烈的批评态度。这一批评的态度有的来自应试的痛苦——繁重的学业负担，巨大的竞争压力；也有对兴趣得不到满足，个性得不到伸张的不满。因材施教虽然作为最重要的教育原则被列入各类教育学著作，写入师德规范，但在应试教育体制下几乎无实现的可能，顶多是采用不同的"催学"手段而已。这两者——繁重的学业负担、因材施教的虚化，是不把"升学—就业"作为目标而更看重个性化健康成长的富裕阶层送孩子出国留学的一个重要的甚至是根本性的原因所在。

尽管被批了几十年，教育界也尝试了、开展了多种基于课堂教学模式重建，甚至是课程实施体系重构式的改革，但到最后，题海战术作为提分神器仍旧为教师们、家长们所青睐。尽管中央三令五申要减轻学生学业负担，但负担始终降不下来。改变的只是形式和途径——从教师作业变成家长作业，从学校作业变成补习机构的作业。

教育改革势在必行——多元的教育诉求，一元化的教育体制；多样化的生命样态，刻板化的教育方式。但深层次的教育改革却总难成行——"6亿人月均收入也就1 000元"这一最大的国情使教育公平始终作为最强大的背景因素，"守护"着高考的神圣！

---

① ［美］克里斯托弗·彼得森. 打开积极心理学之门［M］. 侯玉波，王非，译. 北京：机械工业出版社，2018：77.

高考不能动，教育必须改。路在何方？

这是一个异常宏大的问题，我们深知，凭一己之力，一域之力，无法从根本上解决这一历史性甚至是世界性的难题。任何一次尝试在某种程度上讲都是布满荆棘的，但这又是一条必须要走的路，不管是宏观政策的制定者，还是一线教师，都无法回避，而必须面对的。因此，每一次的努力，不管最后的结果是什么，都显得异常的可贵。中国的改革与现代化事业之所以能走到今天，并取得如此伟大的成就，不正是亿万人一次又一次在看似不可为处努力而为，在看似不可行处努力而行的结果吗？

教育，又何尝不是如此？不该如此？这是本书的事实起点、逻辑起点、情感起点。

在看似不可为处努力而为，在看似不可行处努力而行。这正是"积极"的要义所在。虽然这一阐释与本书核心概念"积极心理学""积极教育"中的"积极"的内涵不尽相符，但二者在精神血脉上是相通的——积极心理学正是建立在对传统心理学逐渐走向并沉溺于病理心理学的倾向与路径的批判中，实现心理学研究范式转向的。挑战一个具有百年历史及深厚积淀的学术范式又何尝是件容易的事？

世上本无路，走的人多了，也就成了路。积极教育试图走出这样一条路。

第一节　起点——积极心理学

教育必须保护好孩子们心灵中巨大的、无可比拟的精神财产和精神财富——欢乐和幸福。[①] 在常俗的语境当中，教育没有不积极的，不积极也无以成为教育，所以，以积极冠名教育是多此一举，说得严重些，是存在逻辑语病的。之所以冒着被误解与指责的风险，提出"积极教育"这一概念，其根本出发点在于，教育之于儿童的欢乐与幸福有着天然的、神圣的、不可推卸的责任。正因如此，我们用幸福的科学[②]——积极心理学的"积极"二字定义、修

---

① [苏]苏霍姆林斯基. 怎样培养真正的人 [M]. 蔡汀，译. 北京：教育科学出版社，2016：7.

② 积极心理学之父马丁·塞利格曼两本最重要的心理学著作分别是《真实的幸福》《持续的幸福》，曾光、赵昱鲲的《积极心理学在教育中的应用》以"幸福的科学"作为前缀。

饰教育，以此形成本书的核心概念——积极教育。

正因如此，在全面论述积极教育之前，有必要对它的起点——积极心理学做一简单的介绍。

一、积极心理学的起源与核心范畴

积极心理学是美国著名心理学家马丁·塞利格曼于 1998 年创立的，后迅速传播到世界各地。

我们现在谈论积极教育与积极心理学的关系时，最为经典的阐述是积极心理学启发了积极教育，但若从现象学的角度去追根溯源的话，可以说是教育启发了积极心理学。这要从马丁·塞利格曼与他的女儿说起：

> 一天，塞利格曼与五岁的女儿在园子里播种。他的女儿叫尼奇。塞利格曼虽然写了大量有关儿童的著作，但在实际生活中他与孩子并不算太亲密。他平时很忙，有许多任务要完成，只想快一点干完播种；尼奇却手舞足蹈，将种子抛向天空。
>
> 塞利格曼叫她别乱来，女儿却跑过来对他说："爸爸，我能与你谈谈吗？""当然"，他回答说。
>
> "爸爸，你还记得我五岁生日吗？我从三岁到五岁一直都在抱怨，每天都在说这个不好那个不好，当我长到五岁时，我决定不再抱怨了，这是我从来没做过的最困难的决定。如果我不抱怨了，你可以不再经常郁闷吗？"
>
> 塞利格曼突然产生了一种闪电般的震动，仿佛出现了神灵的启示。他太了解尼奇的成长，太了解自己和自己的职业。他认识到，是尼奇矫正了自己的抱怨。培养尼奇意味着要挖掘她心灵深处的潜能，充分发扬她的优秀品质，培养她的力量。培养孩子不是盯着他们身上的短处，而是认识并塑造他们身上的最强项，即他们拥有的最美好的东西，并将这些最美好的东西变成促进他们幸福生活的动力。
>
> 这一天也改变了塞利格曼的生活。他过去的五十年都在阴暗的气氛中生活，心中有许多消极的情绪，而从那天开始，他决定让心灵充满阳光，让积极的情绪主导自己。继而，塞利格曼将这种关于人的优

秀品质和美好心灵的心理学，定位为积极心理学。①

　　这是个类似于"一个苹果"的故事。当然，正如苹果砸中了很多人的头，最终只有牛顿提出了万有引力是源于牛顿常年来的科学研究一样，许多的父母都有类似的经历，而提出积极心理学的是塞利格曼是源于他的学术背景——他是个心理学家。

　　他早期最有名的研究成果是关于习得性无助的，这一成果让他享誉世界。所谓无助感，是指经历了一系列的失败和挫折后，人会把这种失败和挫折当作一种必然要发生的事而表现出的无可奈何，失去了抗争、行动的动力，最终只能选择放弃努力。塞利格曼通过研究后认为，这一无助感并不是真实的无助，即并不意味着他们真的就一定会面临失败，而是因为情感导致或造成了他们主观上的不努力。这种无助感是学习或之前的经历所导致的结果。经过多个实验后，塞利格曼想，人与动物都有这种习得性无助。后来，塞利格曼认为，既然无助感可以习得，那么乐观岂不是也可以习得？经过漫长的研究，塞格利曼进一步确认了这一假设，并出版了《习得性乐观》《怎样教孩子乐观》。②

　　在多年研究习得性乐观的基础上，塞利格曼产生建立一种以研究人的积极品质为核心的心理学理论的想法。1998 年，高票当选美国心理学会主席后，他发起了一场积极心理学运动。2000 年，他在《美国心理学家》上发表了《积极心理学导论》，这标志着积极心理学的正式诞生。

　　在《积极心理学导论》中，塞利格曼批评了自二战以来心理学一直只关注人的各种心理问题及其破坏性力量，而忽视研究人类的美德及其建设性力量的现状，要求积极心理学改变这一现状，关注与发掘人的积极力量。

　　随着克里斯托弗·彼得森、Alan Carr 等众多学者的加入，21 世纪初，积极心理学逐渐形成世界性影响，成为心理学发展的主流形态之一。

　　与传统心理学致力于如何纠偏不同，积极心理学认为：我们需要将同样的关注放在优势和弱点上，一方面修补坏的世界，另一方面塑造好的事物；一方面帮助那些有疾病的人，另一方面充实那些健康个体的生活。心理学家致力于挖掘人类的潜质，因此需要从不同的角度去思考，除了关注病态模型，还需要

---

① 转摘自雅蕾教育，https://www.sohu.com/a/131151110_497990.
② 任俊. 写给教育者的积极心理学 [M]. 北京：中国轻工业出版社，2019：4-6.

寻找更多的途径。① 积极心理学致力于研究人的发展潜力和美德，其研究重点放在人自身的积极因素方面，主张心理学要以人固有的、实际的、潜在的具有建设性的力量、美德和善端为出发点，提倡用一种积极的心态来对人的许多心理现象（包括心理问题）作出新的解读，从而激发人自身内在的积极力量和优质品质，并利用这些积极力量和优秀品质来帮助普通人或具有一定天赋的人最大限度地挖掘自己的潜力并过上良好的、幸福的生活。②

基于"人类善良美好的一面与病态的一面同样真实存在着"的基本假设，积极心理学把"幸福""美德和性格优势"列为两大核心范畴——塞利格曼两本最重要的积极心理学著作分别是《真实的幸福》和《持续的幸福》。Alan Carr 在《有关幸福和人类优势的科学：积极心理学》中直接指出：积极心理学不仅是一门有关幸福的科学，而且是一门有关性格优势的科学。③

二、幸福是结构化的、可期盼的

幸福是积极心理学的核心范畴，也是个十分古老的概念。在中国，《尚书·洪范》提出五福说：寿、富、康宁、攸好德、考终命；在古希腊，既有享乐论的——幸福是欲望的满足（阿瑞斯提普斯），也有实现论的——幸福是美德的表达（亚里士多德）。

与传统"幸福"概念的笼统化表达不同，积极心理学的"幸福"概念是结构化的。积极心理学所指的幸福由五元素构成，即 PERMA 模型——积极情绪（positive emotion）、投入（engagement）、人际关系（relationships）、意义（meaning）和成就（accomplishment）。④

（1）积极情绪，指正向的情绪体验，包括指向过去的满意、满足、充实、骄傲和安详；指向现在的即时的快感和欣慰，指向未来的乐观、希望、信心、信仰和信任。

---

① ［美］克里斯托弗·彼得森. 打开积极心理学之门 ［M］. 侯玉波，王非，译. 北京：机械工业出版社，2018：3.

② 任俊. 写给教育者的积极心理学 ［M］. 北京：中国轻工业出版社，2019：前言.

③ ［爱尔兰］Alan Carr. 有关幸福和人类优势的科学：积极心理学 ［M］. 丁丹，等，译. 北京：中国轻工业出版社，2018：序.

④ 以下论述主要参考 ［美］马丁·塞利格曼. 持续的幸福 ［M］. 赵昱鲲，译. 杭州：浙江人民出版社，2012：2，9，16，17.

（2）投入，又译为沉浸，指在内在动机驱动下，从事具有挑战性和可控性的需要投入大量技能的活动时体验到的一种主观状态。控制感、时间知觉扭曲和忘我感是主要特征。

（3）人际关系。克里斯托弗·彼得森将积极心理学总结为：他人重要。[①] 积极的人际关系是指建立在共情基础上的人与人友好相处的关系状态，如互助、亲和、喜欢、友谊、爱情等。

（4）意义，指归属于和致力于某样超越自我的东西。意义不仅是单纯的主观感受，还是从历史的、逻辑的和一致性的角度出发进行冷静客观的评判。

（5）成就。其短暂的形式是成就，长期的形式是"成就人生"，即把成就作为终极追求的人生，作为幸福的元素之一。成就在一定程度上体现为"为赢而赢"的心理状态。

这五个元素既相互独立，可各自作为人生的终极追求[②]，又互相影响。如积极情绪有利于积极人际关系的建立，而积极人际关系也能带来积极的情绪体验，共同构成积极心理学的核心追求——幸福，体现了"幸福"这一概念的结构性和综合性：既是可分的，又是相统一的——内在与外在、情感与理智、现实与超越的统一。

幸福同样具有可期盼性。塞利格曼认为，幸福是可期望的，并可以得到持续的改善与稳定的提升[③]。柳博米尔斯基的研究表明：幸福的个体差异，有40%可以用目的性活动来解释……它意味着我们有很大余地通过有目的地从事某个活动来增进幸福。[④]

幸福的可期盼性、可获得性、可增进性，赋予了人们追求幸福的可能，也为教育以提升人创造、增进、享受幸福的能力为目标，提供了逻辑的和经验的可行性。

---

① ［美］克里斯托弗·彼得森. 打开积极心理学之门 [M]. 侯玉波，王非，译. 北京：机械工业出版社，2018：252.

② 塞利格曼在《持续的幸福》中提出幸福元素的标准之二为：许多人把它当作终极追求，而非追求其他元素的途径。

③ 见 ［美］马丁·塞利格曼《持续的幸福》第2章《不反弹的幸福》、第3章《幸福可以持续改善》。

④ ［爱尔兰］Alan Carr. 有关幸福和人类优势的科学：积极心理学 [M]. 丁丹，等，译. 北京：中国轻工业出版社，2018：17.

三、美德与性格优势，以及与幸福的关系

美德与性格优势也是积极心理的核心范畴之一。21 世纪初，克里斯托弗·彼得森与马丁·塞利格曼提出了 VIA 性格优势分类（VIA classification of character strengths）。这些分类包括了 24 种性格优势，被归纳到六种核心美德之中。①

（1）智慧与知识优势（strengths of wisdom and knowledge），指与获取和使用信息为美好生活服务有关的积极特质，包括创造力、好奇心、热爱学习、开放头脑、洞察力等认知优势。

（2）勇气优势（strengths of courage），指面对内外阻力而努力达成目标的意志，包括真实性（本真）、勇敢、恒心、热忱等矫正性人格特质。

（3）人道优势（strengths of humanity），指涉及关心和与他人关系的积极特质，包括友善、爱、社会智力等人格特质。

（4）正义优势（strengths of justice），具有广泛的社会性，与个人和群体或社区之间的最优互动有关，包含公平、领导力、团队合作等三种积极特质。

（5）节制优势（strengths of temperance），指那些保护我们免于过度的积极特质，包括宽容、谦虚、审慎、自我调适等性格优势。

（6）超然优势（strengths of transcendence），指使一个人与更庞大的宇宙形成联系，从而为生活提供意义的积极特质，包括对于美和优秀的欣赏、感激、希望、幽默、宗教性。

以上 24 种性格优势，分属于智慧、勇气、仁爱、正义、克己、超然等六种美德。美德与性格优势既有区别又紧密联系，美德为性格优势提供价值保证，性格优势为美德创造实现的途径。

相比于美德鲜明的价值倾向不同，性格优势是中性的，某一性格优势既可能体现在正面的、积极的、有益于人类整体的善的事业当中，也同样会出现在负面的、消极的、不利于人类整体的恶的行径当中。比如审慎，既是科学家的品质之一，又同样会出现在犯罪分子的身上。性格优势只有接受美德的规训与引领，才能体现出善的价值倾向，成为自身健康成长的正向力量。当然，美德

---

① 以下内容参见［美］克里斯托弗·彼得森. 打开积极心理学之门［M］. 侯玉波，王非，译. 北京：机械工业出版社，2018：146-151.

与性格优势之间的作用是相互的，美德在为性格优势提供规训与价值引领的同时，也深受性格优势的影响——任何美德的形成与表达都必须建立在实践的基础之上，一个人的实践形式、力度、层次从一定程度上讲取决于性格优势。比如坚强的意志品质有益于人们抵制外在的诱惑，坚持自己的正向选择；相反，懦弱往往在关键时刻为美德的形成撤去应有的心理能量的支持，从而使某一美德的形成功亏一篑。

相比于美德与性格优势的内部关系而言，美德与幸福的关系更为错综复杂。德福一致作为人类共同的理想与原则之一，一直为人类的善性事业提供理论支持，作为它最直白的表达形式"善有善报，恶有恶报"也一直是各大宗教用以规劝信徒、导人为善的基本信条之一。为此，各大宗教尤其是佛教不惜采撷、编撰难以计数的案例用以支撑这一信念的真实性。但现实生活的复杂性，反复冲击这一原则、信念的合理性、合法性，引发了人类的信仰危机。

思想家也努力着手解决这一问题，康德在《道德形而上学基础》中对这一问题作了深入探讨，对幸福、道德作了细致的形而上学分析，着力克服幸福的经验偶然性与道德的普遍必然性之间的矛盾，建立幸福与道德的一致性。但最终，他有且只有通过转换二者的叙述顺序——不是以福配德（以幸福报偿美德），而是以德配福（以美德配享幸福）——来解决这一思想与实践的难题：

> 归于幸福名下的权力、财富、荣誉，甚至健康和全部福祉以及对自己状况的满意，如果不是有一个善的意志在此矫正它们对心灵的影响，并借此也矫正整个行动原则，使之普遍地合乎目的，它们就使人大胆，且往往因此也使人傲慢。更不用说一个有理性且无偏见的旁观者，甚至在看到一个丝毫没有纯粹的和善的意志来装点的存在者却总是称心如意时，决不会感到满意。这样，看起来善的意志就构成了配享幸福的不可或缺的条件本身。[①]

积极心理学同样致力于这一问题的解决，但相比于康德，积极心理学更多

---

① 李秋零. 康德著作全集：第 4 卷［M］. 北京：中国人民大学出版社，2007：400.

从经验的角度论述二者的相关性。

积极心理学认为，美德以及性格优势和幸福息息相关——幸福是生活的目的，美德是幸福的基础。[①] 在幸福2.0理论中，塞利格曼指出：这24种性格优势支撑着幸福所有五个元素，它们是运用你最强的优势获得更多的积极情绪、更多投入、更多意义、更多成就以及更好的关系。如乐观者的积极期望会带来更强的幸福感；帮助别人是提升幸福感最可靠的方法；积极的人际关系给幸福带来深刻的正面影响，有助于幸福。[②]

> 他是一个好父亲。他的孩子是最重要的，而他总有耐心，支持他们并且保持公正。他们从不怀疑他的爱，因为他们没有理由怀疑。
>
> 他是一个好职员。他的工作做得很出色，并不是因为他喜欢，而是因为这是正确的事情。当他退休的时候，他的朋友、同事和上司都对他流露出感激。
>
> 他是一个好公民。他总是帮助别人，作为一个年轻人，他利用周末参与与低收入人群的爱心交流项目。
>
> 总之，他是一个热爱生命的人，因此生命也热爱他。[③]

同幸福是结构化的、可期盼的一样，积极心理学认为，人们拥有不同的美德与性格优势，这优势相对稳定，尤其是优势类型。但性格优势并不是一成不变的，尤其是优势水平，可通过学习、训练或者经历危机事件得到提升。性格优势对美德、幸福的意义与作用赋予了其培养与训练的必要性，而它的可训练性、发展性证明了学校教育、家庭教育的重要性。

四、积极心理学的教育启示

应试教育的主要弊端在于目标的一元化、方式的刻板化以及因材施教的虚

---

① 托马斯·杰弗逊的格言，转摘自 [美] 克里斯托弗·彼得森. 打开积极心理学之门 [M]. 侯玉波，王非，译. 北京：机械工业出版社，2018：140.

② [美] 马丁·塞利格曼. 持续的幸福 [M]. 赵昱鲲，译. 杭州：浙江人民出版社，2012：19，22-23.

③ [美] 克里斯托弗·彼得森. 打开积极心理学之门 [M]. 侯玉波，王非，译. 北京：机械工业出版社，2018：22-23.

无化。积极心理学中结构化的幸福概念对多元化生活目标的包容，以及对美德与性格优势的重视对当前的教育改革具有深刻的启发性。

（一）走出一元化教育目的的束缚，以"幸福"重塑教育目的

应试教育所有弊端的发端在于目的的一元化、单一化。在塞利格曼的幸福2.0理论中，幸福既是综合的，也是多元的，每个要素都可以作为人的终极目标。根据幸福理论，教育目标也是综合多元的，这有助于实现对单一化教育目标的解构，并在目的重塑中化解当前的教育困境与焦虑。

1. 幸福是人的现实的必然目标

正如康德所言，只要人们确信幸福的持存，期待幸福和寻求幸福就是人的本性所不可避免的。[①] 第66届联合国大会宣布，追求幸福是人的一项基本目标。以幸福为目的，培养人追求、创造、享受幸福的能力是教育对人性的尊重与关怀，是教育的价值所在。正因如此，塞利格曼说，幸福是教育的本质。[②]

2. 以幸福为目的，能较好地满足社会各阶层多元化的教育需求

首先，以幸福为目的，并不否认学业水平的提高，相反，以幸福为目的能促进学业水平的提升。在积极情绪体验的实验研究中，积极情绪使被激发组比未被激发组的注意力更宽广，工作记忆更好，语言表达更流畅。[③] 对学习意义的发现与理解，能增强学习内在动机，提高学业水平，满足社会中下阶层以教育获得生存资源与向上发展的人生诉求。

其次，经积极心理学结构化的幸福的综合性、包容性，赋予了个体的主体性、成长的自由度以及教育的享受性，也赋予了学校课程结构多元化的可行性，能较好满足富裕阶层对发展性教育、享受性教育[④]的诉求。

3. 以幸福为目的，能实现国家、学校、个人教育目的统一

正如马克思所言，全面发展，实质是个性的发展。习近平说："中国梦既是民族的、国家的，也是每一个中国人的。"因此，体现国家意志的以"培养

① 李秋零. 康德著作全集：第6卷［M］. 北京：中国人民大学出版社，2007：1400.
② ［美］马丁·塞利格曼. 持续的幸福［M］. 赵昱鲲，译. 杭州：浙江人民出版社，2012：75.
③ 刘丽琼. 积极取向的家庭教育［M］. 北京：科学出版社，2017：27.
④ 祝铨云. 新形势下的教育困境及几点建议［J］. 教书育人·教师新概念，2010（11）：11-13.

德智体美劳全面发展的社会主义建设者和接班人"为主要内容的教育方针与每个中国人的幸福息息相关。

人民幸福是国家的目的，人生幸福是个人的目的，以幸福为目的理应是学校教育的理性选择。以幸福作为教育的目的，较之单一的升学目标，能更好地满足社会各阶层的教育诉求，有利于指导学校以此建构多元化的课程体系、教学体系，为来自不同阶层、不同个性禀赋的学生找到适合自己的成长通道。

（二）走出刻板化教育方式的误区，发现和培养"美德与性格优势"，重建教育之路

传统心理学重在纠偏，重在对消极因素的防患与治疗上。积极心理学与之相反，致力于让好东西变得更好。它关心的是如何培养每个人的积极态度，如何培养每个人的积极力量，以及如何在他们的生活和群体中，寻找到更深层次的幸福。①

在传统教育中，教育者总是习惯于用问题的眼光，通过批评教育来帮助学生认识自己的不足，矫正学生各种外显或潜在的短板及问题。考试的标准化以及现阶段无法避免的大班额使得因材施教无法真正落到实处。积极心理学以对正面的、积极的建设性力量的重视开启了人们通往幸福之门，以美德与性格优势重建教育之路，让学生幸福成长。

1. 与知识中心相比，性格优势的发现与培养更利于个体的成长和幸福

作为人类认识，改造自然、社会与自身的工具，知识与技能的学习对人的发展具有十分重要的意义。当前学校教育的问题不在知识与技能学习本身，而在于在升学指挥棒下将"学习—成长"窄化为只有知识与技能的学习，从而挤压了人全面发展、个性发展的空间。

相反，注重学生性格优势的发现与培养则更利于个体的成长和幸福。积极心理学研究表明，在所有性格优势上得分都高的人有着高度的幸福感，性格优势多的人幸福感高于性格优势少的人。与心灵有关的优势，例如热忱、感激、希望和爱，与那些与大脑有关的优势（如热爱学习）相比，与生活满意度有

---

① ［美］Patty O'Grady. 积极心理学走进小学课堂［M］. 任俊，译. 北京：中国轻工业出版社，2016：8.

更稳定的关系。[①]

更值得注意的是，人们在工作、关系和爱好中看重的东西与他们自己的性格优势相一致。[②] 这意味着，在教育中，重视性格优势的发现与开发，能帮助学生走出只靠题海战术才能获得成功的困局，找到更适合自己的学习内容和学习方法，从而获得更强的满足感、胜任感，实现更好的成长。

2. 与纠错相比，性格优势的发现与发挥更利于激发学生的成长热情和将因材施教落到实处

纠错应该是教育中最常用的方法。不可否认，它对于帮助学生发现、改正错误，形成细致、谨慎的性格特点具有重要的作用。但问题的关键在于即使不考虑指责、批评带来的挫败感，也不能说不犯错误、没有缺点的孩子就一定是优秀的学生。决定孩子人生宽度与高度的并不是没有缺点，而是这个孩子拥有的优势。一味地纠错，却忘记发现孩子的优点，培养出来的必然只是一个谨小慎微的平庸之才。

相反，相比于纠错，发现与发挥学生的性格优势——让学生做自己喜欢与擅长的事，更利于激发其积极的学习情绪，让其蓬勃成长。职场洛萨达比例与家庭洛萨达比例[③]——当积极与消极的比例大于 2.9∶1 时，公司就会蓬勃发展；要获得紧密和充满爱的婚姻，两者的比例要达到 5∶1——同样适合于教育：较多的积极评价能帮助学生建立正面的自我评价，从而增强自信；做自己擅长的事有利于帮助学生建立满足感；利用自己的能力完成具有挑战性的任务，能提高胜任感和创造力。

当然，提倡发现与发挥学生的性格优势并不是否定纠错。所否定的是只有或过多的纠错、批评、责令改正等消极取向的教育方式。在教育教学中只有表扬、肯定也是不行的——积极与消极的比例大于 13∶1，就像船没有人掌舵一样，它会四处漂泊。

同时，六项美德下的 24 种性格优势涉及人格建设的方方面面，实现了"材"的具体化和可操作化，更利于因材施教落到实处。

---

①　[美]马丁·塞利格曼. 持续的幸福 [M]. 赵昱鲲，译. 杭州：浙江人民出版社，2012：159.

②　[美]马丁·塞利格曼. 持续的幸福 [M]. 赵昱鲲，译. 杭州：浙江人民出版社，2012：160.

③　以下内容参见 [美]马丁·塞利格曼. 持续的幸福 [M]. 赵昱鲲，译. 杭州：浙江人民出版社，2012：60-61.

3. 与注重选拔相比，以促进性格优势的形成为路径，更利于包容性成长

以升学为目标的学校教育，有两种现象不可避免，一是知识中心，二是淘汰。这都造成了学习与成长的窄化，除升学者以外，其他人都成了学校教育的失败者，被排除在进一步学习的大门之外。

包容性成长①是积极教育的题中之义。这同样需要以促进性格优势的发现与形成为路径——积极心理学认为，每个人都有自己的性格优势，性格优势既具有稳定性，同时，教育、训练又能促进性格优势发现与发挥。

以促进性格优势的发现与形成为路径，建立承认、尊重、鼓励人的多样性的教育生态系统，从而有利于人的性格优势在自由、和谐、宽松的教育环境中被发现；同时，也有利于每个人根据自己的性格优势选择自己有兴趣的学习内容和适合自己的学习方法，从而实现学习动机的内在化，给成长注入更强的学习动力。

第二节 内涵——积极教育的概念与特征

进入 21 世纪以来，积极心理学在世界范围内的兴起、发展，推动了人们对教育的反思，以积极心理学为理论基础，采取积极取向的一种教育形态——积极教育日渐兴起，引起人们的注意，各类研究、实践方兴未艾。

一、积极教育在西方的兴起

马丁·塞利格曼在《持续的幸福》中提到积极教育多指在学校开展积极心理学的教育，如书中提到的宾夕法尼亚复原力项目、斯特拉黑文学校积极心理学课程计划以及澳大利亚基隆文法学校的积极教育。有时也指积极心理学在教育教学活动中的应用，如基隆文法学校的"英语老师用突出优势和复原力来讲授小说""老师把幸福的理论嵌入教学内容中，学生的抑郁和焦虑会降低，而幸福感会上升"。

---

① 包容性成长得益于包容性发展的启示，指社会各阶层及天赋水平不同、发展倾向不同的人共同成长。

美国 Patty O' Grady 博士的《积极心理学走进小学课堂》（2013）是关于学校开展积极心理学教育方面的重要著作。在书中 Grady 博士提出了基于塞利格曼的幸福五元素说的积极心理学的课堂教学 PERMA 模型，详细阐述了在小学课堂讲述积极心理学的神经科学基础，明确了积极心理学教育目标分类，介绍了在小学课堂教授积极心理学的内容与方法。

2014 年，塞利格曼与安东尼·塞尔顿共同发起与创建了"国际积极教育联盟"，该组织旨在发展学生的品格优势及提升学生的幸福感，推动"品格与学业并重"的积极教育。

在这一组织的推动下，各球各地开展了丰富多彩的积极教育活动，尤其是英、美、澳等政府推动本国积极教育的开展。2012 年 6 月 28 日，第 66 届联合国大会决议每年的 3 月 20 日定为"国际幸福日"，这一节日的设立有助于以幸福为目标的积极教育的推广。

积极教育的深入发展，也推动了西方学者对西方传统教育形式的反思，即在讲授、传播、推广积极心理学的同时，开始致力于对传统消极的教育形式的修补、改进，成为一场以超越传统教育为目的的"积极教育运动"。在这一过程中，积极教育坚持以人为本，倡导积极人性，恢复教育的本来面目，使所有学生的潜力得到发挥并获得幸福。这一教育运动以增强人的积极体验为发展学生积极品质的主要途径，其核心是培养学生的实现式享受。

二、积极教育在国内的兴起与嬗变

在国内，较早关注积极教育的是任俊，他在《西方积极教育思想探析》（2006）一文中介绍了西方积极教育兴起的背景，阐述了西方积极教育的本质特征和实现路径。任俊认为，从严格意义上说，西方积极教育本身并不是对西方传统教育的一场革命。西方积极教育把自己界定为不仅要修补更要建设，也就是说西方积极教育在其心目中存在一个理想的常模，其目标是把所有人——不仅仅是小部分的"问题人"——尽可能地建设到一个他可能达到的理想状态。

在国内存在着两种不同的"积极教育"，一种是彭凯平带领的清华大学积极心理学研究中心，着力推广的以教授、学习、推广、运用积极心理学为主要内容的积极教育；一种是其他学者如陈振华等推动的一种以积极心理学为理论基础，致力于修正、改进传统教育，重塑教育形态的积极教育。

2014 年 8 月 30 日，清华大学社科学院积极心理学研究中心成立，致力于在中国推广积极心理学。2016 年，彭凯平领衔著述的《积极教育导论》出版，提出七种积极教育：情商教育、幸福教育、利他教育、乐观性格教育、美德教育、社会关系教育、健康生活习惯教育。全书主要围绕积极心理学的两个核心概念——美德与性格优势、幸福展开论述，全面介绍了积极心理学的理论基础，同时论述了教授这些内容的方法。

2018 年，曾光、赵昱鲲等在《幸福的科学：积极心理学在教育中的应用》一书中，提出了积极教育本土化的问题，提出了"两大系统、六大模块"。两大系统指身心健康调节系统和品格优势培育系统。六大模块指积极自我、积极情绪、积极投入、积极关系、积极意义、积极成就。在 Grady 博士 PERMA 模型的基础上，曾光等根据中国学生的特点，增加了积极自我这一模块。结合数十所学校的实践经验，他们提出了积极教育基本实践方式，即依据实施流程培育幸福教师，创建合作体验课堂，将家庭教育与构筑积极学校相结合。

在清华大学积极心理学研究中心的推动下，全国有包括清华大学附属小学在内的 7 所小学、4 所中学、1 所中专和 1 所大学参与了积极教育项目。清华大学心理系设立"幸福园丁"慈善基金，帮助在中国偏远地区推动积极教育。

除清华大学以外，很多学者投入积极心理学的研究当中，并较早重视积极心理学对教育的启示。如闫黎杰在《积极心理学对教育实践的启示》（2008）一文中，在介绍了积极心理学的基本理论后，着重阐述了积极心理学对教育实践的启示：教育要积极构建适宜的环境，教育要发掘每个人身上的积极的个人特质，教育要培养积极体验的能力。

在此基础上，一些学者致力于构建一种基于积极心理学的全新教育形态，陈振华在《积极教育论纲》（2009）一文中，认为积极教育是在积极心理学的启发下，在反思教育现实和传统观念的基础上构想的一种教育理念和方式。在该文中陈振华提出了积极教育的四项宗旨、四个核心观念、两种实现方式。四项宗旨指让教育过程成为学生主动求知的过程、让师生获得积极的情感体验、培养学生的积极人格品质、培养学生积极的人生态度。四个核心观念指积极的价值观、积极的学生观、积极的教学观、积极的成效观。两种实现方式指充分发挥教育主体双方的积极性，使教师积极表现和学生积极表现。

盐城师范学院于 2017 年立项的"教育暖功能视角下的积极教育"视积极教育为一种以积极心理学为理论基础的全新教育理论与教育实践。该课题组成员曾辰在《积极教育的缘起、现状及前景展望》（2018）一文中认为积极教育是指以发挥个体潜能为立足点，采取积极的教育行动，引导并激发教育参与者的积极体验，旨在增加其获得感的一种教育理念。并把积极教育与传统教育作为一组对等概念使用，认为积极教育是对传统教育的一种补充，更是对传统教育的一种升华。视积极教育为一种教育样态；认为积极教育清晰界定了教育的消除问题和发展优势两大功能，即冷功能和暖功能。认为教育不能仅仅把自己的注意力集中在个体消极结果的分析上，还要把重点放在其积极资源上。

当然，这两种倾向也呈现出融合状态。彭凯平教授在《积极教育导论》一书的序言中就指出，积极教育恰好可以弥补传统教育的不足，提供获得美感、意义感、快乐感、同理心、共鸣心的教育。积极教育归根到底就是更人性、更符合心理科学规律的教育，是符合人类大脑活动规律的科学实践。

胡海建、杨小秋、胡潇译等根据哈佛大学泰勒·本－沙哈尔教授"幸福课"的讲稿编著的《哈佛积极教育心理学》（2015），在全面介绍了沙哈尔教育的研究成果后，认为在教育教学活动中，教师应该充分根据学生所处阶段的发展特点，给予积极的价值取向指导，引导学生以积极的眼光看待事物，克服缺点，正确解决心理问题，营造积极的学习和生活氛围，全面提升教育教学效果。

陶新华的《教育中的积极心理学》（2017）虽然以"积极心理学"为名，但不再系统介绍积极心理学，而偏重于积极心理学在教育教学中的运用，帮助教师找到解决实践中遇到的各类难题。同时深刻地指出，积极心理学中关于性格优势特征的研究，让我们获得了一个全新的视野，同时为我们提供了很好的工具，解决发展与治疗的问题。它聚焦于人们的积极面，充分发现人才优势，并努力发展这些优势特征。人才观的改变，使更多人成为可造之才，让教育工作前景充满了乐观和欣喜，这值得我们学习和研究，并运用于教育实践，这也将会改变我们的人才培养的方式。这些观念、主张都鲜明地启示了一种基于积极心理学的以修正、超越传统教育，重塑教育样态的积极教育的诞生与发展，逐步与陈振华倡导的积极教育相融合。

三、积极教育的概念与特征

本书在积极取向的教育形态上使用"积极教育"这一概念。"积极教育"是以积极心理学为基础,通过激发、实现师生双方的主体性,积极开展主体间对话,以学生主体性实践活动为中心,充分发现、培养、运用学生美德及性格优势等建设性人格力量,鼓励包容性成长,构建学校、家庭、社会和谐的教育生态,促进学生终身幸福、可持续发展及社会蓬勃的教育形态。

以幸福为目的,实现可持续发展与社会蓬勃,是积极教育的目的论的特征;注重性格优势的发现与培养,鼓励包容性成长是积极教育的方法论的特征;构建学校、家庭、社会和谐的教育生态,尊重师生的主体地位,积极开展主体间对话,以学生的主体性实践活动为中心,是积极教育的过程论的特征。

(一)以幸福为目的,师生有较强的职业和学习幸福感

2010年,塞利格曼在《持续的幸福》中提出幸福2.0理论,将幸福结构化为五种元素:积极情绪、投入、意义、人际关系、成就。

(1)有较高的积极情绪。师生经常体现出积极情绪:乐观、希望、信心、满足、充实、欣慰等,经常露出迪香式微笑[①]。

(2)经常出现投入状态。师生经常发自内心地喜欢所从事的活动,出现注意力集中、忘我、时间知觉扭曲等投入状态。

(3)有明确的意义感。师生能自觉地把自己的工作、学习同家庭、社会、民族、国家以及人类、宇宙等与超越性存在联系在一起,找到自我归属感。

(4)有着积极的人际关系。同事之间、师生之间、同学之间互动积极、关系和谐,能以积极的、正向的方式评价对方和团队,形成共情式理解与相处模式。

(5)具有成就感。师生能经常参加具有挑战性的活动,享受到成功的喜悦。

以幸福为目的,实现人生蓬勃,是积极教育的目的论特征。

---

① 迪香式微笑,指真实的、具有感染力的、发自内心的笑容。因1860年法国医生迪香首次研究而得名。

（二）注重发现、发挥师生的性格优势等建设性人格力量

美德是幸福的基础，性格优势是实现美德的途径。积极教育注重发现、发挥师生的性格优势等建设性人格力量。

（1）有较高的洛萨达比例。性格优势具有一定的内禀性，教育要做的是发现、发挥性格优势，抓住成长关键期顺势而为。在这一过程中，拥有较高的洛萨达比例——更多的肯定、欣赏、鼓励，而不是一味地纠偏，这样才有利于性格优势的形成与加强。

（2）包容性成长。大五人格，遗传度的值通常为 0.4—0.5，而在性格优势上，父母优势与子女优势显著相关。这些研究表明，不管是大五人格，还是性格优势都与遗传相关。学生个性的多样化是客观的，是不以人的意志为转移的。除此之外，社会阶层、生存境况的差异进一步扩大了、丰富了人的多样性。

正如马克思所言，每个人的自由发展是一切人的自由发展的条件。幸福同样如此，社会的蓬勃同样建立在每个个体的蓬勃之上。包容性成长理当成为积极教育的主要特征之一——容纳不同社会阶层的人都得到他自己所希望的发展，容纳不同性格优势的人按照他自己所喜欢的方式参与到学习中，得到他自己所向往的成长。

注重性格优势的发现与培养，具有较高的洛萨达比例，包容性成长是积极教育的方法论特征。

（三）双主体，尊重与发挥师生两个主体在教育、学习中的作用

人的主体性是积极心理学、积极教育的根本理论假设。关于教育中谁是主体的问题历来纠缠不清，这里的关键是无法突破把教师看成教育者、把学生看成教育对象的刻板认知。这一刻板认知只看到了教师教学生，没有看到教师是教学生学知识。在这一过程中，师生双方都是主体，他们的共同对象、客体是知识。当然在这一过程中，师生双方主体性作用是不同的，其中，教师是教育、教学的主体，学生是学习、成长的主体。

廓清了这一基本认识后，我们就能摆正师生双方的关系——他们都是主体，他们是成长路上的同路人——虽然成长的内容不同，但师生都需要成长，

师生都处于不断成长的状态是不争的事实。

如果在教育教学中能尊重师生的主体地位——尊重教师的学术自主和首创精神，尊重学生的探索精神和真实体验，这样的教育就是积极教育。

（四）以学生的主体性实践活动组织教育教学过程

一篇对上海学生参加 2012 年 PISA 数学测试的情况进行分析的文章指出，当我们的学生面对具有现实背景的问题时，一是缺乏亲身的体验，因为对背景的理解需要时间；二是当现实社会中的问题转化为数学问题时抓不住关键，所以，对用数学思想方法解决实际问题存在一定的障碍和困难。[①]

该文章同时指出，上海学生每周写作业平均时间列所有国家和地区的第一位。过重的学业负担不仅导致学习效率递减，加重学生心理负担，甚至使学生产生厌学情绪，而且还会占据学生发展潜能和个性的时间和空间。

以上分析颇能解释为什么我们有着扎实的基础教育，却培育不出具有高水平创新能力的高端人才的疑问。要解决这些问题，除了重塑教育目的外，一个非常重要的方面就在于重塑学习过程，走出学科中心、知识中心，要以学生的主体性实践活动组织教育教学过程，将学习过程从以信息符号为主转换为以学生的探究性、实践性活动为主，增强学习体验，拉近教育与生活的距离，为学生发挥性格优势进行创造性学习留足时间、空间。所以说，以实践为中心是积极教育的过程论特征。

四、积极教育的原则

一切有利于学生性格优势的发现、发挥与养成，有利于学生蓬勃发展的普通教育原则都适用于积极教育，这里强调以下六个原则。

1. 主体性原则

指尊重、突出与发挥教师作为教育主体，学生作为学习主体的地位与作用，促进师生共同成长。这一原则是对将教师当作管理对象，把学生当成教育对象的客体化、工具化倾向的批判与否定，是积极教育的出发点，也是对马克

---

① 张选民，黄华. 自信·自省·自觉——PISA2012 数学测试与上海数学教育特点 [J]. 教育研究，2016 (1)：35-46.

思主义主体性原则①的积极践行。

2. 匹配性原则

即因材施教。因材施教是一个古老的原则，积极心理学的 VIA 美德优势理论赋予了这一原则新的内容。它要求不要过多关注学生的缺点、错误，而把主要的精力用在发现、培养、运用学生的性格优势等建设性人格力量上来，推动学习内容、方法与性格优势的匹配，提高学习效率，实现幸福成长。

3. 对话性原则

弗莱雷认为，没有对话，就没有交流，没有交流就没有教育。对话是后现代主义课程的重要原则，是基于对人的主体性的强调与落实，是对人积极因素强调与促进的积极教育的主要课程实施形态。不同于教师单向的讲授或者灌输，对话性原则强调的是师生关系的主体间性，强调以交互式对话——建立在主体平等基础上的师生、生生对话，实现知识的自主建构与生成。

4. 实践性原则

全部社会生活在本质上是实践的。实践性原则要求在教育教学活动中要让学生更多地通过观察、操作、实验、策划、组织、实施等实践性活动认识自然、社会、自我，将知识的获得、情感的体验、道德的形成、精神的丰富等建立在真实的、丰富的主体性实践活动之上。手脑结合、真实参与是落实实践性原则的根本要求。

5. 全域性原则

指主体的全员参与与内容的全面教育。前者指家庭、学校、社会等教育主体的全方位参与，其中家庭教育是基础与前提，学校教育是主体与中心，社会教育是推进与完成。后者指教育在学习知识、形成技能、发展认知能力的基础上，关注师生的情感体验、人格建设和精神成长，做到德、智、体、美、劳五育并举，实现德、才、身、心和谐发展。

6. 包容性原则

与有教无类相比，二者既有相同的地方，都主张教育不问出处，不问智

---

① 马克思在《关于费尔巴哈的提纲》中指出要把对象、现实、感性当作感性的人的活动、当作实践去理解，从主体方面去理解。

愚，又有不同。包容性原则不仅仅包容多样性的开始，也鼓励多样性的过程与结果。包容性原则是对当前学校教育目标单一、内容单一，过分看重教育的选拔与淘汰功能的批判与否定，是对社会多元化发展趋势的积极回应。

五、关于推进积极教育的几点思考

（一）积极教育不是对传统教育的否定

积极教育不是对传统教育的否定，而是批判式发展；它不是对教育的全方位重塑，而是为了适应社会发展的需要，对教育目的的修正和对教育视角、路径的调整。以幸福为目的并不否认认知性学习以及学业成绩的重要性，而是提醒教育者关注学生在学习过程中的情绪反应、情感体验、人际和谐以及学习意义的升华，避免学习异化。重视性格优势的发现与发挥并不排除批评、纠正、干预等消极教育方式的使用。这强调的是降低消极教育方式的使用频率，重视肯定、表扬、欣赏、鼓励等积极教育方式的运用，提高教育洛萨达比例，不断提高学习内在动机在学习过程中的作用，实现学习效率与学习幸福感的同步提升。

（二）推进积极教育要注意文化适应性

人们怎样来创造一个有意义的生活是受到其社会文化限制的。简单地、不加分析地把立足于西方个人主义传统的积极心理学移植到中国教育之中，很有可能出现"橘生北为枳"的后果。在这一过程，必须注意它的文化适应性，注意其与中华优秀传统文化、革命文化、社会主义先进文化的融通与结合。

1. 融通传统文化

福文化在中国源远流长，早在《尚书·洪范》中就提出了五福说。美德与性格优势理论中的前三大美德智慧、仁爱、勇敢，与《中庸》中的知、仁、勇的"三达德"① 用词一致。这不是一种偶合，而是东西方文化深度碰撞、交融的结果。这种内在的相通性，给积极教育以深刻的启示：融通中华优秀传统

---

① 《中庸》第二十章，知、仁、勇，天下之达德也。柏拉图的四德说为：智慧、勇敢、节制、正义。所以说，积极心理学所列举的六大美德，既继承了柏拉图的四德说，同样也借鉴了《中庸》的"三达德"说。

文化，不是开历史的倒车，恰恰相反，它是解决当前个体碎片化带来的虚无主义、颓废主义泛滥的济世良方，是积极教育的理性选择。

2. 融通革命文化、社会主义先进文化

不管是革命文化，还是社会主义先进文化都有着昂扬向上的主旋律，都是激励中国人民夺取一个又一个伟大胜利的动力源泉。集体主义、爱国主义、共产主义引导着人们把个人的命运同更具超越性的集体、国家、民族以及人类命运紧密相连，赋予人生以更崇高、更深刻的使命感、价值感。坚持社会主义办学方向，融通革命文化、社会主义先进文化是时代的需要，也是提升积极教育理论的内涵的需要，具有实践意义。

（三）推进积极教育时，家庭教育要走前一步

1. 培育与发展性格优势，家庭教育是基础与主阵地

大五人格、美德与性格优势研究表明，人格建设与家庭教育相关。其中，依恋关系、父母教养方式对人格形成影响巨大。以情商为例，Zeidner 等的情商发展投资模型研究发现，安全型依恋关系会促进与学习识别、理解、管理自己和他人情绪的规则的过程，而不安全型依恋关系会抑制这个过程。[①] 就父母教养方式而言，权威型父母采用以孩子为中心的温和方式，对孩子实行适度控制（即让孩子承担与年龄相称的责任），这为孩子的自主性和自信心提供了最好的环境。这类孩子可以学会在友好协商的氛围中通过换位思考解决冲突。这套技能有助于亲社会发展。相反，忽视型父母让孩子感觉不到丝毫温暖和接纳，对孩子要么管得很严，要么想起来才管一下，这会让孩子出现适应问题。[②]

这些研究表明，家庭教育是良好人格形成的基础与前提，我们应该引起高度重视。

2. 怎样做好家长——家庭教育指导要纳入积极教育，并且走前一步

与家庭教育的重要性形成鲜明对比的是家长家庭教育理论的缺失和家庭教

---

① ［爱尔兰］Alan Carr. 有关幸福和人类优势的科学：积极心理学［M］. 丁丹，等，译. 北京：中国轻工业出版社，2018：170.

② ［爱尔兰］Alan Carr. 有关幸福和人类优势的科学：积极心理学［M］. 丁丹，等，译. 北京：中国轻工业出版社，2018：321.

育指导的缺位。

北京师范大学中国基础教育质量监测协同创新中心等部门发布的《2018年全国家庭教育状况调查报告》显示，四、八年级的学生大都认为家长对自己是最关注的，前三位是学习情况（选择比例分别为 79.8%、79.9%）、身体健康（66.6%、66.5%）和人身安全（62.2%、52.2%），其人数比例远高于对道德品质（25.3%、30.7%）、日常行为习惯（15.2%、18.7%）、兴趣爱好或特长（10.8%、7.1%）、心理状况（6.5%、11.1%）等方面的关注。后四项恰恰是家庭教育的重心。① 家长家庭教育理论的缺失是造成这一错位的主要原因。

家长教育指导的缺位情况同样严重。全国妇联儿童工作部主持的第二次全国家庭教育现状调查显示，有三成以上的家长没有接受过家庭教育指导服务。家长接触家庭教育指导主要来源是幼儿园和学校。而两岁现象、关键期理论告诉我们，如果家长到幼儿园或小学时期才开始接触家庭教育理论，而之前几乎"盲考"的状况是不利于儿童身心发展的。研究表明，两岁是自我意识萌芽的时候，儿童常常通过说"不"来证明自己的独立。这个时期非常关键，父母担负着引导孩子基本性格定型的重要任务。② 而 2—4 岁还是儿童养成自理能力和良好生活习惯的关键期，也是儿童语言发展的关键期。

因此，实现个体幸福、人生蓬勃、社会和谐的目的，家庭教育指导要纳入积极教育，并靠前一步。县（区）级教育行政管理部门应当会同当地政府有关部门，设立专业化的家庭教育指导机构，在婚前、孕前对准父母们进行家庭教育的指导，引导、帮助他们形成积极的、正确的育儿观、教养观，掌握正确的家庭教育方法，为儿童健康成长提供良好的家庭教育的支持、引导。

---

① 2018 年全国家庭教育状况调查报告 [DB/OL]. 光明教育——光明网 [2018-9-26]. http://edu. gmw. cn/2018-09/26/content_ 31387287. htm.

② 曹刘霞. 儿童积极心理学 [M]. 成都：四川科学技术出版社，2018：88.

第二章　人与积极

——积极教育的中心与本有之义

倘若要问某人"什么是教育"，也就等于问他"什么是人"。

——里博尔

里博尔指出：倘若要问某人"什么是教育"，也就等于问他"什么是人"。人构成教育的原点、主体、出发点与归宿，人是教育目的，人构成教育最为核心的范畴，一个没有人的教育是不可想象的。积极教育作为以发现、培养、发挥人的积极品质为手段，以实现学生人生幸福与可持续发展以及社会蓬勃为目的的教育形态，理所当然应将"人"置于舞台的中央。那么，"人"是什么？"积极"之于人、之于教育又有着怎样的意义？

第一节　人，作为教育的中心与目的

人是什么？如果以上帝的视角俯瞰这个星球，我们会发现人是这个星球上最为奇怪的生物，他是唯一一个在能活着、能走出洞穴并不再那么担心自己的生存问题后，孜孜以求，询问自身是什么的生物。那么，人到底是什么？

一、人的字源

昔者仓颉作书而天雨粟，鬼夜哭。恩斯特·卡西尔在《人论》中指出，作为一个整体的人类文化，可以被称作人的不断解放自身的历程。① 又说，全部文化都是人自身以他自己的符号化活动所创造出来的"产品"。文字，作为人类创造的符号系统中最为精深、最为系统化的符号，是人类文化创造的起点，与语言一道共同确定了人在自然与宇宙面前的主体地位，其中蕴含着、凝结着人对自然、社会及自身的认识成果，是思想的最初形态。集音、形、义于一体的汉字更是如此——仓颉造字，之所以天雨粟、鬼夜哭，不仅仅在于人从此得以窥探天地鬼神的奥秘，更在于人类从此走上了一条与之全然不同的发展历程——人类以此解放自身。

在甲骨文中，𠂉的原初形态是躬耕于南亩的人的侧影，它所展现的是先民们在对象化的劳作中建构自身的不懈努力。所谓男、女，皆是如此。所谓男人，甲骨文中，𤴐是力田者，是犁田者；所谓女人，甲骨文中，𡚦是纺织者，是操持者。所以，在汉民族的语境中，不管是男人，还是女人都是这片土地上的劳作者、操持者。正是在这一以土地为对象的劳作中，中华民族建立了深厚的农耕文化，形成了天人合一、安土重迁、内省谦和、自强不息、厚德载物的文明特质。

《说文解字》认为，人，天地之间性最贵者也。

在汉字系统中与人紧密相连的另一个汉字是"大"。𤯄，亦像人形。在解释含有"大"字的"美"字时，李泽厚认为，美的原来含义是冠戴羊形或羊头装饰的大人（"大"是正面而立的人，这里指进行图腾扮演、图腾乐舞、图腾巫术的祭司和酋长）……他执掌种种巫术仪式，把羊头或羊角戴在头上以显示其神秘和权威。……美字就是这种动物扮演或图腾巫术在文字上的表现。② 从这一释义中，我们可以清晰地看到"大"就是"大人"，他所展示的是氏族首领——祭司、酋长——昂首挺胸、顶天立地的伟岸形象。陕西人至今仍称父辈为"大大"，即源于此。

仁者，人也。《中庸》中仁、人互训。𡰥，亲也，从人，从二。徐铉的批注是，仁者兼爱，故从二。美籍华人学者孙隆基从这一字形出发，以"二人定义一人"的原始要义为出发点展开对中国文化深层结构的论述："仁"是"人"字旁一个"二"字，亦即是说，只有在"二人"的对应关系中，才能对

---

① ［德］恩斯特·卡西尔. 人论［M］. 甘阳，译. 上海：上海译文出版社，2013：389.
② 李泽厚，刘纲纪. 中国美学史［M］. 北京：中国社会科学院出版社，1984：80.

任何一方下定义。……在传统士大夫阶层身上，也出现了将具体的"二人"对应关系提升为一种"仁"的普遍原则，以之作为"个体"的存在基础。[①] 赵汀阳指出，仁的存在论含义是：任意二人之间最优的是共在关系。[②]

《说文解字》中，还保留着"仁"的另一字形"𨤑"。许慎认为这是古文仁字，从千、从心。千为声符、心为形符。在郭店楚简中，包含有大量类似字形。"𨤑"上人下心，由此可推理出《说文解字》中的古文"仁"，上面的千更多可能是指人，指身，而不是表示声旁的"千"，也就是说这是一个会意字，身心一体、血气贯通为仁。"麻痹不仁"中的仁仍旧保留着"仁"的这层含义。

在这三个与"人"有关的字源中，亻所揭示的是人的操作性、实践性；亻则更多体现人的宗教性、高贵性；仁则相对复杂。[③] 左人右二之仁，揭示的是人的社会属性，人的关系性存在方式；上人下心之仁，随着对心的理解不同，展现出人在不同生存境域之中不同的理想状态：以自然之心论，所揭示的是人作为自然的、物质的、身体的存在时，血气贯通、身心相和的理想健康状态；而以精神之心论，体现的则是天人合一、身心一体、万象和谐的天地之境，是人作为精神之在、作为性灵之在的自由之态。

在汉语语境中，在汉字体系中，人是实践性的、关系性的，人是高贵的，是"可与天地参"的独特存在。天人合一、身心和谐是人最理想的存在之境。

在英语中，与人有关的单词：people，human being，man，person，其中people，human being较为常用。people的词根是dem，源于希腊语demos，可以追溯到原始印欧语根da-mo-，表示people最原始的含义是divide（分）。在古希腊人眼中，人是被分成各种等级的，分布在社会各层。古希腊是民主的发源地，democracy（民主）由demo（people）和cracy（rule）构成，字面意思就是"government by the people（人民统治）"，这源自古希腊公民轮流执政的政治实践。单词time和tide都是来源于此，它们的核心含义都是"分"，时间就是把每天分成不同的小时，把一年分成不同的季节；tide最初和时间有关，

---

① ［美］孙隆基. 中国文化的深层结构［M］. 桂林：广西师范大学出版社，2004：8-9.
② 赵汀阳. 天下的当代性：世界秩序的实践与想象［M］. 北京：中信出版社，2016：36.
③ 笔者本身更倾向于仁之本形为上人下心之仁左人右二之仁当是由书写过程中的简写化化而来。但由于没有切实的证据，姑且以现存之态承认二者作为异形字同时存在。

后来演变出潮流、趋势的意思。① dem（分），不仅是古希腊的政治原则，更是古希腊的认知原则。正是基于这一原则，古希腊的先哲对自然、人、社会进行了深入的分析，并以此形成了西方认识论的传统。以 dem（分）作为 people（人）所体现的是古希腊对人的认知，对人作为认识主体、政治主体的认知。

human being 由 human 和 being 组成。human 作为形容词，一般指人的、显示人类特有弱点的、人本性的、有人情味的、通人情的；也作为名词，指人。being，存在、生存、生物、思想感情、身心。所以，当以 human being 指人的时候，与 people 的政治性、社会性不同，更多指自然的人、情绪的人、有着人性弱点的人。二元论在西方有着悠久的历史，笛卡尔的"我思故我在"进一步明确了、深化了对人的二元化存在的认识，灵魂和身体被双重理解。身体被视为机器，类似于动物一样的机器，而灵魂则被意识所识别。从对人的存在的二元理解出发，康德将人类学分为"生理"和"务实"两个世界，这两个世界分别是自然必需品世界和道德自由世界。②

二、人论

人类长久思索着，甚至顽强地思索着"人是什么"，非常想知道自己是什么。认识自我——人乃是哲学的最高目标。卡西尔在提到赫拉克利特时指出："不先研究人的秘密而想洞察自然的秘密那是根本不可能的。"在说到苏格拉底时则指出："他的全部研究所指向的唯一世界，就是人的世界。"唯一的问题只是："人是什么？"③ 对于这个问题，最奇妙的回答来自马克思，他说：人的根本就是人本身。相比这样一个简单得不能再简单的论述，马克思还有一个稍微复杂一些的说法：（人是）使自己的生命活动本身变成自己意志和自己意识的对象（的生命）。如果翻成大白话，其实就是说人是会问"人是什么"，绕了这么一个大圈子后又回到了问题的原点。

人到底是什么，一代又一代的人尝试着给出自己的答案。

人是裸虫之长。《汉书·五行志》："温而风则生螟螣，有裸虫之孽。"《晋

---

① 词根词源字典 [DB/OL]. http：//www. etymon. cn/yingyucigen/3000. html.

② A. Spirkin. Dialectical Materialism [DB/OL]. https：//www. marxists. org/reference/archive/spirkin/works/dialectical-materialism/ch05. html.

③ 张楚廷. 教育哲学 [M]. 北京：教育科学出版社，2006：52. 其中所引卡西尔的话均来自《人论》。

书·五行志》：“夫裸虫人类，而人为之主。”以裸虫状人，所关注的是人的外形特征，而且极不完善，即使仅是人的自然形态也没有较好地完全地表现出来。古希腊以“人”为谜底的斯芬克斯之谜所着眼的同样是人的外在特征，与裸虫相比，多出的是外在形态的变化过程：一种动物早晨四条腿，中午两条腿，晚上三条腿。

人类的认识当然不会止步于此，作为一种反身性的存在，[①] 人类始终向自己睁大好奇之眼。

1. 人作为认识的主体、文化的主体

认识论在后现代哲学之前，始终是西方哲学的核心与重点，与本体论、存在论等共同构筑成西方哲学的巍巍“大厦”。从苏格拉底的“认识你自己”到笛卡尔的“我思故我在”，认识、思，始终成为西方哲学定义人之为人的核心要义。亚里士多德将人理解为具有“理性灵魂”的社会存在，认为求知是人类的本性。文艺复兴时代受到人类自由思想和人类无限创造力的启发，笛卡尔致力于“cogito, ergo sum”这一原则，“我思故我在”。理性被认为是人的特征。[②] 正如张楚廷所言，我们不必要将它（我思故我在）简单地归结为一个唯心主义的命题，这个命题所表达的正是人作为有意识的、思想着的生命而存在着，生活着。[③]

作为一种特殊的认识形式，以语言为核心的形式符号系统构成这一认识形式的基本内核。通过语言，而不仅仅是感觉，人不仅自我建构着对世界的认识，也完成了自身的建构。语言之于人，不仅仅是工具，更是人存在的前提，是存在的家园。伽达默尔指出，语言是我们的世界和存在，语言是人存在的中心。人类在通过以语言为核心的形式符号系统地建构人类的认识成果——知识系统，同时，也建构着、创造着属于自身的文化。正是在这一意义上，卡西尔将人定义为形式符号的存在。

　　实际上，在卡西尔眼里，人就是符号，就是文化——作为活动的

---

① 张楚廷. 教育哲学 [M]. 北京：教育科学出版社，2006：32.

② A. Spirkin. Dialectical Materialism [DB/OL]. https：//www. marxists. org/reference/archive/spirkin/works/dialectical-materialism/ch05. html.

③ 张楚廷. 教育哲学 [M]. 北京：教育科学出版社，2006：32.

主体他就是"符号活动""符号功能",作为这种活动的实现就是"文化""文化世界";同样,文化无非是人的外化、对象化,无非是符号活动的现实化和具体化;而关键的关键,核心的核心,则是符号。因为,正是"符号功能"建立起了人之为人的"主体性";正是"符号现象"构成了一个(康德意义上的)"现象界"——文化的世界;正是"符号活动"在人与文化之间架起了桥梁:文化作为人的符号活动的"产品"成为人的所有,而人本身作为他自身符号活动的"结果"则成为文化的主人。①

在谈及什么是人时,张楚廷同样重视人与语言的关系,在详细分辨了情感语言与命题语言的区别后,他说,从逻辑上讲,只要以更基础的部分——概念——就足够与动物分界,而不必说到命题了。② 同时将自语性与他关于人的基本特征的认识自反性、自增性一道定义为人的基本特征之一。

> 人的语言范围不断扩大,在范围不断扩大的过程中,人的语言能力也增长了,人自己也增长了。人的自增性的基本表现的一个方面即语言的自增性。作为类的人,其自反性对精神语言世界的创造起决定性作用。个体的人能自言自语,人类亦自言自语。人与语言的关系如此密切,与自反性、自增性一起,自语性亦是其基本特征之一。③

从认识到文化,人通过对世界的认识、表达,完成了对世界的图画与定型,形成了专属于人的"现象界"——一个起于人与自然的共谋,成于以语言为核心的形式符号系统表达,最终只对人之存在具有意义的属于人的世界——文化的世界,从而实现了人与自然的分离,实现了人的主体性的建立。从某种意义上讲,一部人类史,就是一部人类面对自然、社会、自身睁大好奇之眼的积极认识史、积极建构史、积极文化史。

---

① [德]恩斯特·卡西尔. 人论 [M]. 甘阳,译. 上海:上海译文出版社,2013:中译本序.
② 张楚廷. 教育哲学 [M]. 北京:教育科学出版社,2006:45.
③ 张楚廷. 教育哲学 [M]. 北京:教育科学出版社,2006:46.

2. 人作为实践的主体、劳动的主体

认识、语言、形式符号，完成了人与自然的分离，塑造了人的主体性，但仅靠这些并不足以建构起全部的人。正如马克思所言，重要的不是认识世界，而是改造世界。人不仅在认识世界中认识与塑造自己，更是在改造世界的实践中认识自己、改造自己、完成自己。正是在发现、创造与使用工具中，人实现了从猿手到人手的转变，并在上手操作与开口言语中改造了人的大脑。同时通过劳动中的分工合作建构发展人与人之间的关系，并在这一关系的基础上推动了人类社会的形成与发展。所以说，人不仅仅是认识的主体，更是实践的主体。不仅是认识，更是实践创造了人，劳动创造了人。恩格斯在 1876 年所写的《劳动在从猿到人转变过程中的作用》中，明确提出并全面论证了劳动创造人的原理。他指出，首先是劳动，然后是语言和劳动一起，成了两个最主要的推动力，因此，猿脑逐渐地过渡到人脑。[1] 劳动"是整个人类生活的第一个基本条件，而且达到这样的程度，以至我们在某种意义上不得不说：劳动创造了人本身"[2]。

实践与劳动之于人而言，不仅仅在于改造了人手与人脑，更重要的是促进了属人的思维的形成。正如李泽厚所言，时空和因果这些最重要的人类的感性结构和知性范畴，都历史地由社会实践所产生、支配和发展。[3] 海德格尔同样重视操劳、上手在人的时空观念形成过程中的作用。他指出，只有在寻视着揭示上手事物之际，场所本身才以触目的方式映入眼帘，而且是以操劳活动的残缺方式映入眼帘。……空间分裂在诸位置中。但具有空间性的上手事物具有合乎世界的因缘整体性，而空间性就通过这种因缘整体性而有自身的统一。[4] 此在在世界"之中"。其意义是它操劳着熟悉地同世内照面的存在者打交道。[5] 时间也同样在人的操劳中得到定义："半个钟头"并非三十分钟，而是一段绵延，而"绵延"根本没有时间延伸之量那种意义上的"长度"。这一绵延向来

① 肖广岭. 自然辩证法导读 [M]. 北京：中国民主法制出版社，2018：50.
② 肖广岭. 自然辩证法导读 [M]. 北京：中国民主法制出版社，2018：46.
③ 李泽厚. 美学三书 [M]. 北京：商务印书馆，2006：289.
④ [德] 海德格尔. 存在与时间 [M]. 陈嘉映，王庆节，译. 北京：生活·读书·新知三联书店，2014：121.
⑤ [德] 海德格尔. 存在与时间 [M]. 陈嘉映，王庆节，译. 北京：生活·读书·新知三联书店，2014：122.

是由习以为常的"所操劳之事"得到解释的。[①] 思维的秩序性、逻辑性同样源于人的实践活动。以中国人用以记录时间的天干地支而言，当代学者老湾（本名章龙飞）就认为，天干源于先民的嫁接技术，甲、乙、丙、丁等的排序对应嫁接的过程：甲，划开砧木和接穗树皮，甲从划口得字形；乙，选择好新的接穗，新穗的形态如同乙；丙，切好接柄，做好新穗与砧木相接的界面，接柄如丙形；丁，将新穗接柄嫁接到砧木界面上，使"万物皆丁实"，丁象征嫁接后的成果。[②] 如此坐实甲、乙、丙、丁是否就是先民嫁接的过程暂且不论，但表示顺序的符号以及人类思维的有序性、秩序性来源于人类改造世界的实践性活动却是毋庸置疑的。从这些字的原初形态——十 田（甲）、乙（乙）、冈 丙（丙）、口 丁（丁）——来看，它们即使不代表先民嫁接，也极有可能是某类工具的象形，它们的顺序来源于这些工具的有序使用。

不仅人类的思维具有鲜明的人类类特征，类属性的文化与美同样从实践中来。卡西尔在《人论》中指出：人的突出特征，人与众不同的标志，既不是他的形而上学本性也不是他的物理本性，而是人的劳作。正是这种劳作，正是这个人类活动的体系，规定和画定了"人性"的圆周。语言、神话、宗教、艺术、科学、历史，都是这个圆的组成部分和各个扇面。[③] 也就是说，文化源自人的劳作，是人的劳作、实践规定和画定了文化的范围。文化如此，美——自然的人化[④]——同样如此。"自然的人化"有广狭之分，狭义的"自然的人化"是指通过劳动、技术去改造自然事物。广义的"自然的人化"则是一个哲学概念，不仅人化后的自然是美的对象，天空、大海、沙漠等没有经过人的改造但被人关注且赋予文化意义的自然对象，也是"自然的人化"。因为李泽厚认为"自然的人化"指的是人类征服自然的历史尺度，指的是整个社会发展达到一定阶段，人和自然的关系发生了根本的改变，所涉及的是人类实践活动与自然的历史关系[⑤]——狂风暴雨、电闪雷鸣在原始人处不可能成为审美的对象，只有人类文明达到一定的程度，人能安全地面对这些大自然的"灾

---

① ［德］海德格尔. 存在与时间 ［M］. 陈嘉映，王庆节，译. 北京：生活·读书·新知三联书店，2014：123.

② 老湾. 汉字有话说：说出中华文化原始样式 ［M］. 北京：东方出版社，2017：137.

③ ［德］恩斯特·卡西尔. 人论 ［M］. 甘阳，译. 上海：上海译文出版社，2013：115.

④ 李泽厚认为"美的客观性与社会性相统一"即"自然的人化"。

⑤ 李泽厚. 美学三书 ［M］. 北京：商务印书馆，2006：288.

异"，这些"灾异"才能安然地进入人的审美视角，成为审美的对象。所以，即使从广义的角度讲，"自然的人化"也是人类历史的产物，是人类认识与改造世界并在其中改造自身的结果。

人在认识与改造世界的实践活动中，认识与改造自己、建构自己、完善自己。通过实践，人使自己成为一种自我创造的主体性存在。[①] 人的成长史，不仅仅是积极的认识史，同时也是积极的实践史、劳动史。正是积极的实践与劳动创造了人本身。

3. 人作为关系的主体、社会的主体

动物不对什么东西发生关系，而且根本没有关系。对于动物来说，它对物的关系不是作为关系而存在的。[②] 而人恰恰相反，凡是有某种关系存在的地方，这种关系都是为"我"而存在的，[③] 作为社会性的存在，人始终存在于关系之中，甚至为关系所定义：人是一切关系的总和。那么，什么是关系？关系之于人又有着怎样的意义？

与关系相近的一个词叫联系。但关系一般不叫联系，而只是那种本质的联系叫关系。[④] 什么又是联系呢？联系是指事物之间的相互作用、相互影响。所以，关系不是一种物质性的存在，而是一种功能性的、场域性的存在。对于人来说，有与自然的关系、与事物的关系、与他人的关系、与社会关系，以及与自己的关系。其中，与他人的关系、与社会的关系是本质的关系，是人的关系系统中对人有着至关重要影响的关系，我们可以统称为人际关系，或社会关系。

从哲学上讲，关系具有普遍性、客观性，对人来讲，关系无处不在，关系对人发挥着至关重要的影响。我们通过家庭关系得到来自家庭的照顾、抚养、关爱、赡养；人的人格特质的形成深受家庭关系模式、父母教养模式的影响。通过师生关系，我们获得知识的学习、建构，获得技能的培养、训练，获得问候与关爱；教师的教学风格，班级的班级生态影响着、塑造着我们的认知风格、学习品质甚至是"三观"的形成。通过工作关系，我们获得来自上级的

---

① 袁贵仁. 马克思主义人学理论研究 [M]. 北京：北京师范大学出版社，2017：73.
② [德] 马克思，恩格斯. 马克思恩格斯选集：第1卷 [M]. 北京：人民出版社，1995：35.
③ [德] 马克思，恩格斯. 马克思恩格斯选集：第1卷 [M]. 北京：人民出版社，1995：35.
④ 张楚廷. 教育哲学 [M]. 北京：教育科学出版社，2006：54.

指导、下级的支持、同事的合作；一个单位的人际关系状态、精神风貌深刻影响着我们的情绪状态、处事风格，甚至精神风貌。关系的形态是多元的、丰富的，关系的性质同样存在着正向的、积极的与负向的、消极的区别。通过关系，我们不仅仅获得自由、和谐、友爱，获得平等、尊重、快乐和幸福，还可能获得惊恐与迷茫、屈从与屈辱、奴役与奴隶、狂暴与肆虐、痛苦与灾难。如果说关爱孕育善良，那么遗弃则暗生仇恨；如果说民主带来平等、尊严与合作，那么专制则带来奴役、自卑与崩散。

关系对人的影响是全方位的，它不仅仅影响着、决定着我们的物质生活，也引导着、塑形着我们的精神生活。那么，人与"关系"到底存在着怎样的关系，是关系决定人吗？是关系的全体——社会，决定人吗？对于关系本位者、社会本位者来说，答案是肯定的，真正的个人是不存在的，只有人类才存在，因为不管从哪方面看，我们个人的一切发展，都有赖于社会。（孔德）[①]如果真的如此，那么这日夜行走着、忙碌着、思考着、悲欢着的人又到底是什么呢？人仅仅是人类的组成部分，是社会的分支、教育的对象。如果如此，那么在工业化完成尤其是教育普及化后的人类社会，人应该如同工厂中出产的产品一样，是刻板的、雷同的，无差别的。而事实呢？事实是人是高度多样化的、个性化的，这个世界上不仅没有完全相同的两片树叶，同样也没有完全相同的两个人，哪怕是同一个家庭走出的双胞胎也有着不同的个性特点。

张楚廷在他的《教育哲学》中严厉批评流行于我国二十世纪七八十年代的社会关系决定论，提醒那些以马克思主义者自居的人注意马克思在《德意志意识形态》中的明确断言：全部人类历史的第一个前提无疑是有生命的个人存在。[②] 是人创造了历史，而不是历史创造了人；是人创造了关系，而不是关系创造了人；是人创造了社会，而不是社会创造了人。也就是说，在人与"关系"的关系中，是关系隶属于人，而不是人隶属于关系。[③] 虽然人生活于关系之中，关系对人有着重要的影响，但人首先是作为主体存在的，是作用、影响的发出者，是关系的形成者，并通过关系形成社会。一句话，人是关系的主体，是社会的主体。

---

① 百度百科 https：//baike. baidu. com/item/社会本位论.
② ［德］马克思，恩格斯. 马克思恩格斯选集：第 1 卷［M］. 北京：人民出版社，1995：67.
③ 张楚廷. 教育哲学［M］. 北京：教育科学出版社，2006：61.

人与自身的关系也是属人的关系系统中的重要范畴。张楚廷把这种人与自己的关系称之为反身性。所谓反身性是指人对自己的审视，是"在他自己所创造的世界中直观自己"①，是自己的对象化。在这一自我的对象化过程中，人获得了对自身的直观，并实现了自我控制，并由此走向自我立法、自我实现，一句话，走向了、实现了人的生命的意志的自由。人是具有反身性的动物。反身性乃是人的根本特性。② 与反身性紧密相连的是自增性。张楚廷认为：

> 人这种生命其所以区别于其他生命，就在于这种生命可以其自身生命为对象，并通过这种对象性活动来发展自身，来增长自身。简而言之，就在于人具有反身性，并通过反身性而自增，而具有自增性，自反性与自增性一起描绘了人，使得人这种生命那样灿烂。③

如果说自反性指向过去，那么自增性就是指向未来的。人通过反身性获得自由，以自由意志把握现在，通过自增性赋予生命以新的意义、新的价值，走向未来，实现生长。

与自由一样，拥有未来、拥有关于未来的理念也是人区别于动物的鲜明的类特征之一，正如卡西尔所言：思考着未来，生活在未来，这乃是人的本性的一个必要部分。④ 又说：（虽然）对未来事件的期望，甚至对未来行动的计划，并非完全是动物生命所不能达到的。……但是关于未来的理论观念——这种观念是人的一切高级活动所非有不可的先决条件——则是一种完全不同的类型。它与其说是一种单纯的期望，不如说已变成了人类生活的一个绝对的命令。⑤

人以自我为基地建构关系，并生活其中，接受来自关系的影响、塑造。而当关系不再适应于甚至阻碍自身发展的时候，人又与关系做斗争，解构、重塑关系，直至重新相互适应，实现新的平衡与和谐。也就是说，人的历史不仅是积极的认识史、实践史，也是一部积极的关系史。

---

① ［德］马克思，恩格斯. 马克思恩格斯选集：第1卷［M］. 北京：人民出版社，1995：47.
② 张楚廷. 教育哲学［M］. 北京：教育科学出版社，2006：30.
③ 张楚廷. 教育哲学［M］. 北京：教育科学出版社，2006：39.
④ ［德］恩斯特·卡西尔. 人论［M］. 甘阳，译. 上海：上海译文出版社，2013：90.
⑤ ［德］恩斯特·卡西尔. 人论［M］. 甘阳，译. 上海：上海译文出版社，2013：92-93.

人通过自反走向自由，通过自由实现自增。走过这漫长的论述，我们再回过头看开头引用的马克思的话：人的根本就是人本身。（人是）使自己的生命活动本身变成自己意志的和自己意识的对象（的生命）。我们就能充分感受到这两句话的真理性，人的一生就是努力"成其为人"的过程，人就是人，一如仁者，人也。

在自然的秩序面前，因为所有人都是平等的，他们共同的天命就是"成其为人"。①

人是自由的存在，是指向未来的存在；人是认识的产物、实践的产物、关系的产物；人是认识的主体、实践的主体、关系的主体。而不管是认识、实践，还是关系，都是人类有意识的活动。因此，马克思说：人类的特性恰恰就是自由的有意识的活动。② 人是有意识地去做的，是自由自觉地去做的。

可是，真能自由自觉地活动，要（指向未来）做一番设计，人需要有后天意识的发展，需要有意识地训练自己，"动物只是按照它所属的那个种的尺度和需要来建造，而人懂得按照任何一个种的尺度来进行生产"③。人显然不解天然地按照任何种的尺度来生产，任何种的尺度来自学习、来自教育。④ 那么，人与教育又有着怎样的关系？

三、人与教育

谈及人与教育的关系，就不得不提王安石的《伤仲永》——

仲永之通悟，受之天也。其受之天也，贤于材人远矣。卒之为众人，则其受于人者不至也。彼其受之天也，如此其贤也，不受之人，且为众人；今夫不受之天，固众人，又不受之人，得为众人而已耶？

---

① ［法］卢梭. 爱弥尔（上）［M］. 叶红婷，译. 北京：台海出版社，2016：15.

② ［德］马克思，恩格斯. 马克思恩格斯选集：第1卷［M］. 北京：人民出版社，1995：46.

③ ［德］马克思，恩格斯. 马克思恩格斯选集：第1卷［M］. 北京：人民出版社，1995：47.

④ 张楚廷. 教育哲学［M］. 北京：教育科学出版社，2006：37.

方仲永五岁时在全然没有受过教育的情况下就能"即书诗四句，并自为其名"而最后"泯然众人矣"的一个根本原因，就在于后天教育的缺失，这份缺失造成了一个天才的陨落。足见，教育之于人的重要性。对于普通人而言，如果不接受教育，甚至连个做普通人的资格都没有——"今夫不受之天，固众人，又不受之人，得为众人而已耶？"在教育对人的影响认识上，最为绝对的是美国的行为主义者华生——给我一打健康的婴儿，一个由我支配的特殊环境，让我在这个环境里养育他们，我可担保，任意选择一个，不论他们父母的才干、倾向、爱好如何，他们父母的职业及种族如何，我都可以按照我的意愿把他们训练成为任何一种人物：医生、律师、艺术家、大商人，甚至乞丐或强盗。

如果真能如此，那么在当今世界，首先是发达国家，一定已是人才济济，甚至人才过剩。而颇有讽刺意义的是，教育发达国家，如美国，在 2020 年的新冠肺炎疫情期间，竟然发生了总统号召民众注射消毒水抗疫，且有民众如此去做的反智行为。可见，教育对人是重要的，但绝对夸张不到为所欲为的地步，教育决定论在现实面前不得不低下高贵的头颅。那么，教育与人，或说人与教育到底有着怎样的关系？

1. 对于人而言，教育是重要的，对人的成长具有重要的不可替代的意义

亚里士多德说，求知是人类的本性。而要满足人的这一本性，并在这一本性的驱使下获得知识，最好的途径是教育。随着知识时代、信息时代的来临，在当前学校教育占据主导形式的情况下，人们不再可能像他的先辈们一样主要通过直接的方式获得知识，更多的时候是通过间接的以语言等形式符号为中介的学习获得更多的知识。从这个意义上讲，教育，尤其是学校教育是青少年获取知识、脱离蒙昧状态的主要的、重要的途径，就在短的时间内获得大量的知识而言，它几乎是唯一的途径。研究表明，与知识获得息息相关的是，接受教育、参与学习不仅仅可以帮助青少年获得知识，还能促进大脑的发育：

> 研究报告指出，与在实验条件下生存的老鼠相比，从自然环境中捕获的野生老鼠有着更多的突触、更厚的大脑皮层。这表明生存环境越是丰富，越能够刺激大脑神经元发育。当人们处于学习环境中时，

大脑内的神经连接的确发生了惊人的变化，神经元的改变非常迅速。①

教育之于人，不仅仅在于知识的获得，更重要的他是人得以全面发展、得以成人的重要途径。正如夸美纽斯所言，知识、德行与虔信的种子是天生在我们身上的，但实际的知识、德行与虔信却没有这样给我们，是应该从祈祷、从教育、从行动去取得的。有人说，人是一个"可教的动物"，这是一个不坏的定义。实际上，只有受过恰当教育之后，人才能成为一个人。② 人在知识、德育与信仰方面的潜在可能性只有通过教育才能成为现实，从而实现人的全面发展。

对个体而言，一个人的受教育水平与幸福、健康、长寿和社会经济地位之间也存在着正相关。受教育水平与主观幸福感之间的正相关性在不发达国家尤其显著。③ 对人类整体而言，教育与学习实现的不仅仅是知识的传承，也在改变个体、塑个体主体性的同时，推动人类文化的传承、重建与发展：

> 通过内化社会历史经验，在人与环境、人与他人的互动过程中，人的"主体性"不断得到澄明与显现，个体自我不断丰富与完善，文化新人得以生成。在理解和继承社会历史经验的同时，个体自我也在不断创造着、建构着新的文化，新的人类文化整体得以生成。因此，通过学习、基于学习，在学习中不断实现着人与文化的双重建构，不断实现着个体自我与人类文化的双重超越。④

教育之于人的重要性是不言而喻的，也确乎人人都需要教育，正如夸美纽斯所说，愚蠢的人需要教导，好使他们摆脱本性中的愚蠢，这是无人怀疑的。其实，聪明人更需要受教育，因为一个活泼的心理如果不去从事有用的事情，

① 陶新华. 教育中的积极心理学 ［M］. 上海：华东师范大学出版社，2017：7.
② ［捷克］夸美纽斯. 大教学论 ［M］. 傅任敢，译. 北京：教育科学出版社，1995：22.
③ ［爱尔兰］Alan Carr. 有关幸福和人类优势的科学：积极心理学 ［M］. 丁丹，等，译. 北京：中国轻工业出版社，2018：32.
④ 李敏. 深度学习：理论与实践 ［D］. 长春：东北师范大学，2019：38.

便会去从事无用的、稀奇的、有害的事情。① 不仅如此，聪明人不接受教育，会耗尽天赋，最终成为普通人，一如方仲永"泯然众人矣"。这不仅仅是对个体生命的伤害与糟蹋，更是对人类整体发展的不负责任。

教育的重要性是显然的，虽然"读书无用论"时常会沉渣泛起，但从社会发展的主流来说，没有谁会否定教育的重要了，在我们这个有着上千年科举考试历史的国度里，人们当前对教育的重视达到了无以复加的地步。但我们也应该清楚地看到，教育不是万能的，并且不当的教育不仅不能促进人的发展，甚至对人形成巨大的阻碍、扭曲，甚至是人性的异化。所以，在明了教育之于人的重要性时，我们有必要进一步理顺人与教育的关系，人在教育中到底该处于一个怎样的位置？教育在人的发展中又该守住哪些边界？

2. 对于教育而言，人是教育的起点和终极关怀，它规定着教育的目的、意义与价值

教育首先要明确的是，受教育者是人，把人当人看是教育的底线与良知。在教育中，我们是在与人的思想打交道，而不是与没有生命的物质打交道。② 学生不是原材料，教育不是生产标准；学校不是黑店，教育不是"普罗克拉斯提斯铁床"③，不是把学生一个一个地放到铁床之上抻短截长、截鹤续凫的野蛮行径。约翰·密尔说，人性不是一架机器，不能按照一个模型铸造出来，又开动它毫厘不爽地去做替它规定好了的工作；它毋宁像一棵树，需要生长并且从各方面发展起来，需要按照那使它成为活东西的内在力量的趋向而生长和发展起来。④

正是基于这一教育的良知与底线，张楚廷从"人"的维度出发，构建了教育的五大公理：潜在公理、动因公理、反身公理、美学公理、中介公理。认为人的潜在条件是教育的基础；人的需要、欲望是教育启动的根源；反身性是开发潜能的基本途径；美学要素是人通过反身性作用于自己的中介，人按照美

---

① ［捷克］夸美纽斯. 大教学论［M］. 傅任敢，译. 北京：教育科学出版社，1995：25.
② ［英］怀特海. 教育的目的［M］. 庄莲平，王立中，译. 上海：文汇出版社，2012：9.
③ 一个名叫普罗克拉斯提斯的强盗，开设黑店，拦劫行人。店内设铁床两张，一张过长，一张过短。旅客投宿时，身高者，则强行把他放置于短床上，身体伸出的部分砍去；身矮者，乃强拉其身与长床相等。后来的人们就把不观规律、强制推行人为法则的做法称为普罗克拉斯提斯铁床。
④ ［英］约翰·密尔. 论自由［M］. 程崇华，译. 北京：商务印书馆，1982：63.

的规律构造自己；人天赋的群生性是教育的外部关系基础。① 所以说人的本质就是教育的本质，把人当人看，使人成其为人，对人的尊重、对人的爱护是教育良知的基础。②

人的解放运动从世界范围而言，发轫于文艺复兴，已走过 300 余年，就中国而言，肇端于新文化运动、五四运动，至今已过百年。可以说，以上这些原则，这些关于人与教育关系的论述，关于教育应当把人当人看的要求，是自明的、清晰的。尽管如此，在现实的生活中，受现代主义知识论、教育功利化、应试教育、绩效至上等事实与观念的影响，在现实的教育关系中，受教育者被理所当然视为教育的对象，甚至退化为教师谋取班级考试成绩、工作绩效、晋级、评优以及获取奖金的工具；学生也视教师为获取知识、改变未来生活境遇的工具和手段——钱理群教授所批评的精致利己主义者是这一认知、态度长期累积的结果与体现。师生关系蜕化为一种"我—它"③ 的关系，一种支配与被支配、塑造与被塑造、控制与被控制的关系，在制造一个又一个精致的利己主义者的同时，造成社会关系的冷漠化、离散化。而这一切从根源上讲正是这一受教育者对象化、教育工具化的结果。

到了纠正这一趋势的时候了，到了摒弃这一受教育者对象化、教育关系"我—它"化的时候了。教育必须回到它的原点——把人当人看，必须深刻理解怀特海所说的：学生是有血有肉的人，教育的目的是激发和引导他们的自我发展之路；④ 必须深刻理解张楚廷所说的：教育本身就是由人设计出来的，设计出来帮助人成为人，辅助人去做人，亦即辅助人具有美好的心灵，辅助人自己塑造自己的灵魂。⑤ 从而实现教育对人——这一教育原点的回归，实现对非人化的教育目的排除，把人置于教育目的的神圣宝座之上。

虽然我们不须像斯多葛学派、基督教一样从宗教、从宇宙论的角度把人定为宇宙最高的目的，但这并不妨碍我们在人类事务上排除一切非人的目的，而

① 张楚廷. 教育哲学 [M]. 北京：教育科学出版社，2006：170-171.
② 张楚廷. 教育哲学 [M]. 北京：教育科学出版社，2006：171.
③ 马丁·布伯在《我与你》中把人与人之间的关系分为"我—你""我—它"关系，是面对面的、直接的、亲近无间的、没有中介物的关系。而在"我—它"的关系中，它、他、她都是"我"利用的工具，"我"通过对方实现自己的目的。
④ ［英］怀特海. 教育的目的 [M]. 庄莲平，王立中，译. 上海：文汇出版社，2012：142.
⑤ 张楚廷. 教育哲学 [M]. 北京：教育科学出版社，2006：158.

把人视之人本身的最后的目的。教育，这一直接与人打交道，作用于人身，并与人类的未来息息相关的伟大事业，更应如此，我们理当也无法不在教育的法典上庄严地写上："人是教育的目的。"杜威之所以说教育的过程在它自身以外没有目的，它就是它自身的目的，① 正在于纠正旧教育中儿童由成人等外在因素决定教育目的的错误做法，使儿童本身的生长、人本身的生长成为教育的目的。

如果说把人当人看是教育良知的基础，那么在教育的法典上写上"人是教育的目的"则是教育良知的集中体现，他呼唤着、引领着人一步一步步入教育的中央，实现教育中人的在场。

人的在场不仅仅是教育良知的呼唤，同时也是教育真正发挥作用的前提与基础。灌输不是教育，即使能给学生带来部分的知识，但它引发的是也只能是浅层的学习。真正的、深度的学习只有人的在场，只有主体的觉醒才能得以真正的实现。马克思主义认识论告诉我们，人不是被动地接受环境与教育的影响的，恰恰相反，在认识的过程中，人们是按照自己的认识、经验以及需要、兴趣等来对客观事物、外在影响作出反映的。② 只有符合自己的认知结构、能满足自己的兴趣、需求的外来影响、知识经验才能为主体所接受、认可以及最终纳入自身的认知系统。最近发展区理论③告诉我们，只有当外在的影响处于最近发展区之内时，它才能取得最好的影响效果。④ 最佳发展期理论认为，人某些认知能力的形成错过最佳发展期后就很难发展到他应有的水平甚至无法发展。如，2 岁前没有见到过阳光的孩子可能就会终生失明，12

---

① ［美］杜威. 民主主义与教育［M］. 王承绪，译. 北京：人民教育出版社，2001：5.

② 黄济. 教育哲学通论［M］. 太原：山西教育出版社，2011：386.

③ 最近发展区理论是由维果茨基提出的儿童教育发展观。最近发展区指儿童借助成人帮助所达到的解决问题的水平与独自解决问题所达到的水平之间的差异，实际上是两个邻近发展阶段间的过渡阶段。任俊在《写给教育者的积极心理学》中将个体心理划分为原始状态区、自我防御区、外力援助区和崩溃区四个部分，其中自我防御区、外力援助区为心理最近发展区。任俊认为：个体在接受外在影响时或多或少都会消耗一定的心理能量，个体在一定时期内心理能量是稳定的，个体天然排斥消耗大量心理能量的活动。因此，过多、过少的心理能量的消耗都不利于个体心理发展，相应的外在刺激过大、过小都不利于个体的发展，只有落在个体心理最近发展区的外在影响才会产生最好的影响。从心理能量的使用与消耗、正向心理倾向的形成的角度上看，维果茨基与任俊的最近发展区是相通的。本书混合使用这两个概念。

④ 任俊. 写给教育者的积极心理学［M］. 北京：中国轻工业出版社，2019：119.

岁前没有听到任何语言沟通的孩子可能一辈子也无法掌握一种语言。[1] 深度学习理论认为：

> 在学习活动中，学习主体（实践主体）通过对象化的活动将自身的本质力量作用于特定的客体或者活动，特定的客体或活动又反过来作用于实践主体，使主体实现自我理解、自我确证、自我实现以及自我超越，进而获得精神的充盈、生命活力的激发、自我素质的提升、主体的自由创造以及人生境界的陶冶。[2]

只有主体在场，教育才能发挥他的作用，所以，教育的边界就是主体的边界，任何对主体的侵犯、占有、搁置、放弃，最终都将伤害到教育本身，使教育从它本有的意义与价值上走向自己的对立面——不是促进，而是阻碍、扭曲人性的生长。

把人当人看，人是教育的目的。人的在场，这是人与教育的关系中必须得到申明与实践的主张，同时严守主体的边界，如此，教育才能帮助生命实现应有的意义和价值，才能帮助生命生长出新的生命——

> 教育意味着师生均以"人"的身份参与到教育过程中，教育的终极目的就在于实现人的现实的和精神的自由解放，它应是人心灵的栖息之所和精神的建构之乡。[3]

让我们一起倾听孩子的声音：我们首先是人，其次才是孩子。[4]

---

[1]　陶新华. 教育中的积极心理学 [M]. 上海：华东师范大学出版社，2017：6.
[2]　郭元祥，伍远岳. 学习的实践属性及其意义向度 [J]. 教育研究，2016（2）：106-107.
[3]　冯茁. 教育场域中的对话：基于教师视角的哲学解释学研究 [M]. 北京：教育科学出版社，2011：28.
[4]　冯茁. 教育场域中的对话：基于教师视角的哲学解释学研究 [M]. 北京：教育科学出版社，2011：79.

第二节　积极，作为教育的本有之义

卡西尔在《人论》中说，对于一个罗马人来说，生命意味着积极的生活，而且它有特别的才能来组织这种积极的生活，管理并协调它的一切成果。① 由此看来，积极是人生的本有之义，是生活的本有之义。

一、积极的字源

积极两个字拆开来看，在字源上有着十分有意味的含义。

先看积，繁体为積。《说文解字》中，积，聚也，从禾、责声。《诗经》中有"有实其积，万亿及秭"。《康熙字典》"委"条说：少曰委，多曰积，委积以待施惠。以"少"释"委"对于我们来说还是有些陌生的，但如果联想到萎、矮等由"委"组合的字还是可以理解的。积，积累、积淀、积攒，都含有聚集、多的意思。积，从禾，与种植有关。积之前是不辞辛苦的劳作，积之时是未雨绸缪的筹划，积之后是安然过冬的从容。所以说，积，本身所体现的就是先民积极耕作、从容生活的美好形态。

再看极，繁体为極。徐中舒主编的《甲骨文字典》认为，"极"字本为亟的孳乳字，即"极"的本字是"亟"，后"亟"借用为他义后，加木旁表示本义。《说文解字》：亟，敏疾也，从人，从口，从二。二，天地也。按亟训敏疾乃假借义，亟字即为敏疾义所专，后世乃以极表顶极之义。② 简而言之，极，本字是亟，亟所描绘的是人顶天立地的伟岸形象。所以说，极，所体现的是先民和天地并立，与日月同辉的人生理想与不懈追求。

在北京师范大学主办的"国学大师网"上输入"积极"二字，能搜到的较早的"积极"二字连用的情况，是元朝的《东维子集》："诵习之日，'积极'咏之。"晚清后，积极二字连用成为普遍现象。

积极在汉语词典中，有两个意思：一是正面的、促进发展的，如积极因素；二是努力进取的，如积极行动的人。

---

① ［德］恩斯特·卡西尔. 人论［M］. 甘阳，译. 上海：上海译文出版社，2013：166.

② 徐中舒. 甲骨文字典［M］. 成都：四川辞书出版社，1998：1447.

在英语中，表示积极的单词有 positive，active，energetic，vigorous；在《汉语词典》（网页版）中，用正面的、促进发展的对译 positive，用努力进取对译后三者。在积极心理学、积极教育中，用 positive，前者译为 positive psychology，后者译为 positive education。在香港，一般把 positive psychology 翻译为正向心理学。

所以，积极，从作用上讲，是指正向的、促进发展的积极因素，如积极心理学的核心要素——幸福、美德与性格优势等。从行动上讲，是指努力进取的积极行动。二者相通之处，在于不管是前者，还是后者，都体现出一种对世界、他人、自我抱持的豁达、乐观、进取的态度，都对未来充满期待与进取，在与世界、他人、自我的对话中，都追求与努力实现身心的和谐、人生的幸福和社会的蓬勃。

二、积极，人的本质力量的体现

作为一个耗散结构，人必须始终对外界持开放状态，并且不断与外界进行物质与能量的交换，才能对抗熵流、维持生存、实现生长。所以说，积极，是人对抗熵流的应然状态，是人本质力量的深刻体现。

积极是人的本质力量的体现，是人追求本质力量对象化的过程，并于这对象化的过程中认识、建构自身的内在动因和应然状态。

对教育而言，人对抗熵流的积极，不仅体现为了维持自身自然生命的存在而进行的物质与能量的交换，更体现为了维持、实现自身精神生命的形成与生长而进行的精神能量的交换。这首先体现在人对知识的渴求上。

梅杰（D. R. Major）指出："儿童从第二十三个月开始，就表现出一种尽力给事物命名的狂热。"心理学家把这种状态称为"对名称的渴求"（hunger for names）。靠着学会给事物命名，儿童并不只是在他原先的关于现成经验对象的知识中加上了一张人为记号的目录表，而且是学会了构成那些对象的概念，学会了与客观世界打交道。从此以后，这个儿童就站在了更坚实的地基上。[①] 对人而言，这种想要说话的渴望和热情，并非出自单纯地要学习或使用名称的欲望，而是标志着企图探知并征服一个客观世界的愿望。[②]

---

① ［德］恩斯特·卡西尔. 人论［M］. 甘阳，译. 上海：上海译文出版社，2013：226.
② ［德］恩斯特·卡西尔. 人论［M］. 甘阳，译. 上海：上海译文出版社，2013：227.

人这一积极的求知的渴望与能力源于大脑的积极，或说积极的大脑。拉什利（1951）在批评行为主义"刺激—反应"模式时指出：

用反射弧或神经联系链的概念来表达大脑功能的试图在我看来是注定要失败的，因为它们始于对静态的神经系统的假设。但我们现有的每一个证据都表明的都是一个动态的、一直是积极的系统，或者是许多相互作用系统的组合。①

不仅如此，社会心理学调查表明，人身上有积极的倾向，相对于消极信息来说，人更偏好于积极信息的选择。马斯洛的需要层次论说明，人有多种基本需要。这些需要正是人们积极行为的内驱力，是人们追求健康、成功、发展、快乐、满意、幸福的主要动机。脑科学研究表明，人还有巨大的发展潜能，人类已经挖掘的潜能与尚处在潜伏状态的能力相比，占5%左右。有论者认为，人生而有积极基因，人类在进化过程中积累、遗传了大量的包括积极的心理因素在内的"积极基因"。人类积极的心理特征、心理品质就是由积极的心理因素（基因）发展而来。人在幼儿时期表现出来的强烈求知欲、表现欲，在青少年时期表现出来的独立意识、自我意识、进取心等，都是人积极的心理因素的具体体现。②

人积极对抗熵流的过程，还体现为对社会生活的积极参与，并在这一积极参与的过程中完成与他人、与社会之间的能量交换。卡西尔说，人只有以社会生活为中介才能发现他自己，才能意识到他的个体性。但是对于人来说，这种中介并不意味着是一种外部规定的力量。人，像动物一样，服从于社会的各种法则，但是除此以外，他还能积极地参与创造与改变社会生活形式的活动。③正是在这一与社会的积极的对话、联系以至主动对社会进行创造与改变的过程中，人不仅找到了自己的立足之地，也努力为自己创造了一种更有利于自身生存与发展的外在环境，并在与这一环境的交换过程中，完成对自身的建构与完善，走向自由——人的自由不是通过逃避某种事物的消极力量得到的，而是通过表现他的真正个性的积极力量得到的。①

提到积极，人们往往会举出道家的无为、隐士的避世来消解，来证明另一种生态状态——消极避世。果真如此吗？

先看老子。

> 不尚贤，使民不争；不贵难得之货，使民不为盗；不见可欲，使心不乱。是以圣人之治，虚其心，实其腹，弱其志，强其骨。常使民无知无欲，使夫知者不敢为也。为无为，则无不治矣。

一连串的不、无等否定性词语，以及颇受人诟病的弱其志、不敢为等词语，充塞其间的似乎都是对在世的否定，对世间的逃避。但从最后一个双重否定——"则无不治矣"中，我们却能看到这一连串否定性行为的真正目的，不是对现世的否定，恰恰相反是对在世最大的肯定：于无不治中实现生命的自由之在、本真之在。这正是庄子"真人"的风采：古之真人，其寝不梦，其觉无忧，其食不甘，其息深深。其息深深，这深深之息所代表的不正是生命的蓬勃吗？

再看隐士中最为杰出的代表陶渊明的《归园田居（其一）》。

> 少无适俗韵，性本爱丘山。误落尘网中，一去三十年。
> 羁鸟恋旧林，池鱼思故渊。开荒南野际，守拙归园田。
> 方宅十余亩，草屋八九间。榆柳荫后檐，桃李罗堂前。
> 暧暧远人村，依依墟里烟。狗吠深巷中，鸡鸣桑树颠。
> 户庭无尘杂，虚室有余闲。久在樊笼里，复得返自然。

开荒南野际，守拙归园田。园田旁，榆柳荫浓，桃李花弄；暧暧人村，依依墟烟；深巷狗吠，树颠鸡鸣。何一物不见生命之蓬勃？何一处不显人生之自在？陶渊明逃避的是尘网，不是尘世；离开的是樊笼，不是人生。这其中所体

---

① 摘自马克思和恩格斯合著的《神圣家族》（1845）第 4 章，转摘自［美］Howard A. Ozmon，Samuel M. Craver. 教育的哲学基础［M］. 石中英，邓敏娜，译. 北京：中国轻工业出版社，2006：326.

现的不是消极，相反，是一种更为积极的人生，是对生命本真的呵护，是对生命自由的珍惜，是"晨兴理荒秽，戴月荷锄归"的自食其力，是"采菊东篱下，悠然见南山"的闲适自在。在论及隐者的"邻人""山友"——渔夫樵夫时，赵汀阳指出：

> 虽与文人的政治历史观有所不同，但渔樵同样也心系家国天下。事实上，家国天下的关怀是共享的文化背景和集体经验。因此，对于事关家国天下的问题，渔樵与文人应有许多共情的忧思和感叹。①

所以说，道家的无为、隐士的避世不是消极。那么这世上果真只有积极，而没有消极吗？不，有的，饱食终日，无所用心；群居终日，言不及义。这些无所用心的生存状态是对生命的消解，是对人生的背叛，是真正的消极。所以孔子批之曰：难矣哉。这种人想要立足于世，成其为人，难哪！之所以如此痛批，正是因为孔子深深地明白，唯有知其不可而为之的积极而为，才能维护生命的尊严，才能实现生命的价值，才能不愧不怍，顶天立地。

这就是人生，这才是人生。

积极，是人的本质力量的体现，是人之所以为人的伟大凭证。

积极就是创造。

人具有建设一个他自己的世界，建设一个理想的世界的力量。② 这一力量源自人对未来的憧憬，源于人身上所蕴含的最为正面的、最为积极的力量之一——创造。人正是在对未来的憧憬、建设、创造的过程中走向未来，实现自己的可能，完成自己的建构。

真正的人性无非就是人的无限的创造性活动。③ 卡西尔在《人论》一书中力图论证的一个基本思想实际上就是：人只有在创造文化的活动中才成为真正意义上的人，也只有在文化活动中，人才能获得真正的自由。④ 全部文化都是人自身以他自己的符号化活动所创造出来的"产品"。⑤ 再也没有比创造更能

---

① 赵汀阳. 历史·山水·渔樵 [M]. 北京：生活·读书·新知三联书店，2019：141.
② [德] 恩斯特·卡西尔. 人论 [M]. 甘阳，译. 上海：上海译文出版社，2013：中译本序.
③ [德] 恩斯特·卡西尔. 人论 [M]. 甘阳，译. 上海：上海译文出版社，2013：中译本序.
④ [德] 恩斯特·卡西尔. 人论 [M]. 甘阳，译. 上海：上海译文出版社，2013：中译本序.
⑤ [德] 恩斯特·卡西尔. 人论 [M]. 甘阳，译. 上海：上海译文出版社，2013：中译本序.

与积极画上等号的范畴了，所以说，积极是人的内在本质，是人之所以为人的本质规定性之一。正如卡西尔所说：这种自觉性和创造性就是一切人类活动的核心所在，它是人的最高力量，同时也标志了我们人类世界与自然界的天然分界线。① 正是这一最高的力量——"创造"，创造了一个丰富多彩的属人的世界，创造了人本身。这一创造性来源于人对自身的所蕴含的潜能、优势等正面力量的看见与信任，源于积极的人生态度，主动的进取行为。因为"从一种完全被动的态度中不可能发展出任何的创造性的活力来"②。

卡西尔从他文化哲学的基本立场充分肯定了"创造"之于人的意义。马克思主义同样看重创造对于人、对于人类社会的意义。

> 人把自己和动物区别开来的第一个历史行动恰恰是人"开始生产自己的生活资料"。不同于被动地适应自然界的动物本能活动，物质生活资料的生产劳动实践是一种有意义、有目的的创造和生产活动，只有它才构成人类存在和人类社会历史得以展开的前提基础，"这种活动、这种连续不断的感性劳动和创造、这种生产，正是整个现存的感性世界的基础，它哪怕只中断一年……整个人类世界以及他自己的直观能力，甚至他本身的存在也会很快就没有了"。③

在中国传统文化中，最能体现创造、创新的词语是"新"字。与西方文化史的创造与创新侧重于认识创新、思想创新、科学创新、技术创新不同，中国传统文化更侧重于"德"的"自新"。

> 汤之盘铭曰：苟日新，日日新，又日新。康诰曰：作新民。诗曰：周虽旧邦，其命惟新。④

对"周虽旧邦，其命惟新"，朱熹注为：诗，大雅文王篇言，周国虽旧，

---

① ［德］恩斯特·卡西尔. 人论［M］. 甘阳，译. 上海：上海译文出版社，2013：中译本序.
② ［德］恩斯特·卡西尔. 人论［M］. 甘阳，译. 上海：上海译文出版社，2013：156.
③ 李成旺.《德意志意识形态》导读［M］. 北京：中国民主法制出版社，2018：138.
④ 四书五经上卷：大学章句［M］. 天津：天津古籍出版社，1988：2.

至于文王能新其德以及于民，而始于受天命也。将能否受天命与能否日新其德联系在一起，由此彰显的不仅仅是德，还有"新"。新民之"新"同样释为动词"自新"。新民者，能自我更新、自我创造之人也。

三、积极，教育的本有之义

人的本质就是教育的本质，对于教育而言，人是教育的起点和终极关怀。人是教育的目的，教育的终极目的就在于实现人的现实的和精神的自由解放。

当我们深刻讨论了人与教育、积极与人的关系后，再来讨论积极与教育的关系，我们很自然地可以看到，积极是教育的本有之义。

教育为人所立，教育为人所发展；教育为人而存在，教育为人而发展。教育的一切合理性均以人的发展为前提。而"人的类特性恰恰就是自由"（马克思语），故此，可以说，教育的一切合理性均以发展人的自由为前提。[1] 而同样一句出自马克思的话告诉我们：人的自由不是通过逃避某种事物的消极力量得到的，而是通过表现他的真正个性的积极力量得到的。[2] 教育以人的自由发展为前提确定自己的合理性，而人的自由则通过积极力量得到实现。所以说，积极，内蕴于教育当中，是支撑教育促进人之自由发展的内在力量。

通过发现、培养、利用人的美德与性格优势等积极性建设力量，实现人生幸福与社会蓬勃的积极教育，是内蕴于其中的教育积极本性的显性化，是教育之于生命的意义与价值的实现与增值。

四、积极学生，积极教育的追求

在教育中，教师与学生是最重要的主体。其中，学生，以及学生的自由发展是教育的出发点与归宿点，是教育场域中应然的中心与重心。所以，在讨论师生关系之前，有必要在这一有着积极教育的哲学基础的章节中，讨论积极学生。

李敏认为，学习本来就是生命的律动，是每一个生命个体对于外界环境的

---

① 张楚廷.教育哲学［M］.北京：教育科学出版社，2006：230.
② 摘自马克思和恩格斯合著的《神圣家族》（1845）第4章，转摘自［美］Howard A. Ozmon，Samuel M. Craver.教育的哲学基础［M］.石中英，邓敏娜，译.北京：中国轻工业出版社，2006：326.

全部进取性适应行动。① 进取是积极的另一表达方式，所以说，作为学习者的学生天然具有积极的品质，正如"对名称的渴求"所揭示的：儿童是天生的好奇者、学习者、探索者，儿童是天生的积极者。

陈振华在《积极教育论纲》中论述了他的积极学生观，他认为：①学生是发展的人。学生的身心发展是有规律的，学生具有巨大的发展潜能，学生是处于发展过程中的人。②学生是独特的人。学生是完整的人，每个学生都有自身的独特性，学生与成人之间存在着巨大的差异。③学生是具有独立意义的人。每个学生都是独立于教师的头脑之外，不依教师的意志为转移的客观存在；学生是学习的主体；学生是责权主体。② 发展、独特、独立，是陈振华积极的学生观的三个关键词，最终归结为主体——学生是学习的主体，学生是责权主体。

陈振华还对学生在学习中的"积极"表现作了阐述，他认为学生的积极情感体验、人格品质和人生态度才是积极教育的最大追求。学生的积极性应该体现在学习方面和各个环节。①积极的自主学习。有内在的学习动机；自己选择学习内容；自己调节学习策略；自己计划和管理学习时间；自己营造学习的物质和社会性条件；自己检查、总结、评价学习结果，并能采取补救措施。②积极的自我评价。能对自己的学习方法、能力、态度等作出合理的判断和评价，进而科学乐观地认识自己。③积极的自我调节。能自己学会寻找学习动力，调整学习目标，改进学习方法和学习态度。③

陈振华对积极学生的论述主要集中在学生在学习方面的表现。作为一个整体的存在，学生是身心一体，知、情、意合一的完整生命体，积极学生的"积极"不仅体现在学习的积极上，更应体现在作为一个人的积极上。根据塞利格曼的 PERMA 幸福理论，结合本书对人与教育、人与积极、积极与教育的关系，对积极学生的特征做如下讨论。

1. 拥有积极的情绪与体验

积极的情绪体现在对过去的满意和满足，对现在的快感和欣慰，对未来

---

① 李敏. 深度学习：理论与实践 [D]. 长春：东北师范大学，2019：32.
② 陈振华. 积极教育论纲 [J]. 华东师范大学学报（教育科学版），2009（9）：34.
③ 陈振华. 积极教育论纲 [J]. 华东师范大学学报（教育科学版），2009（9）：37-38.

的乐观、希望上。能在学习中体验到更多的快乐，在与人相处中感受到更多的信任，在对自然的直观中产生审美的福流。最直观的表现是，经常出现"迪香式微笑"——一种发自内心的、真诚的微笑，能在生活中感受幸福并感恩生活。所以说，积极的学生是爱笑的孩子，是乐观的孩子，是懂得感恩的孩子。

2. 能够积极参与并投入其中

投入，也称沉浸，是专注于学习与工作的过程，并形成忘我的体验的心理状态。积极的学习参与，源于对事物的好奇，对学习的兴趣。保持好奇与不断激发对学习的兴趣是积极投入的前提与基础。而要维持这份投入，则必须要勇于接受挑战，并不断提高自己的能力。契克森米哈的福流研究表明，只有当个体的技能与挑战匹配的时候，个体才可能形成福流，投入其中，进入忘我的学习与工作状态。[①] 所以说，积极的学生是好奇的孩子，是好学的孩子，是勇于接受挑战并不断提高自己的孩子。

3. 善于培育并珍惜积极的人际关系

就大五人格而言，在宜人性上体现出较高的水平，懂得考虑他人的感受，能包容、接纳不同的个体特征，善于建立一种"我—你"的关系。

> "我"与"你"之间的关系是面对面的、直接的、亲近无间的，中间没有中介物的，是"我"带着自己的全部存在与"你"的全部存在相遇。这种相遇是全身心的、毫无隐藏的交流，其中的"你"可以是一个人，也可以是一棵树、一本书，是发生在此时此刻的"临在"，是当下的生动和真实。[②]

这一关系的建立基于对人的主体性的尊重，基于内心的一片赤诚：唯天下至诚，为能尽其性；能尽其性，则能尽人之性。只有既能"尽己之性"，又能"尽人之性"者，才能与他人建立这种无界的"我—你"关系。所以说，积极

---

① 曾光，赵昱鲲，等. 幸福的科学：积极心理学在教育中的应用 [M]. 北京：人民邮电出版社，2018：84.

② [德] 马丁·布伯. 我与你 [M]. 任兵，译. 北京：北京联合出版公司，2018：导读.

的学生是一片坦诚、永葆赤子之心的人，是爱己爱人的人。唯有此，才能与人形成积极的友好的关系。

4. 追求自由，并在自由中寻求意义

塞利格曼认为，追求生活的意义就是"用你全部力量和才能去效忠和服务于一个超越自身的东西"①。而这一追求的基石是自由。只有自由的人才会努力摆脱像动物一样深深地束缚于物质性的自在当中，去追寻物质性自在之上的超越，去超越只有自我的小小的世界，去寻求与更大的存在建立联系。

"知之者不如好之者，好之者不如乐之者。"颜回之所以能"人不堪其忧，回不改其乐"，正在于他能"克己复礼为仁"，懂得"一日克己复礼，则天下归仁"，懂得把自身的存在与一个伟大的文明联系在一起。如果说好奇与兴趣是学习的原始动能的话，那么意义就是学习最为强大、最为持久的动能。所以说，积极的学生是珍视自由、追求意义的人。

5. 勇于创造，敢于胜利，追求成就与卓越

富兰克林·罗斯福说：幸福不在于拥有金钱，而在于获得成就时的喜悦，以及产生创造力的激情。② 不同于停留于悦耳悦目的浅层快乐，成就之于幸福是深层的、持久的，但同时也是付出最多努力的。所以，他需要的不仅仅是辛苦的付出、坚毅的品格，更需要敏锐的洞察力以及创造性思维能力。对于学生来讲，未来人生的成就是建立在学习过程中一个又一个的胜利和成就，以及在此基础上形成的自我效能感。这需要开阔的视野、持久的付出。所以说，积极的学生就是勇于创造、敢于胜利、追求成就与卓越的人。

学生始终是教育的主体，学生的终身发展与幸福是教育责无旁贷的使命与目的，培养积极学生是积极教育的本质要求与永恒追求。

积极的学生，他乐观，微笑地面对并感恩于生活；他专注，全身心地投入其中并享受由此带来的福流；他善良，以一颗赤诚之心与天

---

① 曾光，赵昱鲲，等. 幸福的科学：积极心理学在教育中的应用 [M]. 北京：人民邮电出版社，2018：132.

② 曾光，赵昱鲲，等. 幸福的科学：积极心理学在教育中的应用 [M]. 北京：人民邮电出版社，2018：146.

地俯仰，与人物来往；他自由，在追寻意义的途中让自己的人生充盈意义；他坚毅，以一颗勇敢地心追求属于自己的成功。

一句话，他积极，他幸福。有人会说，这哪里仅仅是积极的学生，这就是积极的人。是的，这就是积极的人。学生，首先是人。

第三章　主体与关系

——师生的关系定准及积极教师的成长

师生，是世间最美的相遇。

每个人都是一个能量体，你需要展开你的各种能量，与其他能量体建立链接，这份链接越饱满、越真实，你越能将这份链接上升为"我与你"的相遇。① 而师生之间的相遇最为应该的是这种最美好的"我与你"的相遇，师生之间的关系最为应该是这种彼此都能绽放的最好关系。

而这一切，都建立在对师生"双主体"以及主体间关系的深刻认知上。

第一节　主体，教育的原点

教师主导，学生主体，这是我们最为耳熟能详的关于师生关系的说法。面对主体的主导如何去导，面对主导的主体又该如何做主？主导的对面是辅助，主体的对象是客体。教育，是学生辅助教师完成教育教学任务的过程吗？学习，是学生以教师为客体、为对象的学习过程吗？到了该走出这一如此左支右绌、如此难以自圆其说的主张的时候。在教育过程中，教师与学生是共同生成的，双方是同时共在的。② 正如人们所说，太平洋够大，容得下中美两个大

---

① ［德］马丁·布伯. 我与你［M］. 任兵，译. 北京：北京联合出版公司，2018：导读.
② 班华. 德育理念与德育改革［J］. 南京师范大学学报（社会科学版），2002（7）：76.

国。其实，教室也不小，容得下师生两个主体。师生之间，不是主导与辅助，主体与客体的关系，而是两个主体的关系，是主体间关系——这是我们建构积极的师生关系的理论与事实原点。

一、主体的字源

先说主，主（主）为炷的本字，意思是"灯心"。上古时火种非常宝贵，往往由一族之长保管，因此也用"主"指领袖人物。后引申为君主、主人、主持等义。《诗经》中有"侯主侯伯"①。对于教育学来讲，这一原型是学习主体的一种隐喻，主体是自发光体，但同时又存在着一种被动性——它需要点燃者、保管者、加油者、添柴者。一句话，主体既自作主张，自我发光，又要接受他人的呵护与支持。

再看体，繁体字有體、軆、軆、軆，《说文解字》中为體，总十二属也，从骨，豊声。所谓总十二属，是指體是人身十二部分的总称。郑玄《礼序》认为：礼者，体也，履也。统之于心曰体，践而行之曰履。以体释礼。吴飞《郑玄"礼者体也"释义》（2020）中指出：体字的本义，既可指各肢体，又可指肢体组成的整个身体，因而分中有合，合中有分。在礼学语境中，除去直接针对身体的礼之外，最直接的譬喻便是父子、夫妻、昆弟等一体之亲，并由此衍生出整个宗法乃至君臣一体的含义。②

不管是四体之体，还是"礼者，体也"之体，都是形下之体、经验之体。体在中国传统哲学中还具有鲜明的形上色彩，即作为体用之体。

体用是中国传统哲学尤其是理学、心学的重要范畴。体，指本质、本体；用，指现象、功用。关于本体，张载说："太虚无形，气之本体。"王阳明常论"心之本体"，说："夫心之本体，理也。"又说："知是心之本体。"到此，体不再是形下之体，而是形上之体，精神之体。体用一源，体用不二是中国传统哲学的基本主张，体现的是天人合一的宇宙论思想。

主体二字连用，至少在汉代就出现了。《汉书·东方朔传》："上以安主

---

① 窦文宇，窦勇. 汉字字源：当代新说文解字［M］. 吉林：吉林文史出版社，2005. 转摘自国学大师网. http://www.guoxuedashi.com/zidian/ziyuan_3586.html.

② 吴飞. 郑玄"礼者体也"释义［DB/OL］. 北京师范大学章太炎黄侃学术中心微信公众号：章黄国学，2020.08.17. 文章来源《励耕语言学刊》，2020 年第 1 辑.

体，下以便万民，则五帝三王之道可几而见也。"这里的主体指皇帝。明清之际渐成熟语。夏仁虎的《旧京琐记》中有"饭以面为主体而米佐之"，指事物的主要方面；《金钟传正明集》第二十八回的批注中有：人身为小天地，心为主体。这里的主体有主宰义。

所以，从字源上讲，"主""体"合用为"主体"，既指自我对作为身体之体的主宰，也指自我对作为精神之体的主宰。统而言之，主体者，自我主宰者也。

二、主体的概念与特征

主体，作为非对象化的存在，是人作为此在的主人，是自己决策、自己行动、自己评价、自己监督以及自己支持自己的全能体。在学习上，主体意味着主动地参与、能动地理解和积极地自我建构，以实现自我的蓬勃生长。"我们远非被动接受经验的主体，我们是能动的理解者，在接受经验的过程中我们自身发生变化，有时这种变化是极大的。"（伽达默尔）①

人，此在，只有作为主体，才能实现作为人的本质，才能获得属于自己的生长、发展与幸福。作为主体，他是自由的、完整的、能动的，当然也是有边界的。

1. 主体是自由的

纯粹理性是自由的。②康德认为，自由在于内在的自我决定和自觉自愿的行动。自由意志不受感性干扰一贯地使用理性，使理性本身有了超越一切感性欲求之上的尊严。所以，它获得的自由才是真正的、一贯的、永恒的。③与康德将自由建立在理性之上不同，马克思从历史唯物主义出发，将自由建立在客观实践之上，建立在劳动之上，"人的类特性恰恰是自由的活动"，"全部人的活动迄今只有劳动"。④

不管是前者，还是后者，虽然二者对自由的认识建立在不同的理论基础之

---

① 冯茁. 教育场域中的对话：基于教师视角的哲学解释学研究［M］. 北京：教育科学出版社，2011：43.
② ［德］康德. 实践理性批判［M］. 邓晓芒，译. 北京：人民出版社，2003：44.
③ 胡莹. 康德与马克思自由观比较［J］. 黑龙江教育学院学报，2006（7）：28-29.
④ 胡莹. 康德与马克思自由观比较［J］. 黑龙江教育学院学报，2006（7）：29.

上，但有一点是相同的，他们都庄严地为人类立法：人本自由。一如伊曼努尔·列维纳斯所说，我——实显，就是自由。① 作为以人为目的，以人的本质为自己本质的教育，看到、尊重、实现主体的自由，是一切教育合理性、合法性的根源，是实现师生主体性的首要原则。

正如萨特所言，通过注视，我具体地体验到他人是自由和有意识的主体，他在自己向自己的可能性时间化时使得有了一个世界。② 只有尊重这一人的自由，人才能自己走向自己的可能性，走向创造一个属人的丰富多彩的世界的可能——（人）是一个因为创造而自由且因为自由而创造的生灵，从而才真正创造了自己。③

正因如此，对于教育而言，卢梭说，天底下最大的好处不是权威，而是自由。④（在教育中，应）可以尽早让他支配自己的自由，利用自己的力量。⑤ 教育要体现、实现主体的自由特征，要求管理者尊重教师自由施教的权利，尊重教师的首创精神；要求教师尊重学生自由学习的权利，尊重学生的独特体验、自由探索和创新精神。正如张楚廷所说：

> 如果认为，自由是生命的实体，那么，关爱学生，关爱生命，其基本内容即关爱自由；如果认为对自由的把握力即人的生命力，那么，旨在使生命旺盛的教育的使命，就在于增强学生对自由的把握力。⑥

2. 主体是完整的

对身心二元化的认识，东、西方都有着悠久的传统。在东方集中体现在宋明理学的理气分殊，心物二元上。"存天理，灭人欲"是这一认识倾向的极端体现。在西方，柏拉图的洞穴理论，隐喻了理念世界与现象世界的分离。到笛卡尔的"我思故我在"，鲜明的二元论上场了。"我"的本质是思想，其中有

---

① ［法］伊曼努尔·列维纳斯. 时间与他者 ［M］. 王嘉军，译. 武汉：长江文艺出版社，2020：24.
② ［法］萨特. 存在与虚无 ［M］. 陈宣良，译. 北京：人民出版社，1987：341.
③ 张楚廷. 教育哲学 ［M］. 北京：教育科学出版社，2006：226.
④ ［法］卢梭. 爱弥尔 ［M］. 叶红婷，译. 北京：台海出版社，2016：91.
⑤ ［法］卢梭. 爱弥尔 ［M］. 叶红婷，译. 北京：台海出版社，2016：54.
⑥ 张楚廷. 教育哲学 ［M］. 北京：教育科学出版社，2006：228-229.

与生俱来的观念。灵魂（或心智）是一个独立的长存的实体。至于我的身体，则是另一个属于物质的实体。①

笛卡尔建立在怀疑论基础之上的身心二元论带给世界的影响是深远的，但也深刻困扰着人们对人之本质的继续追问，在一定程度上阻碍着认知科学的发展。就前者而言，如果承认笛卡尔的二元论是正确的，那么人类必定面对一个两难的选择：如果把一切归结为精神，世界被观念化，人就成为一个超然的意识主体；如果把一切归结为物质，人就成为机器。（季晓峰，2010）② 就后者而言，"不仅给理解心理和身体的互动带来困难，而且也给理解心灵和社会情境的互相影响带来障碍。"（Prilleltensky，1990）③ 正因如此，身心二元论一直以来受到许多思想家的诟病。海德格尔的存在论、梅洛-庞谛的具身主体性（embodied subjectivity）、詹姆斯的情绪理论、杜威的机能主义、皮亚杰的发生认识论都有力地驳斥了身心二元论。梅洛-庞谛的具身主体性为克服笛卡尔的身心二元论提供了一种可能，这一概念既不把人视为离身的心智，也不把人看作复杂的机器，而是视人为活生生的、积极的创造物，其主体性是通过身体与世界的物理性互动实现的。

建立在历史唯物主义基础上的马克思主义的人的全面发展学说从一开始就把人看成完整的人，"人以一种全面的方式，也就是说作为一个完整的人，最终占有自己的本质"④。并把他建立在现实的生活与关系之上，"个人的全面性不是想象的或设想的全面性，而是他的现实关系的全面性"⑤。因此，"人应当通过全面的实践活动获得全面发展"⑥。

在应试教育环境上，重智轻德；重视知识学习，轻视能力的培养；重视文化类课程的学习，轻视体艺类课程的学习；重讲授轻实践等不良教育教学现象，除了现实的功利主义的考量外，一个非常重要的原则就是受身心二元论的影响，看不到身心的内在统一性，把"认知—学习"过程简单化为以文字等

① 傅佩荣. 一本书读懂西方哲学史 [M]. 北京：中华书局，2010：141.
② 叶浩生. 身心二元论的困境与具身认知研究的兴起 [J]. 心理科学，2011，34（4）：999-1000.
③ 叶浩生. 身心二元论的困境与具身认知研究的兴起 [J]. 心理科学，2011，34（4）：1001.
④ [德] 马克思. 1884 年经济哲学手稿 [M]. 中共中央马克思恩格斯列宁斯大林著作编译局，编译. 北京：人民出版社，2018：81.
⑤ 黄济. 教育哲学通论 [M]. 太原：山西教育出版社，2011：441.
⑥ 马克思，恩格斯. 马克思恩格斯选集：第 1 卷 [M]. 北京：人民出版社，1995：643.

符号为中介的间接知识的传授、灌输过程。要打破这一传统，克服这一身心二元论的错误做法，一个根本性的要求就是尊重人作为主体的身心的统一性、完整性。正如马丁·布伯所说，教师一定要意识到学生是一个整体，并认可这个整体。① 同时，以马克思主义的人的全面发展学说为指导重构学习过程，以主体性实践活动为中心，坚持认知与实践相统一，过程与结果相统一，身心合一，在做中学，在学中做，手脑并用，从而推动、实现人的全面发展。

3. 主体是能动的

主观能动性思想是马克思主义哲学的重要组成部分。人的主观能动性首先表现为人面对客观实际，从实际出发，通过自己的自觉的活动和努力，正确地反映客观世界的本质和规律；其次是运用这种对客观事物的本质和规律的认识，通过自己的自觉活动和努力，实现其预期目标。② 人的主观能动性理论告诉我们，在教育中，学生不只是被动地接受知识，而是主动地参与到知识的建构当中去。人的大脑不是仓库，而是一个加工厂，任何知识、信息的接收、理解都受主体现有的知识与经验基础、认知结构的影响。皮亚杰的认知理论认为，事物只有通过与现存的图式和概念积极融合才有可能同化到主体的知识结构体系当中，成为它的一部分。

在学习的过程中，主体的能动性主要体现在质疑、选择和主动建构上。灌输式、接受式教学方式之所以影响学生正确的、有利于可持续发展的认知方式的建立，一个最为重要的原因就在于不允许、不接受学生的质疑，不允许、不支持学生的自主选择，从而长期反复地束缚、否定、忽视学生学习能动性，造成了学生的认知惰性而习惯于接受，放弃主动地求知、探索与思考。学习的过程长期停留接受、记忆、理解等浅层学习的层面上，无法经历和达到应用、分析、评价、创造等深度学习的层面上。在 2012 年 PISA 测试中，上海参测学生虽然获得了总分第一的好成绩，但在用数学思想方法解决实际问题上存在一定的障碍和困难。③ 而且这一状况长期存在。这是我们在教育教学中长期忽视学

① ［德］马丁·布伯. 我与你［M］. 任兵，译. 北京：北京联合出版公司，2018：147.
② 王棣棠. 毛泽东坚持和发展了马克思主义的主观能动性思想［DB/OL］. 原刊于《社会科学》，转摘自道客巴巴. http：//www. doc88. com/p-775458813269. html.
③ 张选民，黄华. 自信·自省·自觉——PISA2012 数学测试与上海数学教育特点［J］. 教育研究，2016（1）：45.

生的主观能动性、忽视学生自主知识建构过程的结果。

尊重学生的主体性，实质就是尊重学生的主观能动性，尊重、培养学生的质疑精神、选择能力知识建构力。

4. 主体是有边界的

之所以强调主体是有边界的，是因为中国是一个重关系、讲人情的社会，尤其是亲子关系中，边界意识淡薄。比如影视作品以及现实生活中时常出现的父母以"为你好"为由对子女恋爱婚姻的干涉，就是这一意识淡薄的体现。家庭教育过程中的亲子冲突绝大部分也缘于此。

关于主体边界，萨特说，认识主体既不能限制另一个主体也不能使自己被另一个主体所限制。① 又说，事实上，这个我与之共在的人的实在，它本身是"与我共在于世"的，它是一个世界的自由基础，它是它自己的可能性。因此它对它自己而言存在，无须等待我使它的存在在"有"的形式下。② 这两句甚为拗口的话，其实要表达的中心意思只有一个：主体与主体之间是有边界的。在人与人的"共在于世"中，我既不能限制、侵犯你的主体性，也不允许你限制、侵犯我的主体性；你不待我而在，不等待我的决定；我不待你而在，也不等待你的决定。共在，是主体与主体的共在，是主体间的共在。

作为事实上的"双主体"，在现实的教育教学中，师生之间往往出现边界失守的现象：教师突破边界，代替学生学习，比如无休止的讲授和灌输、低效的"是不是""对不对"的提问、盲目的统一答案等。学生放弃边界，只听讲不思考，只记笔记不斥疑，只做题不应用等。教师对学生主观能动性的忽视，一个根本的原因就是师生边界意识淡薄，一个不知收敛，一个不知坚守。基于师生知识与经验、地位与权势事实上的不对等，要纠正这一态势，根本在于教师要建立清晰的边界意识，找准师与生、教与学的边界，做好该做的，不做不该做的。师生之间既守土有责，又和平共处。

主体是自由的、完整的、能动的、有边界的存在。对主体这些特征的认识有助于我们重新认识主体的学习过程，重新审视、建构积极的有助于主体生长的师生关系。

---

① ［法］萨特. 存在与虚无［M］. 陈宣良，译. 北京：人民出版社，1987：193.
② ［法］萨特. 存在与虚无［M］. 陈宣良，译. 北京：人民出版社，1987：314.

三、主体与学习：我们为何强调学习者的主体性

这一话题在论述人与教育的关系、主体的特征时已经反复讨论，这里着重强调两点。

一方面，作为一种自组织的耗散结构，人，只有充分发挥自己的主体性，积极主动地参与到知识的自我建构过程中，才能维持自身生命的平衡与生长。

耗散结构理论是比利时物理学家、诺贝尔物理奖获得者普利高津提出的。一个远离平衡状态的开放系统通过不断地与外界交换物质和能量，在外界条件变化和内部某个参量变化达到一定的阈值时，可以通过内部的作用产生自组织现象，使系统从原来的无序状态自发地转变为时空上和功能上的宏观有序状态，形成新的、稳定的有序结构。这种非平衡状态下的新的有序结构就是耗散结构。

自组织是自然或客观事物本身自主地组织化、有序化的过程，包括涨落、突变等非平衡相变。事物要形成有序的耗散结构，一要保持对外界的开放，二要存在自组织，如此才能对抗熵增定律，保持自身的存在与生长。

人，主体，此在，作为一种耗散结构，只有不断与外界进行物质与能量的交换，不断自组织，才能维持自身的存在与生长。对于主体而言，不管是自然生命，还是精神生命都是如此。

从另一个方面讲，家长、教师等成人过界代替、过度约束、过份呵护等主体越位行为都会严重阻碍学生主体性建设，并最终影响学生的健康成长。

任俊在论述如何帮助孩子获得心理免疫时指出，不管是过多呵护，还是过多的管束都会影响孩子心理免疫力的获得。他说，如果父母随时随地守护在孩子的身旁，给他们提供无微不至的关怀，这实际上会使孩子出现"时间贫困""空间贫困"的状况，这种贫困等于去除了孩子在生活中获得免疫功能的机会。① 又说，孩子在小时候被一直紧紧地管着，没有自己做主的经历和经验，长大后他怎么可能自然而然成为自己的主人呢？因此不论孩子年龄多大，父母都应该时刻记住：他们天生就是自己的主人，这种主人地位在孩子的任何年龄段都不能由成人代替。② 他告诫父母、教师，孩子只有在生活中接触到各种问

① 任俊. 写给教育者的积极心理学 [M]. 北京：中国轻工业出版社，2019：152.
② 任俊. 写给教育者的积极心理学 [M]. 北京：中国轻工业出版社，2019：151.

题，自己处理各种问题后，才能获得心理免疫力。可以说，自由和自主是孩子提高心理免疫力最基本的条件。[①]

孩子的心理免疫力是如此，孩子自主学习能力、自主生活能力的形成同样如此。因此，放弃过多的管束、呵护，放手让孩子自己在风雨中前行，才能使其茁壮成长。

第二节　关系，教育的存在之乡

"结庐在人境，而无车马喧。问君何能尔，心远地自偏。"虽然"心远"，陶渊明却也只能把庐结在人境。"故人赏我趣，挈壶相与至。班荆坐松下，数斟已复醉。"当故人提壶前来，陶渊明亦心生欢喜，酒不过数巡，醉眼便已朦胧。

所以说，"心远"如陶渊明者，也逃脱不了关系。陶渊明在隐居想逃脱的也不是关系，而是官场上尔虞我诈、相互倾轧的劣质关系。

关系于人而言无处不在。人是一切社会关系的总和。关系由人而生，人又生存于、生活于关系之中。受关系的帮助，又受关系的制约，人之存在史，就是一部创造关系、突破关系、重建关系，与关系反复斗争、反复协调的关系发生史。教育同样如此，教育的本质是我们与处在教育关系中的儿童、青年及长者之间的生活方式。[②] 关系，是教育展开的基地、平台，是教育的存在之乡。

关于关系，在讨论"人是关系的主体"时已作一定阐述，本节从中国传统人伦关系、马丁·布伯的"我—你"关系、主体间关系等方面入手再次讨论关系，从而廓清师生关系的重构之路。

一、关系的字源

语言，是一个民族的精神家园。作为语言的精神性、物质性双重符号的文字，是语言凝固的诗，深刻反映着一个民族的生存方式、认知方式、思维方

①　任俊. 写给教育者的积极心理学［M］. 北京：中国轻工业出版社，2019：150.
②　冯茁. 教育场域中的对话：基于教师视角的哲学解释学研究［M］. 北京：教育科学出版社，2011：28.

式。爱讲关系的中国人，先民们会怎样创造这两个字呢？

关，繁体關，⿵描绘的是两扇门中间加上了两根木棍和环形的锁，本义是"门锁""门闩"。[①]《汉字字源》认为甲骨文中未见，国学大师网却给出了两只手拿着一根木棍的字形"⿵"应当是表示一个上闩、上锁或防卫的过程。如果国学大师网给出的字形可以确定是"关"的本字的话，那么"关"当是一个动作性词语，本义关门、关防，门锁、门闩是后起义。同样，关市、边关、关塞也是由这个后起义引申过来的。而关说、关系、关联则由作为动作性词语的本义引申而来。但不管是前者，还是后者，都为存在创设了一个空间性限域。但这是一个相对封闭的空间，一如半封闭样态的传统人伦关系的同心圆结构。

系，繁体係，⿰，一只手握着两三束细丝，本义是联属，又有"继承"义。班固《东都赋》："系唐统，接汉绪。"引申为世系、谱系等义。[②] "孙"的繁体字——孫，由"子"与"系"会意而来，这其中的"系"就是继承的意思。所以说，系，所创设的是前后相继的时间性限域。

"关""系"二字合用，宋代即有。《宣和遗事·前集》："这个阴阳，都关系着皇帝一人心术之邪正是也。"宋罗大经《鹤林玉露·卷二》："某县有母诉其子者，此关系风教，不可不施行。"明清后成为熟语，广泛运用于书面、口头，是现代社会的常用词汇之一。关系一词虽出现较晚，但关系本身却亘古长存，在时空限域中默默展开。人丰富着关系，也被关系丰富着。悲欢离合，喜怒哀乐，一切的一切都在关系中展开。当然，另一个值得我们注意的方面是，人离不开关系，关系也离不开人，一切属人的关系也皆由人而来，为人所用。

二、从非对称性平衡到失衡，中国传统人伦关系的嬗变及对师生关系的影响

在讲"仁"时，我们讲过"仁"就是"二人定义一人"，所以说，在中国

---

①　窦文宇，窦勇. 汉字字源：当代新说文解字 [M]. 长春：吉林文史出版社，2005. 转摘自国学大师网。http：//www. guoxuedashi. com/zidian/ziyuan_ 888. html.

②　窦文宇，窦勇. 汉字字源：当代新说文解字 [M]. 长春：吉林文史出版社，2005. 转摘自国学大师网。http：//www. guoxuedashi. com/zidian/ziyuan_ 2870. html.

传统文化思想中，仁既属于思想范畴，也属于关系范畴。"夫仁者，己欲立而立人，己欲达而达人。"这里包含几层含义：①肯定自己有立达的愿望；②肯定别人也有立达的愿望；③努力实现人与己的立达愿望就是仁的含义。① 如果以现代性学术术语来说，这就是一种主体间性，是对人与人之间作为"主体—主体"关系的肯定与承认，将人与人的关系建立在一种同理与共情的基础之上。"仲弓问仁。子曰：出门如见大宾，使民如承大祭。己所不欲，勿施于人。"如果说成己达人是从正面立论，这一被称为黄金定律的"己所不欲，勿施于人"则以否定的形式进一步肯定了人与人之间相互理解、相互尊重、互不侵害的关系设定的应然性。

与孔子注重从普遍性的人己关系立论不同，思孟学派更为关心具体的人伦关系。"仁者，人也，亲亲为大。""父子有亲，君臣有义，夫妇有别，长幼有序，朋友有信。"以血亲关系为圆心，以情义而非利益为动力，建构起一个敦睦和谐、内外有别的关系同心圆。在这一关系同心圆中，人与人之间的关系是不对称的，却维持着某种微妙的平衡性。一如孔子在回答鲁定公所问"君使臣，臣事君，如之何"时所对的："君使臣以礼，臣事君以忠。"使、事之间是不对称的，不对等的，但又以礼、忠缓和了这一不对称、不对等，创设了二者之间一种微妙的平衡，在一定程度上维护了士子们的人格尊严与主体独立。正如李泽厚所言，具有某种原始的民主性。

但《白虎通》中"三纲"②的提出，打破了这种平衡，加剧了关系天平向强势一方：君、父、夫的倾斜，造成近两千年之久的君、父、夫对弱势一方——臣、子、妻的绝对统治。关系的异化，造成了精神的异化，昂然独立的士子精神，逐步让位于对君父的顺化与臣服：

> 父母呼，应勿缓；父母命，行勿懒。
> 父母教，须敬听；父母责，须顺承。

---

① 张岱年. 中国国学传统［M］. 北京：北京大学出版社，2016：51.
② 三纲六纪均不是《白虎通》的发明，三纲可追溯到《韩非子·忠孝》篇中的"三顺"：臣事君，子事父，妻事夫，三者顺则天下治。董仲舒在《春秋繁露》则以君臣、父子、夫妻为三纲，提出"王道之三纲，可求于天"。但三纲六纪尤其是"三纲"，是《白虎通》的核心思想则是肯定的，正是《白虎通》的作者通过对三纲六纪合法性、合理性的论述建立了三纲六纪在伦常中的绝对权威性。参见：何大海.《白虎通》"三纲六纪"探微［J］. 华章，2013（20）：9-10.

事虽小，勿擅为，苟擅为，子道亏。(《弟子规》)

以致"君要臣死，臣不得不死；父要子亡，子不得不亡"的荒唐成为理所当然。从原初的不对称的平衡到封建社会中后期的绝对失衡，这一人伦关系的嬗变史深刻影响了中国人的关系世界、精神世界，也严重影响了师生关系的发展与演变。在《论语》，我们看到：

子之武城，闻弦歌之声，夫子莞尔而笑曰："割鸡焉用宰牛刀。"子游对曰："昔者偃也，闻诸夫子曰：'君子学道则爱人，小人学道则易使也。'"子曰："二三子，偃之言是也。前言戏之耳。"(《论语·阳货》)

偃之言是也。先生有错，先生从容认之，没有丝毫的扭捏，没有勃然大怒，也没有威严的戒尺。但在《百草园到三味书屋》中，纵使被鲁迅先生称为和蔼的，本城中极方正、质朴、博学的寿镜吾老先生，在被学生问倒时，也是脸有怒色的。

"先生，'怪哉'这虫，是怎么一回事？……"我上了生书，将要退下来的时候，赶忙问。
"不知道！"他似乎很不高兴，脸上还有怒色了。

这一关系思想的嬗变对师生关系的影响是深远的，至今余威仍在。广东省教育研究院席春玲博士在一次讲座中说道，她的女儿大学毕业已经好几年，至今仍不忘少年时期的一位老师。不是因为这位老师书教得多好，而是因为这位老师是唯一向她道过歉的老师。好一个让人心酸的"唯一"，可见，那陈腐的变味的"师道尊严"① 仍在不少老师的心中沉淀着、固执着，成了心中的陈年老垢。

到了该刮去这些陈年老垢的时候了。如果要向传统汲取智慧，那么就让我

---

① 师道尊严出自《礼记·学记》："凡学之道，严师为难。师严然后道尊，道尊然后民知敬学。"所尊是道，师严构成道尊的原因，本意当是对师严的要求，而不是简单的指教师的尊严性、权威性。

们向着青草更深处漫溯，漫溯到孔孟处，回到"己所不欲，勿施于人"的人与人之相互理解的真诚中去，回到"己欲立则立人，己欲达则达人"的人与人之间相互成全的善良中去，去除"我—它"的冷漠，享受"我—你"的欢欣。

三、"我—你"，马丁·布伯的关系乌托邦

"我—你"之间是一种直接性的、交互性的交系，是一种精神上的相遇关系。"我"与"你"步入"之间"的领域，面对面的在场，向彼此敞开，向世界敞开，进入无限的关系世界。① "我—你"，是马丁·布伯为人类精心编织的关系乌托邦。

> "我"与"你"的关系是亲近无间的。"我"与"你"之间没有概念体系，没有先验知识，也没有幻觉想象；此间，连记忆本身也转换了模样，从碎片变身整体。"我"与"你"之间没有企图，没有求索，也没有预期；此间，连渴望本身也转换了模样，从梦境变成实相。②

在马丁·布伯处，"我—你"的关系是灵魂的居所：

> 灵魂不存在于"我"之中，而是存在于"我"和"你"之间。灵魂并不像血液一样在周身循环，而是如空气一般，任我们在其间呼吸，当一个人可以回应那个"你"时，他便活在灵魂里。③

透过"我—你"的关系，"我"得以与真实的世界相遇，得以与真实的自我相遇。

---

① 冯苗. 教育场域中的对话：基于教师视角的哲学解释学研究［M］. 北京：教育科学出版社，2011：36.

② ［德］马丁·布伯. 我与你［M］. 任兵，译. 北京：北京联合出版公司，2018：13-14.

③ ［德］马丁·布伯. 我与你［M］. 任兵，译. 北京：北京联合出版公司，2018：46.

真正的关系是相遇，"我"与"你"比肩而立，心神交汇，休戚与共，因为"你"囊括了宇宙万有，一无所漏，而"我"的本质也尽情展现在这一对一的相遇中。①

与"我—你"关系相对的是"我—它"。"我—它"诞生于高度自然化的分裂性。② 这一基本词汇造成了"我"与世界的对立，我与他人的对立，甚至我与我的对立，"我—它"之间是隔阂的、冷漠的，甚至是危险的。

如果人类放任这一点，失控扩张的"它世界"将会吞噬人类，"我"将会在这个溺没的过程中失去真实性，直到有朝一日，人头顶的梦魇与心中的恶念窃窃私语，最终宣告"它世界"已然无法撼动和消解了。③

正因对"我—你""我—它"这两个基本词汇的"能指"的本质有着深刻的认识，所以，马丁·布伯呼吁人们勇敢地进入"我—你"之中：

"我—你"关系具有清晰坚固的结构，只要我们拥有一颗开放的、勇敢的心，就能够去信任它、实践它，它的质地并不是神秘主义。④

虽然马丁·布伯否认"我—你"的质地并不是神秘主义，但"我—你"在马丁·布伯处是有着一定的宗教色彩的：

在每个境界里，我们都通过眼前的人、事、物，窥及永恒之"你"的姿容，感受永恒之"你"的气息，用每个境界特有的方式，与永恒之"你"对话。⑤

---

① ［德］马丁·布伯. 我与你［M］. 任兵，译. 北京：北京联合出版公司，2018：导读.
② ［德］马丁·布伯. 我与你［M］. 任兵，译. 北京：北京联合出版公司，2018：29.
③ ［德］马丁·布伯. 我与你［M］. 任兵，译. 北京：北京联合出版公司，2018：55.
④ ［德］马丁·布伯. 我与你［M］. 任兵，译. 北京：北京联合出版公司，2018：146.
⑤ ［德］马丁·布伯. 我与你［M］. 任兵，译. 北京：北京联合出版公司，2018：7.

马丁·布伯对"我—你",尤其是"你"的宗教性的认识是清醒的,《我与你》第三章的主题即是"天道"。正因如此,虽然"我—它"是危险的,但对这一来自经验世界的"我—它"①,马丁·布伯并不彻底否认它,排斥它,甚至在经验的世界肯定它对人类的意义:

> 一切形式的回应,都会将"你"引入"它世界"。这是人类的悲哀,也是人类的伟大。人类正是在这个过程中获得了知识,完成了作品,创作了绘画,塑造了榜样;人类正是在这个过程中活出了鲜活的生命核心。②

"我—你"是美好的,但也是乌托邦的,全然的"我—你"支撑不起全部的人类世界;"我—它"是现实的,但也是危险的,它的扩张、变异,随时可能造成人对物的依附、人对人的依附、人对关系的依附,人会在这种依附中失去人的主体性,失去人的尊严,在相互沦丧为工具的同时走向人性的扭曲。

对于生活于现实关系中的教育而言,纯粹的"我—它"是危险的,不可取的;纯粹的"我—你"虽然美好,却无法构成教育关系的全部。"我—你"具典型的后现代的模糊性、折中性③,教育要做的就是在这一模糊性中作出"折中"的选择,不是纯粹的"我—它",也不是纯粹的"我—你",而是现实的"主体—主体",是主体间性。

四、主体间性,介于"我—它""我—你"之间的理性选择

主体间性是胡塞尔现象学的核心范畴,它表明主体间的交往具有交互主体性,即交往共同体中的每一个人都是作为平等主体而存在的,他们之间不是目的与工具的关系,而是一种主体与主体的关系。④

---

① 基本词"我—它"所反映的就是这样一个经验世界。而"我—你"却塑造了一个关系世界。见[德]马丁·布伯. 我与你[M]. 任兵,译. 北京:北京联合出版公司,2018:6.

② [德]马丁·布伯. 我与你[M]. 任兵,译. 北京:北京联合出版公司,2018:47.

③ 后现代主义的第二个特点是折中性。见[美]小威廉姆·E. 多尔. 后现代课程观[M]. 王红宇,译. 北京:教育科学出版社,2015:9.

④ 冯苗. 教育场域中的对话:基于教师视角的哲学解释学研究[M]. 北京:教育科学出版社,2011:42.

1. 核心要义是平等

教师主导以及事实上的教师强势主体性，源于环境决定论、教育塑造说。这一理论认为，学生的发展是由环境决定的，教育就是在一定的教育环境下展开的，以"在头脑中预先观念地存在着的教育活动过程结束时所要取得的结果"① 的教育目的为标准进行塑造的过程。在这一过程中，以教师为主要组成部分的教育者是理所当然的教育目的的制定者、行为的规范者、知识的传授者、对错的判断者、选拔的裁定者。学生优秀与否、合格与否，取决于他是否合乎以教育目的为核心的教育标准。在这一过程中，教师是事实上的教育主体，学生则是教育对象。

如果通过这一过程，学生也都能顺利地成长为社会标准件，那么教育事实上也就简单化了并取得了某种程度上的成功。然而，事实是，尽管教育的标准化长期存在，但人的个性从未因此而消失。相反，它矢志不渝地顽强地存在着，在反复的顺应与对抗、斗争与妥协中与教育者的塑造过程共存，并最终影响教育的结果——谁都无法否认的一个事实是，尽管我们一厢情愿地以统一化的标准规训着学生，但没有哪一所学校走出过哪怕一批完全相同的学生标准件。而另一个不容忽视问题是——青春期叛逆行为的提前与加剧，正严重影响着教育本身及学生的健康成长。在时有发生的中小学生自杀事件中，有相当一部分甚至可以说是绝大部分与教育者——教师与家长——在这一不合理的教育过程中不合理的教育行为有直接或间接的关系。

这种事实上的不平等伤害着学生的成长，也威胁着教育本身的合理性与合法性。正如怀特海所说，在教学中，一旦你忘记了你的学生是有血有肉的，那么你就会遭遇悲惨的失败。② 教育，不是单向度的规训与塑造，教育从来都是两个主体间的对话与"合谋"——不管你承认与否。与其在不合理的道路中徒劳无功地挣扎下去，不如回到正确的教育上来，接受学生的主体性，尝试着与学生建立"主体—主体"关系。这是教育的出路与未来，正如联合国教科文组织所指出的：

---

① 黄济，王策三. 现代教育论 [M]. 北京：人民教育出版社，1996：214.
② ［英］怀特海. 教育的目的 [M]. 庄莲平，王立中，译. 上海：文汇出版社，2012：67.

未来的学校必须把教育的对象变成自己教育自己的主体。受教育的人必须成为教育他的人；别人的教育必须成为这个人自己的教育。这种个人同他自己的关系的根本转变，是今后几十年内科学与技术革命中教育所面临的最困难的一个问题。①

只有接受、尊重、实现学生的主体性，在师生之间建立平等的"主体—主体"的对话关系，别人的教育才能成为这个人自己的教育，才能实现"个人同他自己的关系的根本转变"——"我"不再被动承担自身的成长，而是作为主人，作为主体主动承担、推动与实现。对于教育而言，只有建立在平等的主体与主体之间的对话的基础上，生长才会真实的发生。正如李镇西所言：

作为体现交往哲学理念的"对话"，不仅仅是一种调动学生的教学手段，更是一种尊重学生的教育思想；不仅仅是一种激活课堂的教学技巧，更是一种走进心灵的教育思想；不仅仅是指教师和学生通过语言进行的讨论或争鸣，更是指师生之间平等的心灵沟通与交流。②

对话，作为一种全新的教育范式，对于教师而言，既可以起到调动学生、激活课堂的现实作用，更能引领着教师走进学生的心灵，使自己的教育真正地对学生发生作用，并在使自己的教育教学行为真正有益于学生健康地、真实地成长中享受教育的成功与幸福，从而成全自己的教育生命。而这一"两全"的"双赢"的获得，前提是平等，是主体间性的建立，是师生"双主体"在教育中的成长。当然，这一双主体的成长是这样实现的：

将学生的主体性发挥作为教师主体性发挥的核心或本质去看待。③

---

① 联合国教科文组织. 学会生存：教育世界的今天和明天 ［M］. 北京：教育科学出版社，1996：107. 转自：冯茁. 教育场域中的对话：基于教师视角的哲学解释学研究 ［M］. 北京：教育科学出版社，2011：72.

② 冯茁. 教育场域中的对话：基于教师视角的哲学解释学研究 ［M］. 北京：教育科学出版社，2011：77.

③ 檀传宝. 学校道德教育原理 ［M］. 北京：教育科学出版社，2000：177.

这要求在教育场域中，取消任何一方的对话特权，实现教育场域的去中心化。每个人都是对话主体，每个人都可以发起提问，每个人都要认真倾听他人的发言，每个人都有权在作出自己的判断的同时接受来自他人的斥疑，并在讨论中，而不是独断中形成开放性结论。如此，得以建构的不仅仅是知识体系，还有所有主体的精神生命。

2. 交互性，主体间平等的体现与对主体间关系的影响

交互性是牛顿第三定律在人际关系上一种隐喻式体现，表现为人与人之间的相互作用、相互影响。阿伦森等（E. Aronson & D. Linder，1965）通过大量的实验研究发现，人际交往当中喜欢与厌恶、接近与疏远是相互的。在一般情况下，喜欢我们的人，我们才去喜欢他们；愿意接近我们的人，我们才愿意接近。反之亦然。

造成这一交互性的原因，福阿夫妇（U. G. Foa & E. B. Foa，1975）认为，任何人都有保护自己心理平衡的稳定倾向，都要求自身同他人的关系保持某种适当性、合理性。一方面，当别人对我们作出一个友好的行动，对我们表示接纳和支持，我们也会感到"应该"对别人报以相应的友好回答。这种"应该"的意识形成的心理压力，迫使我们对别人也表示出相应的接纳行为。否则，我们的行为就是不合理、不适当的，就会妨碍自己以某种观念为基础的心理平衡。另一方面，我们对于行为合理性和适当性的理解也会投射到与我们发生联系的人身上，要求别人对自己采取同等的行为。[1]

以上对交互性以及产生原因的描述与分析告诉我们，交互性是客观存在的。教育中的交互性体现为师生间的相互影响，《学记》中所言的"教学半""师生相长"，正是这一师生间交互性的体现。师生这一交互性是客观的，不管在哪种关系模式中都会发生的，但会体现出不同的性质倾向。在"我—它"式的支配与被支配、塑造与被塑造、控制与被控制中，单向度的师生关系模式，带来的往往是忽视下的冷漠与麻木，恐惧下的沉默、反抗甚至是仇恨。相反，在"主体—主体"的平等关系中，则体现为相互尊重，相互重视，相互支持。

正如我们反复申明与论证的，不管承认与否，看到与否，学生的主体性都

---

① 360百科. 交互原则. [DB/OL]. https：//baike. so. com/doc/25977797-27143146. html.

顽强地存在着。这一交互性，是学生主体存在的又一证据。交互，作为人社会化存在的方式，作为主体间相互作用的主要途径，推动着主体之间的相互理解。

> 人与人需要理解，而师生之间更需要理解，一种真正的"教育学理解"。教育学理解总是与特别的、具体的情境有关。教育学理解是交互式的，它不是一种抽象的、孤立的理解形式，而是要转换成实际的行动。……它更多体现为一群个体在共同探究中的相互影响和理解，在这种语境下，师生营造一种平等、民主、自由、开放、合作的氛围。①

理想的、正向的交互性呼唤着平等，呼唤着主体间性，平等的"主体—主体"的关系推动着正向交互的深入开展，引领师生携手共行，在和谐共在中实现"双主体""两全""共赢"的教育理想。

3. 打破唯我论

主体不是"唯我"。"唯我"不是主体，唯我是以我为中心的世界与他人的对象化、工具化，是"我—它"关系中，"我"对"它"的单向度的认知。"我"与"它"是二元对立的，"我"作为认识世界的主体，独立于世界之外，认为世界上的一切都可以为己所用。"我"不会去尊重对方的本质、真相和整体性，只关心"它"与"我"利害关系的那一部分。② 在"我与它"的链接中，"它""他"或者"她"，都是"我"利用的工具。"我"通过对方来实现自己的目的。

我们在警惕主体间性失衡的一端——教师的"唯我"——的同时，也要警惕主体间性失衡的另一端——教师的角色化、工具化，即学生的过度的主体性——精致的利己主义者——与教师建立链接的目的不是学业的进步、精神的成长，而在于获得现实的利益，一旦利益到手，便弃之而不顾。

除此以外，还需要注意的是一种学生的伪主体性。如在一节《陶罐与铁

---

① 冯苗. 教育场域中的对话：基于教师视角的哲学解释学研究 [M]. 北京：教育科学出版社，2011：75.

② ［德］马丁·布伯. 我与你 [M]. 任兵，译. 北京：北京联合出版公司，2018：导读.

罐》的教学课中，教师问："陶罐与铁罐，你喜欢哪一个，为什么？"一位学生答道："我喜欢铁罐，因为它可以一下就将陶罐碰得粉碎，特爽。"对这个明显具有暴力倾向的回答，老师只给予一个轻轻的"哦"字，没有做过多的回应。在随后的评课中，面对质疑，老师给出的解释是这是出于对学生主体性的尊重。而事实上，学生的话语中所体现出的是典型的自我中心主义，一种"它"的对象化，对"它"的蔑视与侵犯，而非主体性。

佐藤学提出了对这种"主体性"神话的超越问题。他认为那种在课堂上不懂得倾听，不多思考，草率发言的行为是一种"主体性"神话，并不是真正的主体性。他说，仅仅是精力充沛、干劲十足，却对周围的人或环境状况缺乏应对能力的人，往往是滑稽可笑或者四处碰壁的。[①] 他认为应推翻这种"主体性"神话的教室，设定以"被动的能动性——应对"为教师与学生活动的基础。[②]

被动的能动性，即主体间性，是对他人的主体性的承认与尊重。只有这种"被动的能动性"，这种"个体想要成为主体就必须以其他主体的在场为前提"的主体间性，才能打破这一"主体性"神话，建立一种"最好的关系"：

> 我没有失掉我的主体性，你也没有失掉你的主体性，恰如一句诗所表达的意象：相看两不厌，只有敬亭山。[③]

"我们"的关系，即可以是海德格尔式的因共在而来的"肩并肩"（伊曼努尔·列维纳斯语）的关系，也可以是马丁·布伯所说的"我与你"的"面对面"的关系。我们在肩并肩的实践中认识与改造世界；在面对面的对话中体验存在的庄严，跨越功利的执着而共同面向与成就人性的伟大。不管是前者，还是后者，"我们"，师与生，都是，也应该是，甚至也只能是主体与主体的关系，是一种主体间性，一种介于"我—它"和"我—你"之间的理性选择。如此，我们才能在庄严对视中，在深情对话中走向你我，走向生活，走向真实，走向未来，成为活泼的、幸福的、和谐的存在。

---

① ［日］佐藤学. 静悄悄的革命［M］. 李季湄，译. 北京：教育科学出版社，2014：20.
② ［日］佐藤学. 静悄悄的革命［M］. 李季湄，译. 北京：教育科学出版社，2014：24.
③ ［德］马丁·布伯. 我与你［M］. 任兵，译. 北京：北京联合出版公司，2018：导读.

第三节　有意义的他者，师生关系的重塑

上文提到，作为精神性的关系乌托邦，纯粹的"我—你"无法单独完成现实的师生关系的建构。作为一种主体间性关系，师生关系必须折中于"我—你"和"我—他"之间。人，作为自我与自身的统一性，[①]决定了人与人之间的独立性，决定了他人的他异性，至此，他人的他者性不得不浮出水面。

一、他的字源

他，篆体为𦝼，从人，从它。它，𧖠、𧖢，蛇的本字。《说文解字》：它，虫也。《玉篇》：它，蛇也。后多做代词。简化字把"它""牠"合并为"它"。[②]将指蛇义的"它"，借用为代词的"它"。《说文解字》中讲得很详细：上古草居患它（蛇），故相问曰：无它乎？也就是说把一切他异性的、不可触碰的它物称之为它，缘于先民对蛇的恐惧。

对蛇的恐惧以及建立在这一恐惧基础上的对蛇的神化，是一种世界性的文化现象。各古老民族都有敬奉蛇神的现象。在中国，作为始祖的伏羲、女娲在汉墓画像石中，皆以人首蛇身的形象呈出。古埃及胡夫金字塔前的狮身人面像上的人面，法老棺椁棺盖上的人面，都饰以眼镜王蛇的形象。玛雅文化中心泰奥提华坎建有羽蛇神金字塔。在《圣经》中，正是在蛇的诱惑下，夏娃偷吃了禁果，被逐出伊甸园。但从人本身而言，正是蛇，开启了人作为人，而不是半神的历史。

从蛇而来的它，隐喻了"我—它"的关系。它，作为一种恐惧性存在，开启人与世界的隔离，又以"它"对他物的指示性、指代性，在建立主体对

[①]　与自身的关系，就像布朗肖的小说《亚米拿达》中所描述的，是一种与自我的双重束缚之关系，这是双重的黏滞、沉重和愚蠢，但自我（le moi）恰恰就是与这种关系束缚在一起的，因为它就是我（moi）。见［法］伊曼努尔·列维纳斯. 时间与他者［M］. 王嘉军，译. 武汉：长江文艺出版社，2020：30.

[②]　窦文宇，窦勇. 汉字字源：当代新说文解字［M］. 长春：吉林文史出版社，2005. 转摘自国学大师网. http://www. guoxuedashi. com/zidian/ziyuan_ 2572. html.

客体的认识关系的同时，建立了"我"作为认识者的主体性，以及"它"作为认识对象的他异性、工具性。他，从它，则说明在原初处，"他"本身就意味着对象化、物化和工具化。

二、他者：作为他异性的存在

"他者"是西方哲学的重要范畴。经过古典实在论的感知对象论、康德的"共同主体性"、黑格尔的"主奴关系"、胡塞尔的"交互主体"，萨特对"他者"做了深入的研究。萨特认为，"他者"之作为"人"有绝对的主体性，"他者"本身不仅仅作为认识的对象、客体而存在，同时也是认识的主体、存在的主体。[①] 又说："他人……绝对没有任何东西，如果不是纯粹的完整的自由的话。"[②] 同时深刻地指出："在我们当中，所有人都是主体，没有任何人是客体。"[③] "此在的特征就是与他者共同存在。"[④] 从这些论述可以看出，在萨特的"他者"理论中，作为一个完整的自由的存在，"他者"具有不可替代的主体性、独立性，"我—自为"与他者之间的关系不仅仅是主体与对象间的认识关系，也是主体与主体间的"共在"关系。

在《时间与他者》中，伊曼努尔·列维纳斯对他者进行了详细的论述。他人的他者性与我的主体性一样，来自自我与自身的统一性，来自我之存在的具身性：

> 我已经被束缚于自身，我的自由不像恩典那样轻盈，它已经是一种重力，在其中，自我（moi）不可避免就是自身。……我的存在因为一种拥有而变得双重化，我被自我本身所堵塞。而这，就是物质性的实存。……物质性在其实存者的自由中，必然与一种主体的浮现相伴。……存在论的关系并不是一种祛具身化的联系。[⑤]

① 吕理. 萨特"他者"理论研究［D］. 哈尔滨：黑龙江大学，2008：2.
② ［法］萨特. 存在与虚无［M］. 陈宣良，等，译. 北京：生活·读书·新知三联书店，1987：358.
③ ［法］萨特. 存在与虚无［M］. 陈宣良，等，译. 北京：生活·读书·新知三联书店，1987：16.
④ ［法］萨特. 存在与虚无［M］. 陈宣良，等，译. 北京：生活·读书·新知三联书店，1987：16.
⑤ ［法］伊曼努尔·列维纳斯. 时间与他者［M］. 王嘉军，译. 武汉：长江文艺出版社，2020：30-31.

这一自我与自身的统一性不仅仅之于我并赋予我主体性，同样也是之于他并赋予他主体性。这一具身性的自我与自身、物质与精神的统一性，这一自身对自我的堵塞性，造就了我的，当然也是他的存在的孤独性。他，作为一种他异性存在因这一孤独对我而言获得了他者性——一种不可被我、被主体完全把捉的他者性。

在列维纳斯处，死亡、将来是绝对他者，是主体无法承担的。但作为他人的他者却不同。作为他人的他者，不是通过把握、把捉而是通过"面对面"为主体所承担，并在"现在"出场。正是在这一在"现在"的出场——日常生活中的靠近，使得"他者的孤独和他者的根本性的他异性已经被体面所掩饰。我为别人的也就是别人为我的，这里没有特例的位置给予主体。他者通过同情而作为另一个自我本身，作为另我（alter ego）理解"①。

但，在列维纳斯处，这不是主体与作为他人的他者的全部，甚至不是最为核心的部分。"在与他者的关系的中心——这种关系刻画了我们的社会生活——他异性已经显现为一种非交互性的关系……作为他人的他人并不只是一个另我，他们恰是我所不是的。他人之所以是他人，并非由于其性格，或相貌，或心理，而是由于其他异性本身。"②

也就是说，在列维纳斯处，我与他人的关系从本质上讲，是相异的，是主体与主体之间的他异性的存在。但通过日常生活中的靠近，我与他因为共在在场并通过同情建立了一种全新的关系，他者可以作为另一个我本身，作为另我来理解。我与他，因日常生活中的靠近而产生出了某种交互性，甚至责任。

在列维纳斯处，我与他的主体间性的空间并不是对称的，我，作为单子，作为一种孤独，是一种"男子气概，一种骄傲，一种主权"③。而他人，则是"弱者、贫者、'寡妇和孤儿'"④，是女性色彩的。从伦理层面上讲，强者应当向弱者负责，而不是反之。⑤ 一如老子所言：天之道，损有余而补不足。这一不对称性，赋予了主体的无限责任。这种责任是单向的，我对他人负责却不

①　[法] 伊曼努尔·列维纳斯. 时间与他者 [M]. 王嘉军，译. 武汉：长江文艺出版社，2020：77.
②　[法] 伊曼努尔·列维纳斯. 时间与他者 [M]. 王嘉军，译. 武汉：长江文艺出版社，2020：77.
③　[法] 伊曼努尔·列维纳斯. 时间与他者 [M]. 王嘉军，译. 武汉：长江文艺出版社，2020：27.
④　[法] 伊曼努尔·列维纳斯. 时间与他者 [M]. 王嘉军，译. 武汉：长江文艺出版社，2020：77.
⑤　[法] 伊曼努尔·列维纳斯. 时间与他者 [M]. 王嘉军，译. 武汉：长江文艺出版社，2020：译者导读.

因此要求他人也对我负责。这种责任是无限的、自觉的责任，而不是有限的、必须的责任。①

如果考虑到师生之间的事实上的不对等性，以及教师对学生的无限（道义上而不是事实上必须的）责任性，我们可以看出，"主体—他者"的关系，与师生关系具有高度的契合性。当然，这一"主体—他者"的关系更应该以一种"互为"的状态出现。

三、什么是有意义的他者

在心理学上，"有意义的他者"指的是对一个人的生命或幸福有重要作用的人；在社会学上，"有意义的他者"指的是对一个人自我概念的形成有强烈影响的人。关于"有意义的他者"的提出有两种看法，第一种认为早在1934年，美国社会学家、社会心理学家、哲学家乔治·赫伯特·米德（George Herbert Mead）在他的著作《心灵、自我与社会》中即含蓄地提出了。米德提出了自我意识形成所需要的两个阶段：第一是自我意识形成阶段，这个时期的自我会受到社会中他所能接触到的态度的影响。第二是自我意识发展阶段，这个时期的自我不仅会受到他所能接触到的态度的影响，而且也会受到概化他人或是团体态度的影响。第二种认为"有意义的他者"这个概念最早是在1953年《精神病学中的人际理论》这本书中明确提出的。这本书是在作者，即美国精神病学专家 Harry Stack Sullivan 去世之后整理出版的。他在精神病学研究中提出了一种基于人际关系的精神治疗，他认为医生应该更关注病人与他人的交流，而不是病人自己的内心。随后的时间里，一些学者对概念本身以及这个"有意义的他者"的影响程度等作了进一步的研究。……1990年 Lackovic-Grgin 和 Dekovic 将"有意义的他者"定义为，那些能对你产生持续且较强影响的人或人们，他们的意见通常被认定为是有意义的。②

张灵燕（2016）在对中国地质大学（武汉）部分大学生进行调查的基础上，对"有意义的他者"的产生根源与影响路径进行了研究、分析。调查显

---

① 冯建军. 从主体间性、他者性到公共性：兼论教育中的主体间关系 [J]. 南京社会科学，2016（9）. 转摘自中国社会科学院网站教育-教育学原理，2020年9月11日，http：//edu. cssn. cn/jyx/jyx_jyxyl/201706/t20170619_ 3554244. shtml.

② 张灵燕. "有意义的他者"的产生根源与影响路径分析：基于中国地质大学（武汉）部分大学生的调查研究 [J]. 今传媒，2017（1）：66.

示,"有意义的他者"在受访大学生中具有存在的普遍性。这一存在的普遍性源于人的社会化和自我认同的需求。美国心理学家埃里克·埃里克森建立了以自我认同为核心的自我心理学,并将自我认同解释为"一种熟悉自身的感觉,一种知道'个人未来目标'的感觉,一种从他信赖的人中获得所期待的认可的内在自信"。正是这种认同需求,"有意义的他者"才有了生存和不断发展的土壤,为我们在实现个体社会化和自我认同的过程中树立了一个优良的参照系。对于大学生,"有意义的他者"发挥作用的路径是"出现问题——'镜像'模仿——自我说服——做出回应"。即大学生基于对社会文化的自我认知和判断,自我选择某位(些)信服的"榜样人物",并将其打造成自己内心中的一面有意义、有影响力和推动力的"镜子"。于是,当再次遇到问题困扰,难以做出态度选择、行为判断时,这些大学生就会通过对"镜像"的学习和模仿,说服自己按照"榜样人物"的角色和观念进行思考,进而选择最好的行为方式。[①]

研究表明,对"有意义的他者"的期待对于青少年所确立的愿望有重大的影响。而这一影响既可能是正面的,也可能是负面的。

在以上论述中,有三点值得重视。①个人成长的过程从某种意义上讲,是透过"有意义的他者"的"镜像"进行自我建构、自我生长的过程。对青少年而言,不管是自我意识的形成过程,还是发展过程,"有意义的他者"都发挥着重要的影响。②不是每一个在个体身边的人都能构成"有意义的他者"。"有意义的他者"与他者的不同,正在于他的"有意义"性,而这一"有意义"来自"持久而强烈的影响"。③"有意义的他者"源自青少年身心成长内在的需要。当身边人作为"有意义的他者"缺位的时候,青少年会主动向外寻求"有意义的他者"填补这一缺位。总之,"有意义的他者"对于青少年而言,是他想要的,一定要有,并且是具有持续与深刻影响的他者性存在。

四、有意义的他者——突破非此即彼的师生关系的理性选择

在现实的教育教学中,师生互为他者。对于教师而言,对学生这个他者负有天然的、无限的责任。而对于学生来说,教师具有成为"有意义的他者"

---

① 张灵燕."有意义的他者"的产生根源与影响路径分析:基于中国地质大学(武汉)部分大学生的调查研究 [J]. 今传媒,2017(1):67-68.

的天然优势，当教师与"有意义的他者"在正向影响的维度上形成重合时，将对学生的成长形成巨大的影响。

1. 他者性关系：重塑师生主体性

通过上两节的分析我们可以看到，列维纳斯的"他者"和"有意义的他者"中的"他者"的意义是不尽相同的。在列维纳斯处，主体与他者的关系是不对称的，他者因代表弱势的一方而在伦理上对主体具有了优势，主体也因此不得不对他者担负起责任。而"有意义的他者"是在一般的相异性的意义上使用这一概念的。我们首先讨论列维纳斯的他者理论对重塑师生关系及师生主体性的影响。

刘要悟、柴楠（2015）在《从主体性、主体间性到他者性——教学交往的范式转型》一文中详细讨论了这一影响。他们首先叙述了师生关系研究与实践的演进历程。他们认为师生关系的研究与实践经历了从主体性到主体间性，从主体间性到他者性的演进历程。其中主体性又有教师主体性、学生主体性和双主体性。他们对这三种主体性都持批评态度，认为：主体性原则下的教学交往是以自我为中心并要求所有外物统一于自我的交往，它总是以物化的态度来认识客体，因为主体是从来不会把客体当作和自身一样的具有思想和意识的人，而是将交往的他者视为与教学内容或环境一样的物化的存在，试图通过张扬自己的主体性而否定和湮没交往的他者的主体性，从而以自我的自由和自主使他者处于被动和依附。[①]

主体间性以交互性为交往的基本形式。在交互性交往中，师生双方均以民主的、平等的主体身份以语言为媒介积极参与到对话中去、交往中去、实践中去，从而达成主体间的双向理解和宽容，以相互理解取代主体性教学交往中的自我意识，从而消解主体性的物化倾向。

但刘要悟、柴楠又认为，实际上，理解依然是知识论上的事情，即便我们对他人有了知识上彻底的理解也并不能保证对他者付诸行动的接受。……以语言为媒介、以对话为手段的主体间交往无非是一种想象的理想状态，不具有现实性。……其试图超越主客体模式那冷漠的认识论思维模式，将情感和价值融

---

① 刘要悟，柴楠. 从主体性、主体间性到他者性——教学交往的范式转型［J］. 教育研究，2015（2）：104.

入交往的内容之中并通过价值和情感来弥补知识与道德的鸿沟……（的）想法不免落于失败。① 主体间性，作为一种乌托邦，难以成为真实的教学生活世界。

建立在对主体性、主体间性批评的基础上，刘要悟、柴楠引入了列维纳斯的他者性理论，并以此建构起他者性教学交往理论。他们认为：列维纳斯的他者性理论对传统西方哲学具有颠覆性意义。他者性理论企图通过确立他者在交往过程中的优先性和不可还原性而赋予他者以核心的地位。但他者这一地位的获取在根本上取决于对交往中的自我的定位。在他者性理论中自我是为他者的存在者，是对他者承担责任的伦理主体；不过他者的中心性并不会导致教学交往从自我中心向他者中心转移的悖论，相反，因为第三方的存在保证了交往过程中的平等性和正义性。② 基于这一认识，他们认为：③ 在他者性教学交往中自我与他者是一种面对面的关系，是学生那张扑面而来的面孔将自我卷入他者的世界，带入与学生的关系之中。面孔表达着学生的召唤，期待着自我对他者的应答。而自我为了避免再一次将学生作为认识的对象就必须实现对自我的超越……这种超越本质上是对自我作为认识主体的超越，是对占有和同化的欲望的超越。在自我的超越中自我表达了对学生的欢迎和接纳，从而使自我与他者的关系在根本上超越认识和存在关系而成为一种伦理关系。这种伦理关系的核心不是自我而是他者，他者才是自我与他者关系的玉成者，正是借助他者的期待和召唤以及自我对这种召唤的回应，自我才能成为真正的伦理性存在。

在他者性教学交往中自我与他者是一种不对称的平等关系。他者在教学交往中的中心地位使自我与他者处于一种不对称的关系之中，这种不对称表现为自我为他者负责，却不要求他者为自我负责。为平衡这一不对称性，刘要悟、柴楠提出了第三方概念。所谓第三方是指"是与他人一起显现的他人，是他人的他人"。第三方的存在揭示了其他主体存在的事实，这些主体中的任何一个，包括我自己，都可以对所有其他人扮演他者的角色。于是，只要其中每一

① 刘要悟，柴楠. 从主体性、主体间性到他者性——教学交往的范式转型［J］. 教育研究，2015（2）：106-107.

② 刘要悟，柴楠. 从主体性、主体间性到他者性——教学交往的范式转型［J］. 教育研究，2015（2）：107-108.

③ 刘要悟，柴楠. 从主体性、主体间性到他者性——教学交往的范式转型［J］. 教育研究，2015（2）：107-109.

个人都对其他所有人负责，公正的教学交往秩序就能够得以建立。

刘要悟、柴楠认为，教学交往从主体性、主体间性到他者性的转变，或者说从同一到他者的范式转换绝非为了追求理论的时尚，它既具有一定的必然性，同时也表达了人们追求教育真理和智慧的不懈努力，即便这一努力依然有着自身的瑕疵，但它终究为教学交往的探索指出了一个可能的方向。①

从以上论述，我们可以看出，他者性教学交往理论，突破了主体性、主体间性的认知缺陷，还原了师生关系的伦理本色，确立了学生在师生关系中的核心地位，为教师对学生成长的责任性提供了理论支持。对教师在班级社会生活中提出了超越认识主体，超越占有与同化的要求，为师生关系的主体性重塑提供了心理与实操性支持。在他者性教学交往中主体在本质上是一种伦理主体。

> 真正的主体性观念成立的基点不在于我自己，而在于异于我的他者，具有他者性的他者才构成真正主体性概念的前提。这个主体不是与客体对峙中的我，而是与之发生伦理关系的我。也就是说，主体性不是事先就已经存在的，它一定是在伦理关系中才展开其内涵的，一定是在责任行为中被建构起来的。②

刘要悟、柴楠关于师生关系研究与实践的历程的梳理是清晰的，对师生伦理主体的定位是深刻的。只有定位于伦理主体，才能突破认知性主体可能带来的物化倾向，实现师生的"两全"与"双赢"，实现幸福与蓬勃。但基于本书的基本立场，对刘要悟、柴楠的一些论述作以下商榷。

首先，本书认为，刘要悟、柴楠对"双主体"的批评存在着明显的欠缺。他们认为：所谓的"双主体"也就同时意味着"双客体"。但是，课堂教学活动中的"教"和"学"难道是可分的吗？③ 这一批评是把师生只看作认知主体而得出的结论。本书认为，即使只从认知主体的角度看，这一批评也有失公允。原因在于，班级社会尤其师生间的主要活动——教学活动——不是简单的

---

① 刘要悟，柴楠. 从主体性、主体间性到他者性——教学交往的范式转型［J］. 教育研究，2015（2）：109.

② 孙庆斌. 勒维纳斯：为他人的伦理诉求［M］. 哈尔滨：黑龙江大学出版社，2009：175.

③ 刘要悟，柴楠. 从主体性、主体间性到他者性——教学交往的范式转型［J］. 教育研究，2015（2）：103.

师生二元性存在，而是由教师、学生、知识（客观知识体系）三方构成的知识性建构空间和活动。在这一空间和活动中，知识作为师生"双主体"的共同客体存在。教学是学生在教师引导、辅助下通过主体性实践活动自主完成知识建构的过程。所以，"双主体"并不意味着"双客体"，也不意味着教与学的割裂。恰恰相反，它使得教与学因师生双方主体性的实现得到更充分的落实，联系得更为紧密。

当然，在以知识为对象的同时，在教育教学中不可避免存着师生以对方为对象的认识性活动。如教师对学生个性特点的认识等。但这一认识过程与以知识为对象的认识过程是不同的。以知识为对象的认识活动是建立在经验基础上，以语言为中介进行的，这一过程是客观的、无情感的。而师生之间的认知则是建立在共情基础上的对对方言行举止、情感态度、个性特点等的体验式认知，许多的认知结果往往是只可意会不可言传的，是无法语言化、表达化的。从某种程度上讲，是伦理主体间的相互体认。

其次，如果我们承认师生的伦理主体定位，那么师生的主体间性关系的定位就仍然成立，而且相比于他者性关系的定位，不会引起不必要的误解，更利于师生的平等相处。因此，本书接受列维纳斯在"我们怎么能够维持人们之间的特别的'我—你'关系，而不引出责任的伦理意味呢?"① 的斥疑中所蕴含的肯定性主张：在伦理层面上接受、维持人们之间的"我—你"关系，承担"我—你"之间的相互责任。

但，对师生伦理主体性的确认，并不意味着对认知性主体的否认。在班级社会中发生的主要活动仍然是认知性活动，在这一认知性活动中师生对知识对象仍具有认识主体性，"我—它"的关系在所难免。正是基于这一认识，本书再三重申，师生主体间关系是一种介于"我—你"和"我—它"之间的折中和调和。

本书接受他者性理论中他者在"自我—他者"关系中的核心地位，接受他者对于自我的优势，接受教师对自我的超越，自觉超越自我的占有欲望和同一性，接受教师对作为他者的学生无限的、必然的责任。所以，在"双主体"的基础上，提出"一个中心"——学生中心，"两个主体"——师生"双主

---

① ［法］Emmanuel Levinas. Proper Names［M］. California：Stanford University Press，1996：32.

体"的主张。将师生关系定位为：作为伦理主体的主体间性关系，一种折中于"我—你"和"我—他"之间的关系模式。

2. 有意义的他者，之于学生主体的教师角色担当

他者性教学交往是基于教师主体的，而"有意义的他者"则是基于学生主体的。因此，相对于他者性关系中教师自我的被动性，"有意义的他者"赋予教师某种主动性。在上文关于"有意义的他者"的研究告诉我们，追寻一个有意义的他者是源于主体认同的内在冲动，也就是说，如果身边人不能承担这个角色，那么青少年会主动到身边人以外的世界——同伴世界、媒介世界，甚至是虚拟世界中找定一个有意义的他者作为自己成长的"镜像"并接受他者的影响。作为学生最重要的身边人之一，教师有责任，也有能力给学生提供这一影响，成为学生的"有意义的他者"。

吉鲁在《作为后现代抑制的边界教育学》中，反对把所有的权威都视为不正当的权利和压迫的主张，认为，边界教育学支持学生从主体的视角看待问题，主张把意识形态当成学生生活经历的一部分来看待，但这并不意味着将教师的权威降低到一种无用的相对主义的形式。[①] 要求教师在教育教学中，要善于运用自己的权威建立起教学情境，引领学生积极地参与到重构民主公共生活的历史的、文化的和社会的实践中去。当然，他要求这种权威是一种特殊的教师权威：这种权威尊重民主的公共生活中去中心的基本主张，该权威是建立在这种尊重的基础上的。[②] 既尊重民主的公共生活中去中心的基本主张，又要树立、运用教师的权威，建立教学情境，给予学生清晰而明确的影响。这一主张与师生主体间性关系的主张是一致的，利于学生正确地行使、发挥自己的主体性。

深度学习理论，也要求教师在教学中积极地、主动地发挥作用，以引导、影响学生的认知过程。在詹青龙（2017）提出的深度学习效能的关键指标体系中，学生自主权太大和在学生有效组织他们自己的学习前给予太多的控制权和选择权都被列为"无效的深度学习"指标，他明确要求，教师要积极建立

---

① ［美］Howard A. Ozmon, Samuel M. Craver. 教育的哲学基础［M］. 石中英，邓敏娜，译. 北京：中国轻工业出版社，2006：354.

② ［美］Howard A. Ozmon, Samuel M. Craver. 教育的哲学基础［M］. 石中英，邓敏娜，译. 北京：中国轻工业出版社，2006：354.

师生协同的学习关系，制定明确的学习目标和测量成功的标准，给予学生控制和选择适合他们的等级，逐渐培养学生管理学习过程的能力。

在主动承担"有意义的他者"的使命的过程中，教师还要注意以下几点。首先，不要忽视任何一个学生。任何一个学生都不是一个抽象名字或编号，而是一个活泼的生命存在，每个人都通过与教师个体化的、特殊化的交往方式与交往行为感受着教师对自己的态度，从而决定是否把教师视为自己的"有意义的他者"。因此，教师要做的不仅仅是整体上的积极作为，更包括对每个个体的积极关注与引领，从而不让任何一个孩子的"有意义的他者"在教师这个最重要的身边人中形成缺位。其次，教师要不断加强自身的师德修养、学识提升和专业发展。正如上文所说，"有意义的他者"的影响既可能是正面的，也可能是负面的，这取决于"有意义的他者"自身的修为、与这个个体的交往方式以及由此形成的交往事件的性质。当一个修养存在缺陷的人成为"有意义的他者"时，对被影响者形成的破坏力、杀伤力是巨大的，童年的阴影有时是一辈子也挥之不去的。因此，良好的师德是建立教师发挥正向影响的前提与基础。再次，在积极作为的同时，要谨守主体边界，不因积极而越位。教师的责任是教，而不是学；学是主要的，教是为了学。学生是中心，教师是助学者，而不是代学者，也不是知识灌输器。要始终明确：将学生主体性发挥作为教师主体性发挥的核心或本质去看待。①

在师生关系建构中，在教师角色定位中，我们要记住：每个人都有权利使自己成为人类认知领域中的一个开拓者。尊重每一位学生，赏识每一位学生，以一名帮助者、支持者、欣赏者的身份走近学生，这才是我们做教师的真正含义。②

就角色定位讲，做学生成长路上的"有意义的他者"，既不是哪个强大的教师主体，也不是学生成长路上的看客，更不是卑微的"教仆"，这是突破非此即彼的师生关系的理性选择。

---

① 檀传宝. 学校道德教育原理［M］. 北京：教育科学出版社，2000：177.
② 冯茁. 教育场域中的对话：基于教师视角的哲学解释学研究［M］. 北京：教育科学出版社，2011：43.

第四节　仁的超越性，积极教师德性伦理重构

列维纳斯认为，自我与他者是一种不对称的平等关系。这一关系定位与儒家在"仁"的基础上建构的人际关系的"不对称性平衡"异曲同工。在以"有理想信念、有道德情操、有扎实学识、有仁爱之心"为内容的新时代"四有好教师"的标准体系中，"有仁爱之心"这一标准的设立，标志着师德建设向传统伦理的理性回归。本节，将以"仁"的超越性为出发点，讨论师德建设的要点。

作为儒家思想的核心，仁既是仁、义、礼、智、信五常之一，又一统五常，是德之总称、本体。[①]"仁者，人也"的论述指出了仁是人之为人的内在理据。探究仁的内涵，对于完成立德树人的根本任务、重塑教师德性伦理具有重要的启示与借鉴意义。

一、从仁的超越性说起[②]

关于仁，李泽厚认为，构成这个思维模式和仁学结构的四因素分别是血缘基础、心理结构、人道主义、个体人格。其整体特征则是实践理性。[③] 仁，即情即理，情理相融，是建立在超越人的自然属性基础上的、人之为人的本质规定性，是君子人格的内核，体现出深刻的超越性。

1. 仁，是对原始的、低级的自然属性的超越，指向的是人之为人的理想之境

最能体现这一点的，是孔子对宰我关于"三年之丧"的质疑的回应：

宰我问："三年之丧，期已久矣。君子三年不为礼，礼必坏；三年不为乐，乐必崩。旧谷既没，新谷既升，钻燧改火，期可已矣。"

① 陈来. 仁学本体论 [M]. 北京：生活·读书·新知三联书店，2014：425.
② 超越性，原是宗教概念，指否定、超越此岸，到达彼岸。此处指超越人的自然属性和庸俗、琐碎的日常生存状态，实现理想人格，到达理想境界。
③ 李泽厚. 论语今读 [M]. 南京：江苏文艺出版社，2010：412.

子曰:"食夫稻,衣夫锦,于女安乎?"曰:"安。""女安,则为之!夫君子之居丧,食脂不甘,闻乐不乐,居处不安,故不为也。今女安,则为之!"

宰我出。子曰:"予之不仁也!子生三年,然后免于父母之怀。夫三年之丧,天下之通丧也,予也有三年之爱于其父母乎?"(《论语·阳货》)

虽然宰我托以礼、乐,但孔子还是发现并指出了这背后"食夫稻、衣夫锦"的口食之欲。而君子居丧时的"不甘""不乐""不安"正是对居求安、食求甘等原生欲望和自然属性的超越,这就是仁。

樊迟问仁。子曰:"爱人。"这深刻地阐明了仁是对以自我为中心的贪图享受、趋利避害、贪生怕死等自然属性的超越——它使心灵不再仅仅趋向一己之私,而是指向他人,使生命在爱人、利他中获得更深沉的意义和价值。

正因如此,孔子才说:"里仁为美,择不处仁,焉得知?"

只有亲仁、处仁、行仁,人才得以超越原生状态,成为理性的、智慧的生命存在,进入人之为人的理想之境。

2. 仁,是对庸俗的、琐碎的存在状态的超越,指向的是人之为人的责任担当

人生最难挨的不是艰难困苦,而是琐碎中的无聊,或"饱食终日,无所用心",或"群居终日,言不及义"。它消磨意志,空耗光阴,使生命在无意义中走向虚无。所以孔子说"难矣哉"——这就很难为人了。又说:"士志于道,而耻恶衣恶食者,未足与议也。"(《论语·里仁》)如果有人一边说立志追求真理,一边却深陷于生活的琐细、平庸之中,以穿着破衣,吃着恶食为耻辱,这种人不值一提,不足挂齿。

志士仁人绝不如此,他们——

士不可以不弘毅,任重而道远。仁以为己任,不亦重乎?死而后已,不亦远乎?(《论语·泰伯》)

克己复礼为仁。一日克己复礼,天下归仁矣。(《论语·颜渊》)

志士仁人,无求生以害仁,有杀身以成仁。(《论语·卫灵公》)

他们宏大刚毅，克己复礼，超越生活的琐细、平庸，将生命融入"天下归仁"的宏伟事业之中，从而超越古今，光华炜熠。这才是生命应有的状态，才是真正的人（仁）！

千百年来，正是儒家这一以天下为己任的情怀与担当，支撑着中华民族历经劫难，却依然挺立于世界民族之林。

3. 仁，是对陈旧的、固陋的原始习俗的超越，指向的是人之为人的文明之域

这一点集中体现在孔子对弟子们否定"管仲之仁"的批评中。

> 子路曰：桓公杀公子纠，召忽死之，管仲不死。曰：未仁乎？子曰：桓公九合诸侯，不以兵车，管仲之力也。如其仁，如其仁。（《论语·宪问》）

> 子贡曰：管仲非仁者与？桓公杀公子纠，不能死，又相之。子曰：管仲相桓公，霸诸侯，一匡天下，民到于今受其赐。微管仲，吾其被发左衽矣。岂若匹夫匹妇之为谅也，自经于沟渎而莫之知也。（《论语·宪问》）

在弟子们固守着死忠故主的部落德性时，孔子从仁的大义——对生命的尊重出发，高度肯定了管仲的历史意义——民到于今受其赐。"微管仲，吾其被发左衽矣"，许管仲"如其仁"，深刻地批评了弟子们的固执、狭隘——自经于沟渎莫之知也。

虽然孔子的政治思想复古保守，但他的仁本思想却有着鲜明的生命意识，有着深刻的民主性、人民性[1]，是中国思想史上人性觉醒的第一声，具有超越时代的重要意义，奠定了中华文明的道德和理性基石。

二、教师德性伦理的追求与重塑

师者仁心。《关于实施中华优秀传统文化传承发展工程的意见》将"仁爱"列为中华民族的核心思想理念。作为文明的继承、传播、创造主体之一

---

① 李泽厚. 论语今读 [M]. 南京：江苏文艺出版社，2010：411.

的教师群体，仁的超越性告诉我们，新时期教师德性伦理的重塑，要坚持社会主义核心价值观，超越自我本位、知识本位、工具本位，建立以学生为中心的职业伦理，以真理为目标的专业伦理，以审美为核心的存在伦理，从而完成立德树人的根本任务。

1. 超越自我本位，建立以学生为中心的职业伦理

在教师发生失德行为时，一个常用的说辞是：老师也是人，也要生活。这一看似合理的借口的背后是灵魂的苍白。

教师职业的精神性、特殊性，决定了师德的特殊性——教师是影响学生生命成长的重要因素，时间之长、范围之广、程度之深，是除父母以外的其他人无可比拟的——师生交往的一切活动都是教育活动，一切教育活动都具有道德性。① 因此，遵守较高的道德标准，超越狭隘的自我本位，建立以学生为中心的职业伦理是师德建设的必然选择。正如列维纳斯所言：人类在他的终极本质上不仅是"为己者"，而且是"为他者"。②

作为教师，更当走出狭隘的"为己者"，成为"为他者"。学生本位、学生中心是教师职业伦理的起点和重心。

以学生为中心。首先，情感上爱学生，言行上尊重学生。相比于前者，后者更难。教师往往站在成人立场，以成人优势关爱、教育学生，很难蹲下身子，以平行的视角尊重学生。但相比前者，后者更能激发学生的成长内驱力。所以我们应当多一点学生视角，多一点尊重与理解。其次，一切教育教学活动都要有明确的学生意识，要充分考虑学生的年龄特点、个性差异，摒弃千篇一律的说教和填鸭，以学生活动为中心组织各类活动。

唤醒学生的主体性，培养独立人格。教育即成长，成长即独立。有意识的唤醒、培养学生的主体性和独立人格是学生中心的题中之义。这也是孔子关于君子教育的基本内容之一。孔子再三告诫自己的学生，为仁由己，而由人乎哉；（《论语·颜渊》）仁远乎哉，我欲仁，斯仁至矣；（《论语·述而》）对"独立不倚"（《中庸》）的人格给予充分肯定，鼓励他们"当仁不让于师"。（《论语·卫灵公》）

---

① 班华. 师德的特殊意义 [J]. 中小学德育, 2014 (1)：1.
② ［法］伊曼努尔·列维纳斯. 塔木德四讲 [M]. 关宝艳，译. 北京：商务印书馆，2002：121.

只有教师"忘我"，学生才能"我行"。只有在学生的成长中，教师的职业价值才能得以实现；只有在学生的主体性中，教师的主体性才能得到实现：

> 把他者纳入主体性的视野，我为他者负责，把他者作为一个独特的、值得尊重的主体来对待，尽管我是被动的，但却由此反证出我自身存在的必要性，反证出我的人道性和伦理性，反证出我的不可消解性，当然一定反证出我的主体性——为他人的主体性。这恰恰是主体性高扬的体现。①

2. 超越知识本位，建立以真理为目标的专业伦理

传授知识是教师的基本职责，孔子也常以好学自况：十室之邑，必有忠信如丘者焉，不如丘之好学也。孔子也以六艺为内容教授学生，但这并不是其学识和教育的全部：

> 子曰：赐也，女以予为多学而识之者与？对曰：然。非与？曰：非也，予一以贯之。（《论语·卫灵公》）

这一以贯之的是什么？是忠信，是仁，是真理，是文明。

> 文王既没，文不在兹乎？（《论语·子罕》）
> 凤鸟不至，河不出图，吾已矣夫。（《论语·子罕》）

正是超越了知识本位，而以真理、文明为己任，孔子才成为万世师表。对于当下的教育而言，超越知识本位，建立以真理为导向、目标的专业伦理，要求我们：一方面，坚持真理。铁肩担道义，妙手著文章。教师的道义何在？在"真理"。一个国家，一个民族，如果教师队伍都随波逐流，做时代的、社会的应声虫，这样的国家和民族还有什么希望？坚持真理，对教师而言，是品

---

① 刘要悟，柴楠. 从主体性、主体间性到他者性——教学交往的范式转型 [J]. 教育研究，2015 (2)：109.

格，更是使命，因为我们是学生的思想奠基人。另一方面，引导学生追求真理。真理从来不是授予的，它出现在追求真理的过程中。引导学生追求真理，不是把所谓的真理给学生，而是尊重学生的主体精神，鼓励质疑，包容错误，创设自由思想、自由表达的教学生态。如此，真理自在其中。

3. 超越工具本位，建立以审美为内核的存在伦理

作为社会分工的产物，人的工具化在带来生存资源的同时，也或深或浅地困扰着、扭曲着、异化着职场中人。契诃夫的"套中人"，卡夫卡的"城堡"是这一生存困境的典型符号。走出"城堡"、突破"围城"始终是现代人的迫切需要。

相比于其他职业，教师的"突围"行为更具特殊性，不仅有着克服职业倦怠、享受职业幸福的内在需求，也有着为学生提供示范与激励的社会需求。

这一特殊性，要求我们重塑教师存在伦理。

李泽厚认为，美是一切异化的对立物。又说，个体的人只有在自由的创造性的劳动和社会活动中，才是美的。[1] 因此，在这一重塑中，我们应当注意以下几点：

提升美学品质。真、善的统一，表现为客体自然的感性自由形式是美，表现为主体心理的自由感受（视、听觉与想象）是审美。[2] 美是真、善的统一，是人性的终极觉醒。因此，教师在工作之余，应当读点哲学、美学、文学，玩点艺术，亲山近水，吊古思远，不断提高自己的美学品质。如此才有助于打破专业樊篱，消解职业困乏，走向至美之境。

发现教育之美。教育之美在内容，宇宙的无垠、数字的简约、变化的奇妙、文学的深情，无一不美；在对象，儿童、少年、青年，我们所面对的是人生最美好的季节；在过程，相比工业生产的刻板，教育过程复杂、深邃，其间的微妙的情感化学反应——或微笑、或抽泣、或欢跃、或神伤，无不动人。只有发现教育之美，才能走出职业的倦怠，享受教育的幸福。

创造性地开展工作。对象的多样，过程的复杂，决定教育的本质是创造性的。作为教师，只要真心教学、潜心育人，其教育教学活动无一不是创造性的

---

① 李泽厚. 批判哲学的批判：康德述评［M］. 北京：生活·读书·新知三联书店，2007：435.

② 李泽厚. 批判哲学的批判：康德述评［M］. 北京：生活·读书·新知三联书店，2007：437.

劳动。因此，教师只要热爱，就能创造，就能在"自由的创造性的劳动和社会活动"中，创造美、享受美。

突出审美教育。席勒在提出人与自然、感性与理性在感性的基础上相统一的问题时，把审美教育看作自然的人上升到自由的人的途径。[1] 在教育中，教师要树立美学自觉，发现、利用各种美学资源，创设机会与平台，培养学生发现美、欣赏美、创造美、享受美的情操与能力，为美好人生奠基。

十年树木，百年树人。立德树人的百年基业，需要教师在恪守师德规范的同时，以"仁"为中心，追求师德理想，超越自我本位、知识本位、工具本位，重塑德性伦理，成为学生生命中最重要的"有意义的他者"。

第五节 反思性实践，积极教师的专业成长

教师，在某种程度上讲，是个准专业。这么讲，在于任何专业之所以成为专业，一个非常重要的原因，是因为他的专业知识与技能是有边际的。但对教师的知识要求却几乎是无边际的，一切学问皆可为教师所需。这除了从学科的角度上讲，一切学科知识都需要教师参与构建以外，还有一个重要的原因在于，教育是人的事业，一切与人有关的学问，哲学、人类学、美学、史学、社会学等都为教师所需要。仅靠教育学、心理学这两门纳入教师资格考试的学科无法支撑起教师的知识大厦，更无法使教师真正从事好教育事业。

将教师列为专业其实不是从教师这个职业本身的专业性出发的，而是基于对教师职业的一种尊重，对这份职业不可替代性的肯定。从根本上讲，教师不是一个专业，也不应该仅仅是一个职业。正如雅斯贝尔斯所说：教育意味着一棵树摇动另一棵树，一朵云推动另一朵云，一个灵魂召唤另一个灵魂。[2]

所以说，以教育为工作内容的教师，他首先应该是一棵健壮的树，一朵热情的云，一个健全的灵魂。而要成为一个健全的灵魂，他最需要的是反思。反思对于教师专业成长而言，它不仅仅是一种手段，更是一种本体性的设置——它是灵魂的审查者、评价者、鼓舞者。只有建立在反思上，建立在反思性实践

① 李泽厚. 批判哲学的批判：康德述评 [M]. 北京：生活·读书·新知三联书店，2007：435.
② [德] 雅斯贝尔斯. 什么是教育 [M]. 北京：生活·读书·新知三联书店，1991：125.

上的教师职业生涯才能开出最美的花。所以，对于教师专业成长这个话题，本书不去详谈教师的专业定位、专业培训、专业自修，而只讨论反思性实践这么一个话题。

一、反思的字源

反，篆体为，一只手正向着崖边攀登，这就是攀（扳）字的本字。后来本义不存，假借为相反、反叛等意思。又引申为返回，这种意思写成"返"。① 后一义，康熙字典中举《前汉陈胜传》中的"使者五反"，师古曰反为回返也。《说文解字》：反，覆也，从又，厂形。

反，原义有向上攀登，之后假借为相反，引申为返回。如果做无限制、发散性（非严格的字源解释）解释的话，我们可以把前后三义串连为：返回，是为了站得更高；回眸，是为了走得更远。

思，篆体为，思从心，表示内心的状态；从囟，表示头脑的思维。在六书中属于异文会意。心之思曰情，思念之思；脑之思曰识，思想之思。从以心、脑（囟）会意为"思"，我们认为，在先民们的认识中，思，是心脑合一，情理相会的过程，情发动思，思又产生情。思，不是纯粹的理性认知，而是有情感贯注其中的理性认知与心灵体验的统一。

在汉语中，与反思相近的词还有反省。省，甲骨文为，从屮，从目。《说文解字》：视也。《尔雅》：察也。屮，可引申为农作物、庄稼。省，指先王巡视、察看农作物生长情况。《易·观卦》中有"先王以省方观民设教"。屮，也可理解为细微之物，所以，省，省察，不同于一般的看，指很仔细、很认真地察看。

在"国学大师网"中输入"反思"，能得到最早的"反思"连用，出现在宋代胡仔著的《苕溪渔隐丛话·前集》，原文是：岂非厌饫刍豢，反思螺蛤邪？当为"反过来想"的意思。明代何良俊的《四友斋丛说》中有：张饱帆于大江，骤骏马于平陆，天下之至快，反思则忧。其中的"反思"也应当是"反过来想"的意思，与当下语境中"以自己的言行为对象的省察"的意思不同。

---

① 窦文宇，窦勇. 汉字字源：当代新说文解字 [M]. 长春：吉林文史出版社，2005. 转摘自国学大师网。http：//www. guoxuedashi. com/zidian/ziyuan_ 668. html.

二、什么是反思性实践

先说反思。简单地说，反思就是思考过去的事物。这个过去的事物如果是指他物以及他物的形式化的产物——概念、命题，反思就构成元认知。这个过去的事物如果是指自我的言行举止、心理活动、情绪状态、思想认知，则构成反省，即主体以自身为对象的自我审查。反思，不管是在知识建构中，还是在德性建构中都具有举足轻重的意义和作用。

1. 反思，黑格尔的"正、反、合"

在知识建构上，反思就是黑格尔辩证三部曲——"正、反、合"中的"反"，正是"反"——真理形成过程中的反思，实现了知识形态从经验向理性、从常识到真理的飞跃。反思作为西方哲学史上的重要范畴，黑格尔对其作了深刻和卓有成效的分析，他认为反思具有不同的层次。对于本质的认识，"设定的反思"尚停留在抽象的自身同一阶段，"外在的反思"则进展到把握区别与对立，只有"规定的反思"才能从联系上把握对立面的统一。这样，黑格尔在反思的认识上达到了一个飞跃，即反思本身也有一个过程。当然，反思不是认识的全部，而是作为一种从把握外在本质到把握内在本质的过渡，一个关键的过渡。

如果我们从人类的整体去观察，一部思想史就是一部人类内部思想史，一部反思史。正是基于对儒学思想、佛学思想的审查，朱熹重构了儒学本体论，提出了理本体，建构了理学。而基于对理学的审查，王阳明提出了心学。新文化运动、五四时期对整个传统文化的审查，开启了中国思想现代化的进程。在西方，文艺复兴、新教改革是从不同的角度对基督教的审查，从而开始了西方"人"的解放史。马克思对黑格尔、费尔巴哈的审视，开启了人类思想运动、社会解放运动的光明大道。正是基于对现代性的同一性倾向的反思，尼采、胡塞尔、海德格尔、萨特、多尔、布伯等以不同的理论形态打开了后现代之门。

在论述政治形成史时，赵汀阳赋予了反思更为本体的性质：可以相信，正是政治迫使人类进入冲突性的思考，政治导致了不同意见的道理，如果没有不同意见需要"说"，也就没有什么值得反思。而只有当出现反思（rethinking），思才超越了单纯的想（thinking），没有反思就无所谓思想。①

2. 反思，以"慎独"构建内圣与外王的统一

作为德性构建的重要一环，反思是自我的对象化。自我，分裂成两个我，一个是主体的我，认识的我；一个是对象的我，行动的我。而慎独是反思的重要形式与最高境界。

> 君子戒慎乎其所不睹，恐惧乎其所不闻。莫见乎隐，莫显乎微，故君子慎其独也。（《中庸·第一章》）
>
> 所谓诚其意也，毋自欺也。如恶恶臭，如好好色。此之谓自谦，故君子必慎其独也。（《大学·第六章》）
>
> 小人闲居为不善，无所不至。见君子而后厌然，掩其不善，而著其善。人之视己，如见其肺肝然，则何益矣？此谓诚于中形于外。故君子必慎其独也。曾子曰：十目所视，十手所指，其严乎？（《大学·第六章》）

所谓慎独，就是把外在的严苛转化为内在的自觉，不是在"人之视己，如见其肺肝然"时不得已的"掩其不善，而著其善"，而是"戒慎乎其所不睹，恐惧乎其所不闻"，在人之不见、己之独处时，自我审视、自我纠查，自觉调整自己失言处、失行处、失态处、失调处、失范处，内诚其意，外成其事，实现内圣与外王的统一。

反思，是精神生命生长不息的动力之源。西晋周处之所以最后能幡然悔悟，励志好文，终于大器晚成，正在于他能从"乡里相庆"中，"始知人患己之甚"。一个人中年时的沉稳，也正来自对青年时期的荒唐狂飙的反思。反思、慎独、自诚、不自欺。人唯有不自欺，做到仰不愧天，俯不怍地，才能建筑起自我圆满的道德大厦，流淌出勃勃不可遏的生命渊流。

3. 反思性实践，人类认识与改造史的关键链条

所谓反思性实践，是指建立在反思基础上的实践，是人类认识从经验上升到理论的关键环节。

---

① 赵汀阳.坏世界研究：作为第一哲学的政治哲学 [M].北京：中国人民大学出版社，2009：24.

毛泽东在《实践论》中深刻揭示了认识与实践的关系。他指出："认识从实践开始，经过实践得到了理论的认识，还需要再回到实践中去。"这里提到了三个实践，一是认识从实践中来，这里的实践是指在认识的第一阶段中，人们接触外在世界的过程，是对世界的感觉阶段。第三个实践是人们以理论为指导改造世界的实践。而处于中间环节的第二个实践，就是反思性实践。认识第二阶段中的综合、整理、改造，就是对感觉阶段获得的经验性认识进行审查、反思的过程。而这一阶段的活动不仅是思维的改造活动，也是实践的改造活动。① 不仅如此。毛泽东说："通过实践发现真理，又通过实践而证实真理和发展真理。"又说："实践、认识、再实践、再认识，这种形式，循环往复，以至无穷，而实践和认识每一循环的内容，都比较地进入了高一级的程度。"也就是说认识"三阶段"说中的第三个阶段的实践也不是人类认识与改造活动的终点，这一阶段的实践不仅仅是理论指导下的改造活动，还承担着检验真理、发展真理的任务。实践、认识、再实践、再认识，这其中起着链接作用的正是反思，正是对前一阶段认识和实践成果的审视、检验。所以，从某种意义上讲，人类的一切实践活动都是反思性实践，正是反思性实践推动着人类认识世界、改造世界的进程。

正因如此，马丁·布伯说，反省，是构建人类世界的坚实工具。② 卡西尔认为，自我质询的要求是人的特权和他的首要职责。③

三、我们为什么要进行反思性实践

教师的专业发展是根植于实践，并指向实践的。④ 反思是教师自我认识、自我理解、自我对话的过程，是教师专业发展的决定性因素。对于教师而言，只有通过自身的反思和实践，将教育理论转化为自己的教育信念和实践智慧，才能创造性地解决复杂变化的教育实践问题。教师的专业成长不是源自外部影

---

①　这种改造过的认识，不是更空虚，更不可靠的认识，相反，只要是在认识过程中根据实践基础而科学地改造过的东西，正如列宁所说，乃是更深刻、更正确、更完全地反映客观事物的东西。见《实践论》。

②　［德］马丁·布伯. 我与你［M］. 任兵，译. 北京：北京联合出版公司，2018：32.

③　［德］恩斯特·卡西尔. 人论［M］. 上海：上海译文出版社，2013：14.

④　冯苗. 教育场域中的对话：基于教师视角的哲学解释学研究［M］. 北京：教育科学出版社，2011：133.

响，而主要是依赖于教师个人的"反思"与"建构"，在此意义上，教师是"反思的实践者"。① 反思性实践，首先，可以帮助教师从压抑的行为中解放出来；其次，允许教师以一种深思熟虑、目的明确的方式去行动；最后，把教师辨明为受过良好教育的人。② 反思性实践不仅仅是让教师通过自身努力成为更优秀、更熟练、更有思想的专业人员的工具，③ 还是帮助教师成为自由的人、智慧的人，能不断自我确定、自我革新的人的有效途径。

1. 反思性实践的显性功能是使教师成为研究者，推动教育实践的更新与发展

流水不腐，日新其德。人类的知识体系只有不断地创造、更新，才能维持其旺盛的生命力。教师的的教育实践同样如此。教师只有不断地创新，课堂才能常新，教育才能常青。而推动这一创新产生的，有且只有教师在埋头耕耘之际，能时时抬头看天，拔脚上田，以旁观者的视角对自己的教育实践进行审视，在审视中发现问题，在思考中找到办法，在实践中深化认知。只有反思与实践同行，研究与实干并重的教育才能开出创新之花，枝繁叶茂。

斯腾豪斯最早提出了"教师即研究者"的理念，他认为，教师的研究主要是指教师在行动中对自身实践活动做一种批判式的反思。④ 这种自我批判式的反思性行动研究，正成为教师的专业工作方式之一，是教师自主性的最高表现，⑤ 能改变教师在教育理论面前的被动局面，缩短理论与实践之间的距离，使日常教育教学活动摆脱简单重复的低效和无趣，走向生动活泼的常新之路。反思是教师成为研究者的必经之路，教师也具有成为研究者的有利条件，正如斯腾豪斯所说：课堂是检验教育理论的理想的实验室，教师作为课堂的负责人，是课堂和学校的潜在的实际观察者。也就是说，教师的反思，只需要以课堂为镜面，以学生为参照，就能顺利进行。当然，要真正成为一名课堂的观察

---

① 冯苗. 教育场域中的对话：基于教师视角的哲学解释学研究 [M]. 北京：教育科学出版社，2011：131.

② 冯苗. 教育场域中的对话：基于教师视角的哲学解释学研究 [M]. 北京：教育科学出版社，2011：145.

③ 沈文钦. 成为反思型教师 [M]. 北京：中国轻工业出版社，2005：34.

④ 冯苗. 教育场域中的对话：基于教师视角的哲学解释学研究 [M]. 北京：教育科学出版社，2011：133.

⑤ 冯苗. 教育场域中的对话：基于教师视角的哲学解释学研究 [M]. 北京：教育科学出版社，2011：133.

者，成为一名教育的反思性实践者，教师不仅要有丰富的实践经验，也应该自觉学习理论知识，丰富自己的反思视角。只有理论指导下的反思才具有深刻的洞察力和强大的建构力。

从专业成长上讲，积极教师的本质就是积极的教育实践者，勇敢的教育反思者，智慧的教育创新者。

2. 反思性实践的隐性功能是促进缄默性知识的形成与深化，推动教师专业升华

20 世纪 50 年代，英国物理化学家和思想家波兰尼（M. Polanyi）将知识划分为显性知识与缄默知识。前者指以书面文字等显性符号表达出来的知识，后者则是指一种不能系统表达出来的知识。与显性知识相比，缄默知识不能通过语言、文字或符号进行逻辑的说明，不能以正规的形式加以传递，不能加以"批判性的反思"，它是一种经验的、实践的、主观的、模拟的内隐知识。缄默知识无法言说，但广泛存在，正如波兰尼所说：我们所认识的多于我们所能告诉的。虽然无法言说，难以表达，但正是这数量庞大的缄默知识支撑着人类的实践活动，使人类能够顺利完成各种复杂的、多变的工作任务。

教师实践性知识的构成以缄默知识为主。[①] 施瓦布认为，实践性知识是教师在实践中建构起来的，直接支配教学行为的个人观点、准则、信念。[②] 这一介于理论和实践之间的以缄默性知识为主的独特的知识形式，影响着教师对"教什么"和"怎么教"的知识的理解和运用，实实在在地支配着教师的日常教育行为。[③]

所以说，对于教师的专业发展，这一实践性知识的形成具有重要的，甚至是决定性的影响。但这一知识的形成与深化又是显性的教师培训、理论性阅读无法独立完成的，它必须建立在甚至依赖于教师的反思性实践。

---

　①　辛涛、申继亮、林崇德（1999）将教师知识分成：本体性知识、条件性知识、文化知识以及实践性知识。本体性知识指学科知识，条件性知识指教育学、心理学知识，文化知识指通识性文化知识。而实践性知识是指教师教学经验的积累。参见辛涛，申继亮，林崇德. 从教师的知识结构看师范教育的改革［J］. 高等师范教育研究，1999（6）：13.

　②　冯苗. 教育场域中的对话：基于教师视角的哲学解释学研究［M］. 北京：教育科学出版社，2011：140.

　③　冯苗. 教育场域中的对话：基于教师视角的哲学解释学研究［M］. 北京：教育科学出版社，2011：141.

正如斯滕伯格所说，缄默知识既能成为一种提高行为效率的资源，也能成为导致行为效率低下甚至是失败的根源。缄默知识的功效取决于人们对它的接受及有效使用。而缄默知识的外显化取决于：①在个人知识系统的流动与转化；②以适当的方式外显并与他人共享。① 在反思中，人们尝试性地把审查过程与结果通过言说的方式表达出来，从而实现缄默知识的外显与分享。实践是一个外显知识内化为缄默知识的过程。通过反思与实践，实现了显性知识与缄默知识在个体知识内部的流转及对外的分享。教师正是在外显知识和缄默知识、理论知识和实践知识的领悟和转换中，形成了具有自己个性特征的实践智慧。所以说，教师的专业成长，就是在反思性实践中把理论转化为理念、把理念内化为信念、把信念升华为信仰的过程。在这一过程中，教师逐步走向成熟，实现教育生命的蓬勃与教育人生的幸福。

四、如何进行反思性实践

反思性实践对教师专业成长的重要性是不言而喻的。那么我们反思什么，又该如何反思？

1. 我们反思什么？

曾子曰："吾日三省吾身，传不习乎？为人谋而不忠乎？与朋友交而不信乎？"三省，有解释为每天三次、多次反省自己的，也有解释为从三个方面反省自己的。这三个方面指后文中的：传不习乎？老师传授的，自己在生活中有没有加以践习？为人谋而不忠乎？为人谋划、做事有没有尽心尽力？与朋友交而不信乎？与朋友相交有没有做到言而有信。对教师而言，我们也可以从这三个方面加以反省。

一是有没有做到理论与实践相结合？没有行动的理论是干瘪的，没有理论的行动是盲目的。对教师而言，每天要反思的是，今天我有没有阅读一些教育教学理论？今天做的好的地方是符合了什么理论？做的不好的地方又是因为违反了哪些理论？哪些理论在实践上得到了验证？哪些理论还不甚明了，无法指导实践？每天一学，每天一问，久久为功，不仅能养成理论与实践相结合的习

---

① 冯茁. 教育场域中的对话：基于教师视角的哲学解释学研究 [M]. 北京：教育科学出版社，2011：137.

惯，更重要的是心中的光会越来越明，脚下的路会越走越宽。所以，每天一反思：传不习乎？

二是自己有没有尽忠职守？立德树人是教育的根本任务，教书育人是教师的根本职责。教师每天要问问自己，今天自己立了什么德？又帮学生立了什么德？自己的哪些言行能当作学生的示范，哪些言行还不太理想，需要进一步的改进？今天的课上好了吗？今天的事做完了吗？该辅导的学生辅导了吗？该约谈的家长约谈了吗？教育琐碎，唯问能明。只要坚持在反思中改进，才能在改进中优化，从而把每天的工作做好。所以，每天一反思：为人谋而不忠乎？

三是与学生的交往做到了言而有信吗？这里的信不仅仅是诚信，更指可信。作为学生"有意义的他者"，教师的言行举止尤其是与学生的交往方式深刻影响着学生的认知习惯、认知风格、认知深度，深刻影响着学生的品德形成、品德提升和品德纯化。言而有信是师生交往的前提，是教师对学生正面影响的基础。所以每天问一问自己：我承诺过的事做到了吗？如果没有做到，说明了吗？道歉了吗？这是交往中的诚信。可信则是指教师行为的合理性、合法性。教师每天要问一问自己做的事有利于学生的学习吗？有利于学生的成长吗？做的不到位的地方改正了吗？只有如此严格地审问自己，才能给自己的教育行为套上道德的缰绳，不至于跑惊了马，伤害了人。所以，每天一反思：与朋友交而不信乎？

2. 我们如何反思？

博学之，进行广泛的阅读和学习。贫瘠的理论开不出丰富的实践之花，也提供不了锐利的审视之眼。审问之，严格地自我审查、斥疑、询问，将自己的言行完全地暴露在自己的审视之下。慎思之，学而不思则罔，思而不学则殆，只有学思结合才能行深致远。明辨之，可以是自己与自己的辩论，也可以是自己与他人的辩论。如果说"审问之"是问自己干了什么，干得怎么样，"慎思之"是思考自己行为的理由，那么"明辨之"则是辩论自己行为的合理性、合法性。笃行之，将通过严格的审问、慎思、明辨的理论坚决地贯彻下去，将通过严格的审问、慎思、明辨的行为坚持地做下去。所以说，反思性实践，起于博学，行于反思，成于笃行。所谓反思，就是审问之、慎思之、明辨之；所谓实践，就是笃行之。

至于具体的操作，最好的办法就是让反思显性化，一如上文所提到的，要提升知识运用的有效性，最好的办法就是让缄默知识外显与分享，让外显知识内化，从而实现二者的有效流通、转化。具体来说，教学反思、反思日记、教育故事、教育随笔、教育案例等都是好的反思方法，发朋友圈、写教育微博也是好办法，让自己的教育行为通过显性化的表达接受朋友们的点评。当然，最重要的，也是最为有效的反思性实践，是做教育课题，做教育行动研究。教师通过课题把从实践中来的问题理论化、研究化，又把经研究取得的成果实践化、推广化，从而推动显性知识与缄默知识的流转，实现教育理论与教育实践的结合，推动自己向研究型、专家型教师转型，达到专业成长的最佳境界。

主体是教育的原点，关系是教育的存在之乡，师生关系是教育关系的核心。我们鼓励"双主体"，注重主体间性，在"我—你"和"我—它"的折中与调和中建立既具理想之果又有可行之实的师生关系。以仁的超越性重塑教师的德性伦理，在反思性实践中推动专业成长，成就积极教师的幸福人生。

第四章　意义与价值

——积极德育的人本追问

关注人的生命意义和价值是教育的永恒主题。

——冯苗

积极教育关注美德与性格优势的形成与培养。美德与性格优势的形成与培养既是教育的手段也是教育的目的。我们通过美德与性格优势的培养健全主体的精神生命，而美德与性格优势又是精神生命的重要组成部分。其中，美德是核心。在美德的形成与培养过程中，对人生意义的追问与回答结果，决定着美德的方向；而对人生价值的求索与实践，是美德的核心内容。二者构成德育的首要因素与基本内涵，决定着德育的基本风貌和核心精神。

关注人的生命意义和价值是教育的永恒主题。教育自身的意义就在于提升人的生命境界，寻求和创造人的生命意义。① 作为直接对人的精神生命、精神世界展开教育活动的德育，对生命意义的追求、对价值的求索是它的本有之义。立德树人，德育为先。德育内核，价值为本。本章，将从意义与价值两个关键词入手，建构积极德育的基本理论框架。

---

① 冯苗. 教育场域中的对话：基于教师视角的哲学解释学研究［M］. 北京：教育科学出版社，2011：20.

第一节 意义，积极德育的指南针

意义是人生的压舱石，是对抗虚无的精神利剑。没有对意义的追问与回答，人生将不可避免地堕入虚无主义的深渊，成为杂草丛生的沼泽之地。所以，我们在讨论精神生命的建构与展开之时，首先要讨论的就是意义。

一、意义的字源

意，篆体为 🦬，《说文解字》：意，志也。从心，察言而知其意也。字由"心""音"（古文同言）构成。所谓"言为心声"，指言语往往表达了心里的想法。《易》：书不尽言，言不尽意。[1]

言为心声，意由心发，无心则无意。这里的心，一指深思熟虑，只有经过深思熟虑的心之言才有意义，才值得去思考、品味。一指真情流露，发自肺腑。只有如此之言才有真意，才值得信任、值得信赖。意在形先，得意可忘形。"手挥五弦，目送归鸿。"没有一形可状，但此中真意，千古流存。意在言中，得意可忘言。"此中有真意，欲辩已忘言。"有着"采菊东篱下，悠然见南山"的闲适与超然，一切语言都是多余。老子说：大音希声，大象无形。（《老子·第四十一章》）孔子说，大意无言——

　　子曰：予欲无言。子贡曰：子如不言，则小子何述焉？子曰：天
何言哉？四时行焉，百物生焉，天何言哉？（《论语·阳货》）

天不言，天有行常；子不言，子有大意，子有大痛。"久矣，吾不复梦见周公。"（《论语·述而》）人之悲哀莫过于理想的远去，人之大痛莫过于梦想的凋零。

---

[1] 窦文宇，窦勇. 汉字字源：当代新说文解字 [M]. 长春：吉林文史出版社，2005. 转摘自国学大师网。http：//www.guoxuedashi.com/zidian/ziyuan_ 3194. html.

而人之为人，不正在于这"知其不可而为之"①的挣扎与奋斗吗？

恐怕，这就是人生之大意，存在之真意吧。

义，繁体，義，义，𦎍、𦍌、𦏻是仪的本字。金文铭文"皇考威义"句就是以"义"作"仪"。字形是把羊头放在长柄的三叉上面，表示一种"威仪（显示威严的礼仪）"。②《说文解字》中"己之威仪也，从我从羊"的说法是从篆体"義"的字形分析而来的。从甲骨文看，义，即使指威仪，也不是所谓的"己之威仪"，而是指重要的祭祀仪典上的王家威仪。国之大事，在祀在戎。从这一本义我们可以生发出去的是，这义（仪），不是个人的仪容，而是体现部落、家国之威严性、神圣性的盛大仪典——"依鬼神以制义"。也就是说，义即使作为"仪"也与超越一己之存在的整体相关联。也正是从这一意义上，义最终发展为仪，而不仅仅是外在的威仪。李泽厚在《巫礼同源》中对祭祀仪典、对部落精神、对人心的塑造有着详细的论述，并以此指出巫史同源、巫礼同源的文化史实。

义是中国传统思想的重要范畴。在《论语》中，义与利相对，子曰："君子喻于义，小人喻于利。"（《论语·里仁》）又说："见利思义，见危授命。"（《论语·宪问》）义与知、信相关，相近。子曰："务民之义，敬鬼神而远之，可谓知矣。"（《论语·雍也》）"信近于义，言可复也。"（《论语·学而》）所谓义，朱子注为：义者，宜也。义，就是你应当做的事，应该做的事，是人生的应然，是人之为人的内蕴价值所在。

孟子重义。"羞恶之心，义之端也。"义，发端于人的羞恶之心。"其为气也，配义与道。"浩然之气之所以至大至刚，正在于"集义而生"。孟子常仁义并举。"居仁由义，大人之事备矣。"（《孟子·尽心上》）"仁，人之安宅也；义，人之正路也。"（《孟子·离娄上》）"仁，人心也；义，人路也。"（《孟子·告子上》）在孟子处，义，不仅是人生该走之路，也是超越人之自然生命的最高价值所在。

---

① 见《论语·宪问》。子路宿于石门。晨门曰：奚自？子路曰：自孔氏。曰：是知其不可而为之者与？

② 窦文宇，窦勇．汉字字源：当代新说文解字［M］．长春：吉林文史出版社，2005．转摘自国学大师网．http：//www. guoxuedashi. com/zidian/ziyuan_ 3197. html.

生，亦我所欲也；义，亦我所欲也。二者不可得兼，舍生而取义者也。（《孟子·告子上》）

在西方，与义相近的词是正义。与儒家思想中义与利相对而在不同，在西方，正义与利益紧密相连。欠债还钱就是正义（柏拉图《理想国》）。休谟在《人性论》中指出：一个人的财产是与他有关系的某种物品。这种关系不是自然的，而是道德的，是建立在正义上面的。① 又说：正义起源于人类协议；这些协议是用以补救由于人类心灵的某些性质和外界对象的情况结合起来所产生的某种不便的。② 这协议指的是"划定财产、稳定财产占有的协议"③。

"意义"二字连用，在《春秋谷梁传》中就已经出现："殆其往而喜其反，此致君之意义也。"晋葛洪《神仙传·蓟子训》："性好清澹，常闲居读《易》，小小作文，皆有意义。"

二、什么是"意义"

"意义"的含义颇为丰富。360百科列出了"意义"的七种含义。概而言之，"意义"的含义有三种。一与语言相关，指语言的内容、意思。概念的音响形象是能指，概念的实指对象是所指。意义是与概念的能指所对的所指，即某一概念所指向的事物、情理，即人们常说的词的意思。从命题、言语、文本讲，"意义"是指与句子的显性部分相对而在的底层结构，指句子所指的事件本身。也就是人们常说的句子的意思。二与事物、事情、事件相关，指某事物、事情、事件的作用、价值与影响。《中国幸福学研究》中将"意义"定义为一件事情对其他事物的影响。三与存在相关，指归属于和致力于某样超越自我的东西。④"意义"不仅是单纯的主观感受，同时具有历史的、逻辑的和一致性的客观标准。⑤

冯苗（2011）认为，对"意义"的研究有三个不同的层面，即语言层面、文化层面和存在层面。语言层面实质是语义学层面，它所揭示的是语言本身的

① ［英］休谟. 人性论（下）［M］. 关文运，译. 北京：商务印书馆，1980：527.
② ［英］休谟. 人性论（下）［M］. 关文运，译. 北京：商务印书馆，1980：530.
③ ［英］休谟. 人性论（下）［M］. 关文运，译. 北京：商务印书馆，1980：528.
④ ［美］马丁·塞利格曼. 持续的幸福［M］. 赵昱鲲，译. 杭州：浙江人民出版社，2012：16.
⑤ ［美］马丁·塞利格曼. 持续的幸福［M］. 赵昱鲲，译. 杭州：浙江人民出版社，2012：16.

含义；文化层面的意义实质则是解释学层面的意义，此种意义是在人（解释者）对"意义项"的理解中的道理；存在层面的意义比文化层面的意义更广泛、更深刻，从对象上看，它上升到了人对"生存"问题的追问。本书对"意义"的讨论受到这一"意义"的三个层面划分的启发。本节在第三个层面存在的层面，即在对"生存"的追问的含义上使用"意义"的概念。

1. 意义是生命的重心

维克多·弗兰克尔说："人类最关心的不是获得快乐或避免痛苦，而是寻找生命的意义。"[①] 意义是人生的压舱石，给予人生以明确的目标与方向。

意义让人获得幸福。意义是马丁·塞利格曼幸福理论的重要元素。当给予不是为了等价交换时，孩子们会体会到一种自然的满足。因为付出，大脑的伏隔核的活性增强，边缘系统的快乐通路的兴奋也会随之增强。斯蒂芬·波斯特认为："无私的爱"会激活大脑中自我感觉良好的化学物质，比如，多巴胺和血清素。乐于助人，将自身的存在与他人、社会等相联系，是孩子们获得具有积极意义的幸福的途径。[②]

意义让人获得归属感。积极心理学认为，意义来自与他人之间的美好联系，来自对他人、对更大需求的贡献，来自选择追求卓越，不因环境而变的内在的积极力量。[③] 通过与他人的联系，为更大的团队作出贡献，个体获得了对他人、集体、社会的接纳，建立了自我归属感。

意义让人超越个体的狭隘，获得存在的尊严感。正如毛泽东在《纪念白求恩》一文中写道：一个人能力有大小，但只要有这点精神，就是一个高尚的人，一个纯粹的人，一个有道德的人，一个脱离了低级趣味的人，一个有益于人民的人。人在与他人的正向联系中，在为他人、社会、国家、民族、人类等超越自我的存在付出的时候，会逐步走出本我的狭隘，体会到生命的价值、存在的尊严，从而生长出丰盈而高贵的灵魂。

---

① 曾光，赵昱鲲，等.幸福的科学：积极心理学在教育中的应用［M］.北京：人民邮电出版社，2018：128.

② 曾光，赵昱鲲，等.幸福的科学：积极心理学在教育中的应用［M］.北京：人民邮电出版社，2018：256.

③ ［美］Patty O'Grady.积极心理学走进小学课堂［M］.任俊，译.北京：中国轻工业出版社，2016：251.

2. 意义在追问、理解与奋斗中生成

意义的获得不是一蹴而就的，意义是在不断地追问、回答、理解、接受、践履中逐步生成的。意义的生成性，指文本的意义不是凝固的，"它总是通过理解的'发生'而生成的"，存在的意义同样如此。意义的普遍性存在于、依赖于意义的特殊性，存在于每个个体对意义的不断追问、理解与建构中。意义的与时俱进即生成性是意义的本质性特征之一。人在对意义的追问中获得奋斗的动力，又在不懈的奋斗中完成意义的建构。正如钱冠连所说：地球总有不再转动的那一天，一切终归湮灭。可是，有了这样的宇宙观的人并不会消极厌世，因为活着并品尝做事过程本身的"意义"还是有意义的。我们不敢说，在科学的道路上，奋斗了就一定能成功；但我们最有把握地说，奋斗了就一定能体味到人生的意义。① 在此，我们有必要重温保尔·柯察金的名言：

> 人最宝贵的是生命，生命每人只有一次，人的一生应当这样度过：当他回忆往事的时候，他不会因为虚度年华而悔恨；也不会因为碌碌无为而羞愧，当他临死的时候，他能够说：我的整个生命和全部精力，都献给了世界上最壮丽的事业——为解放全人类而斗争。人应当赶紧地充分地生活，因为意外的疾病和悲惨的事故随时都可能结束他的生命。②

对人而言，意义是斩断虚无的利剑，是摆脱碎片化宿命的良方，是使生命获得整体感、归属感的精神黏合剂。在对意义的追问、回答、践履中，人，获得了完整的生命与存在的尊严。

三、"意义"之于教育的意义

意义"指归属于和致力于某样超越自我的东西"。但这其中的超越不是占有，不是吞噬，而是建立在自我存在，即自我自由的基础上的。"每个人的自

---

① 钱冠连. 美学语言学［M］. 上海：华东师范大学出版社，2018：320.
② ［苏］尼古拉·奥斯特洛夫斯基. 钢铁是怎样炼成的［M］. 梅益，译. 北京：人民文学出版社，1995：278.

由发展是一切人的自由发展的条件。"① 自我对意义的追问不是来自外部压力的结果，而是基于自我觉醒的主动追寻。

理解他人所认为的人生意义无益于去寻找属于自己的人生意义，每个人都有自己独特的使命，这个使命是他人无法替代完成的。②

意义之于人类的普遍性正是建立在个体意义的特殊性之上的。任何为伟大事业的献身只有建立在自由选择的基础上，才能获得一种庄严与神圣。所以意义的基石是自由，是人的自由意志。只有把意义建立在这一点上，"意义"本身才获得了意义。意义在接受自由追寻的同时，向自由致敬并维护自由的自由。

这是我们在谈论"意义"之于教育的意义之前必须讲清楚的一个问题。正是"意义"与"自由"，与主体自我的觉醒的不可分性，才赋予"意义"以意义，赋予"作为人最直接的行为，作为最充分表现人性的事业"③（张楚廷语）——教育以意义。

1. 意义为教育校正方向，充实目标

人是教育的目的。作为自由意志体，作为自我与自身相统一的实存者，在其不算太长但也不算太短的人生旅途中，如果没有意义的追问、回答、理解、践履与创生的话，那么人的一生将是空洞的、乏味的、虚无的。只有建构在对意义的追寻上，人本身才获得并体会到存在的意义与尊严。所以，引领人对意义的追寻，是人赋予教育的使命。意义，引领着教育的方向，也充实着教育的目标，而不至于使"人是教育的目的"成为一句空洞的扯淡。

2. 意义赋予教育以尊严

在教育史上，教育曾被赋予这样和那样的目的，成为人们实现其宗教的、政治的、经济的、文化的等教育以外目的的工具和手段，教育沦丧为它们的附

---

① ［德］马克思，恩格斯. 马克思恩格斯选集：第1卷 ［M］. 北京：人民出版社，1995：298.

② 曾光，赵昱鲲，等. 幸福的科学：积极心理学在教育中的应用 ［M］. 北京：人民邮电出版社，2018：137.

③ 张楚廷. 教育哲学 ［M］. 北京：教育科学出版社，2006：229.

庸。正是人自身的解放、人的自由、人自觉地对意义的追寻，赋予了"人是教育的目的"以充实的内容，教育以此获得了不假借于第三者的对人的直接面对的可能，从而获得了与其他社会系统相提并论的地位与尊严——教育就是教育①。

3. 意义赋予教育以深度

当教师对教育的意义，对自己所授学科的教育意义，对自己正在教授的内容在整个知识体系中的位置与联系及其教育意义，对怎样使这样的教育意义在自己学生身上得到实现都有着清醒的认识的时候，他的教育、教学实践就已经注入了研究的态度。②而当教师以这样的态度和方式工作着时，他的工作是专业化的。②钟启泉（2005）认为：学习不是单纯的现成知识的积累，而是从已知世界到未知世界之旅，是经验重建和意义生成的过程。③学习如果只停留在现成知识的积累上，它将只是浅层的，只有在学习知识的过程中推动意义的生成，才能走向深度学习，成为人与文化双重建构的过程④。

四、意义的悬失与追回

意义的生成源自主体自觉的追问与践履。这也意味着意义有被悬置与丧失的可能。意义在两种情况下会出现空洞化，即意义的悬置与丧失。

1. 在主体缺位，自由被漠视甚至被剥夺的情况下意义会丧失

因为主体的"死亡"、自由的丧失使人在工具化中失去了做人的权利，失去了追问意义的权利。一切被当成牲口的奴隶皆属此类。当然除了被剥夺以外，主体自身的懵懂、颟顸即不觉醒状态也同样会导致这种意义的丧失。饱食终日，无所事事；群居终日，言不及义；自暴自弃，玩物丧志都是意义丧失的表现。

2. 在目标错位，精神被忽视甚至被践踏的情况下意义会悬置

一切以权力、金钱等外在性为最终目的的人生设置，都属此类。他们在物

---

① 张楚廷. 教育哲学［M］. 北京：教育科学出版社，2006：15.
② 冯苗. 教育场域中的对话：基于教师视角的哲学解释学研究［M］. 北京：教育科学出版社：172.
③ 李敏. 深度学习：理论与实践［D］. 长春：东北师范大学，2019：32-33.
④ 李敏. 深度学习：理论与实践［D］. 长春：东北师范大学，2019：38.

化他人的同时，也物化着自己。人生的意义对于这些人来说，就是一场笑话，是奢侈而又迂腐的精神笑谈。

意义是人的专利。一切对人的异化——工具化、功利化、物化都会导致意义的悬置与丧失，人最终成了只剩下皮囊的行尸走肉，而无法成人。

异化与教育本是格格不入的。对于教育来说，精神建构是更为根本的，而教育之所以能够促使精神的建构和精神的运动，就在于教育是一种意义生成活动，即在教育中发生着意义的交流。[①] 教育天然与意义紧密相连，教育就是引领精神追寻意义之光的成长之旅。但毋庸讳言，在现实的教育中，应试已经使意义之光日渐暗淡。

应试，教育的工具化、功利化，对精神的漠视导致了意义的沦丧。为应付应试的压力，效率，这个经济学范畴侵入教育教学的角角落落。提高效率，尽可能多地、牢固地掌握知识要点与解题技巧成为教育的主要任务。对意义的追问成了教育的装饰品，只在偶尔要用的时候拿出来演一演、秀一秀。这样意义装饰化的校园，这样意义悬置化的教育，正是产生一代又一代精致的利己主义者的温床。

但，人的成长，人之为人的内在冲动，呼唤意义。不仅担当着个体未来，而且担当着民族与人类未来的教育也同样呼唤意义。当意义几乎被教育遗忘，当教育沉溺于功利而不可自拔的时候，追回意义，重构以意义的追问、回答、理解、建构和生长为核心目标的教育尤其是德育体系，就显得尤为重要和迫切。

而这，正是积极教育、积极德育的核心追求之一。

第二节　价值，积极德育的核心内容

如果说对意义的追问明确的是德育的方向的话，即为什么教，那么对价值的求索解决的是德育的内容问题，即教什么？威斯康星大学的艾伦·洛克伍德教授（1997）认为：品德教育是指以学校为基础并与社区机构合作进行的，

---

① 金生鈜. 理解与教育：走向哲学解释学的教育哲学导论 [M]. 北京：教育科学出版社, 1997：115.

通过直接系统而非相对主义的价值影响去培养学生良好行为的一种教育。[①] 美国"品德教育伙伴组织"（1999）将品德教育定义为：学校、家庭与社区在帮助孩子理解、关心和实践核心伦理价值方面的有意识的努力。[②] 所以说，价值教育，价值观的形成是德育的核心内容。

一、价值的字源

价，繁体为價，篆体为𧶜，形声兼会意字，从人，表示价由人所定，并由人知道。贾，古代买与卖都称为贾。《说文解字》：价，从人，从贾，物直也（直通值）。《孔子家语》中有"孔子为政三月，鬻羔豚者不饰价"。价，形、义都简单明了，且保持稳定。值得注意的是，从人，揭示了价格的真理性，价格表面是对一物的估值，但就其本质而言，反映的是人与人之间的关系。简体"价"，属于重构性简化，但也继承了原字形声兼会意的构字本义。介，中介、介于、介绍，价格是实现某物从原主到新主的中介。

值，篆体为𩇩，形声兼会意。从人，从直。直亦声。《汉字字源》认为：人表意，表示人遇上；直表声，直有直接、面对意，表示相遇。本意是相遇，遇上。[③] 直中含目，𠃌 𥄉，目上一笔表示正面直视。值与价不同，含义较为丰富。《说文解字》：措也。不知何义。《康熙字典》列有三义：一是说文中的措义，举例《诗经·陈风》中的"值其鹭羽"。二是与直通假，举例《史记·宁成传》中的"无直宁成之怒"，这个"直"当与《汉字字源》中所列的"遇上"的义同。三指物价，没有举例。从措到遇上，到价值，这其中意义引申的链条较难构成。但可以肯定的是以"人"为义符，与价以"人"为义符是一样的，表示价值的属人性。

在国学大师网中能搜到含"价值"连用成词的资料是《九卿议定物料价值》，成书于清乾隆年间，"价值"在这里的含义就是指商品的价格。

---

① 檀传宝. 学校道德教育原理 [M]. 北京：教育科学出版社，2015：247.

② 檀传宝. 学校道德教育原理 [M]. 北京：教育科学出版社，2015：248.

③ 窦文宇，窦勇. 汉字字源：当代新说文解字 [M]. 长春：吉林文史出版社，2005. 转摘自国学大师网。http://www.guoxuedashi.com/zidian/ziyuan_3520.html.

二、什么是价值

价值，是一个十分古老的概念与话题，受到历代思想家、哲学家的关注，也因此纷争不已。本书无意于价值观念史的讨论，直接引用黄济于《教育哲学通论》中对马克思主义价值论的介绍。

> 马克思指出：价值这个普遍概念是从人们对待满足他的需要的外界物的关系中产生的。又说价值表示物的对人的有用或使人愉快等属性。在上述两段话中，指出了价值的基本含义，也指出了在价值中反映着主客观的关系，是客体对主体需要的满足。价值评价是对事物的意义评价。也就是说，价值取决于客体，但又不单纯指的是客体，是客体的主体效益，是主体对客体需要所产生的一种关系，评价这种关系的标准是人类的社会实践。①

马克思的价值论第一次将劳动纳入了价值范畴，把人类的社会实践作为衡量价值的客观标准，使价值问题得到了科学的理论基础和实践基础。只有合乎客观真理而又对主体产生效益的东西才能是有价值的，而实践又是检验真理和价值的唯一客观标准。

马克思主义政治经济学认为"价值"就是凝结在商品中无差别的人类劳动。受这一价值概念的启发，从一定程度上讲，一个人的社会价值，取决于他提供的劳动，尤其是创造的劳动性。

但如果我们谈论一个人的人生价值、生命价值的话，则只能隐喻式地使用这一概念。因为，价值虽然因人而起，反映的是交换主体间的客观关系，但主要的却是指向于物也凝结于物，从政治经济的角度讲，是凝聚在商品上，体现了物作为客体对人的满足效益。如果直接以对主体的满足来讨论人生的价值、生命的价值，无异于人的物化、工具化。

事实也是如此，谈论人的价值，不可避免地要涉及人的工具化。从某种程度上讲，人只要进入社会，进入社会分工体系，就不可避免地工具化。坚持

---

① 黄济. 教育哲学通论 [M]. 太原：山西教育出版社，2011：415-416.

"人是目的"的康德，同样并不排斥与完全否定人作为手段的存在。他说，你的行动，要把你人格中的人性和其他人格中的人性，在任何时候都同样看作目的，永远不能只看作手段。① 这里所否定的是"只看作手段"，而不是彻底地否定人性被看作手段。这里的关键不在于是否接受被看作手段，被工具化的宿命，而在于这一过程是建立在自由选择的基础上的，还是被迫发生的；是单向度的，还是双向的交互主体式的。

工具化是人进入社会分工体系的前提与基础，人进行知识与技术的学习，从社会交换的角度讲，无非是增加自己在劳动力市场上的交换筹码。如果这一过程是建立在自由选择的基础上的，是发生在交互主体之间的相互工具化，那么这一过程是可以接受的，是自然的、道德的、合理的。我们所反对的是被迫的、单向度的工具化，这一工具化所导致的是人的异化、物化，是马克思在《1844 年哲学经济学手稿》中深刻分析并坚决反对的劳动的异化。

人是类存在物，自由自觉的活动即劳动，是人的类本质。② 以劳动为核心内涵的价值同样如此，只有建立在人的自由意志基础上的人的价值才值得讨论并为人所接受。基于这一认识，我们同意以下对人的价值的讨论。

> 从价值的内涵上看，价值包括人的意识与生命的双重发展。人本身是价值的根本对象，人即价值本体，人的行为即价值源泉，人的发展即为价值结果。人的发展是人的内在矛盾与外在矛盾的统一发展，是人的意识与人的生命的整体发展，也是人与自然的整体发展，即人内在的自我创造及外在的自然的创造的统一。③

人创造自我世界的一切发展即有价值。价值的核心本质内涵是自由人，人创造自我的存在即为自由人。那么整体地说价值就是自由的实现。只有从建立在自由的基础上对人的价值的确认这么一个角度出发，张楚廷所说的人的自增性是价值生命的自增才是可以理解的。

---

① ［德］康德. 道德形而上学原理 ［M］. 上海：上海人民出版社，1986：81.
② ［德］马克思. 1844 年经济学哲学手稿 ［M］. 中共中央马恩列斯著作编译局，编译. 北京：人民出版社，2018：编者引言.
③ 曾志浩. 国家意识形态安全视域下的核心价值观建构 ［J］. 三峡大学学报（人文社会科学版），2013（7）：11.

> 如果硬要说人有本质的话，其本质即在于他是可获得新的生命的
> 生命，其本质即为可获得价值生命、意义生命，其本质是自增性，但
> 它不是固有的。①

其本质是自增性，但它不是固有的。人的生命价值或说价值生命不是与生俱来的，人只有在积极的创造性的劳动中，才能创造价值。对一个人而言，他为他人、社会提供的创造性劳动越多，就越有价值。

最后讨论一下意义与价值的关系，意义和价值常常连用。从词义上讲，价值与意义的第二层意思，即从事物对其他事物的作用、影响和价值上构成互训。从意义的存在层面的含义，即意义的超越性上讲，意义解决的是人生是为什么的问题，而价值解决的是人生怎样活的问题，人们正是在追求人生价值实现的过程中，获得存在的意义与尊严。所以说，价值从意义而来，人们实现自我价值的过程即追寻人生意义、创造人生意义的过程。

三、教育的价值是什么

对教育而言，这样的价值论述是值得再三重申的。

> 人本身是价值的根本对象，人即价值本体，人的行为即价值源
> 泉，人的发展即为价值结果。

教育除人以外没有其他的目的，人居于教育价值链的顶端。人的价值就是教育的价值，教育的价值体现在帮助人获得价值。所以说，教育的根本价值就在于促进人的发展。

1. 促进自由

我们的教育在一定程度上讲是讳言自由的，仿佛自由是一个大忌。但自由是马克思主义的核心范畴之一，是马克思最为关心并为之奋斗的人生主题、社会主题、人类主题。据张楚廷介绍，在《马克思恩格斯选集》第 1 卷中，仅前 3 篇文章 53 页的文本中，"人"出现了 370 多次，"自由"出现了 27 次，并

---

① 张楚廷. 教育哲学 ［M］. 北京：教育科学出版社，2006：40.

且"人"与"自由"常常联袂而出。

　　人类的类特性恰恰就是自由的有意识的活动。生活本身仅仅是生
活的手段。①
　　文化上的每一个进步，都是迈向自由的一步。②

如果我们承认马克思主义是我们的指导思想，承认社会主义核心价值观是
我们进行价值观教育的指导思想，那么我们就该大声地谈论自由，勇敢地促进
自由，让学生在独立的思考中，在自主的选择、决定、实践中成为自由的生命
存在。如果教育果真以人的发展为自己的价值归依，那么他的第一价值就是：
促进自由。因为——

　　命运与自由之间存在着誓约。只有实现了自由的人，才会真正与
命运相遇。③

2. 唤醒主体

关于主体，本书反复强调的一点是，不管你看见，还是没看见，主体都
在。但主体的在，如果仅仅停留在"是其所是"的"自在之在"，那么并没有
完成自我的"自然的人化"，而成其为人。此在，只有"不断地超越，否定其
'所是'，趋向其'所不是'"④，才能从"自在之在"走向"自为之在"，成
为完整意义上的存在、完整意义上的人。而要实现这一点，关键在于，此在要
懂得并践行如下的真理：

　　人，由于命定是自由的，把整个世界的重量担在肩上，他对作为
存在方式的世界和自身是有责任的。⑤

---

① ［德］马克思，恩格斯. 马克思恩格斯选集：第1卷［M］. 北京：人民出版社，1995：46.
② ［德］马克思，恩格斯. 马克思恩格斯选集：第1卷［M］. 北京：人民出版社，1995：456.
③ ［德］马丁·布伯. 我与你［M］. 任兵，译. 北京：北京联合出版公司，2018：63.
④ 柴凤品，何军民. 自由必须承担责任：萨特论自由和责任的关系［J］. 黔东南民族师专学报，
2001（8）：26.
⑤ ［法］萨特. 存在和虚无［M］. 陈宣良，译. 北京：生活·读书·新知三联书店，1987：708.

主体，只有在承载命定的自由的同时，把责任也扛在自己的肩上，才能走出"自在"，走向"自为"，成为真正的主体。只有热情奔涌，只有为反抗而反抗的生命是不成熟的。所谓主体的觉醒，不只是知道我是我，还知道我不仅仅是我，我还肩负着对他人、社会、民族、国家以及人类的责任。人，作为自为的存在，自由、选择、责任是浑然一体的。所以，如果教育以人为目的，以人的发展为自己的价值，就应该自觉承担唤醒主体的责任，在促进自由的同时，把责任之轭套在主体的脖子上。

3. 培养创造性劳动的能力

教育的价值在人的价值，人的价值在创造性劳动。所以，真正以人为目的的教育一定要走出只传授知识、只注重积累过去已有的知识、只注重训练解题技能的浅层学习的框架，要关注人的创造性，让人得到真正的发展，让更多的人成为有价值的人。在谈及创造教育时，陶行知说：

> 手和脑一块儿干，是创造教育的开始；手脑双全，是创造教育的目的。[①]

手和脑一块儿干，就是劳动。他可能是农耕劳动，也可能是工业劳动，在当下，更应当是与前沿科技——人工智能、5G 紧密相连的创造性劳动。而手脑双全的人，就是健全的人，就是自由的人，就是主体状态蓬勃的人，就是有价值的人。教育同劳动相结合是培养健全的人的基本途径，这其中，最重要的就是同创造性劳动相结合，在这一结合中，教育才能真正实现促进人的发展的价值。

4. 创造美与幸福

冯友兰在《中国哲学史》中提出人生的四层境界，自然之境、功利之境、道德之境和天地之境，除去自然之境作为人生存之基础，后三者可通约为真、善、美。天地之境超越功利之境、道德之境，又将二者涵摄于其中。美，也是如此。李泽厚在《论实用理性与乐感文化》一文中将美学作为第一哲学，指出：（美）作为文化积淀，不但因人而异，而且变化多端。它以"以美启真"

---

① 陶行知. 陶行知教育文集［M］. 成都：四川教育出版社，2017：319.

"以美储善"和"审美优于理知"来实现个体生命的潜能和力量。①

> 里仁为美，择不处仁，焉得知。(《论语·里仁》)

"里仁"之所以令人向往，成为中国人的"幸福之乡"，正在于它美，在于它集真（知）、善（仁）、美于一体。

"予击石拊石，百兽率舞。""帝俊有子八人，是始为歌舞。"七千年前贾湖的骨笛、五千年前陶盆上的人面鱼纹与这些古老的记载一起，告诉我们，刚刚走出洞穴与荒原的先民们就执着地在生活中发现美、创造美、享受美。正是美，去掉了人性的粗粝，成就了人性的圆融。

如果教育以人的发展为价值，那么，美就该是教育最重要的主题之一；创造美，就该是教育价值链条上的重要一环。

> 知识的价值就在于知识可以点化智慧，丰盈精神，从而达到滋养生命的终极价值。②

学生在教师的引领下，进行知识自我建构的教育与学习，其价值更在于此。

> 理想的学习价值形态应是由真、善、美整合统一而通达自由；学习的价值即通过生命的自由。"自由"是指人在处理与客观世界、他人、自我的关系过程中体现出来的求真、求善、求美"三位一体"的生命存在状态。③

作为以人的发展为价值的教育，他的价值就在于促进自由，启发自觉，培养创造性，引领莘莘学子走向美，走向幸福。

---

① 李泽厚. 美学三书 [M]. 北京：商务印书馆，2006：402.

② 冯苗. 教育场域中的对话：基于教师视角的哲学解释学研究 [M]. 北京：教育科学出版社，2011：120.

③ 李敏. 深度学习：理论与实践 [D]. 长春：东北师范大学，2019：39.

四、德育方法论

教育中的价值引领，只有凝结成价值观，才能最终成为人生持久而充沛的精神资源。所谓价值观，是人对事物之于自己重要性的价值排序，是一种对某些目标偏好持久的信念。[①] 科罗拉多大学研究生院教授威廉·斯科特对价值观作了开放性描述：①与生俱来的好：作为最终的目标；②绝对的好：在任何情境下都坚持；③普遍的好：应用于所有人。[②] 这里揭示了价值的先验性、超越性和普遍性。

价值对人有多重要，对教育有多重要，那么价值观教育就对教育、对德育有多重要。价值观教育，教什么和怎么教，涉及两个方面的问题。一是价值观的普遍性和特殊性。毋庸置疑，任何社会都存在主流价值观，而任何价值观只有成为个人的，才能真正成为对个体有意义的精神资源。拒绝价值的普遍性，会陷入相对主义的泥淖，造成价值的混乱。相反，拒绝价值的特殊性，否定个体价值的存在与意义，则会在价值专制中造成自由的丧失（盲目接受普遍的价值）及个体对社会的游离（反抗价值的专制从而拒不接受普遍的价值）。在这一问题上，我们的态度是接受主流价值观的引领，尊重、允许个体价值观的多元并存。问题的关键是，普遍的价值观如何为个体所接受。这就涉及第二个问题：价值观的引领与自我建构。

价值观不同于一般性认知，是复杂的社会性认知。文化最深层次的是价值观，它是文化的核心。[③] 对于一个民族来讲，文化主体性的维持主要通过价值观的代际传递。所以说，价值观教育是一个复杂的系统工程。克里斯托弗·彼得森认为，奖励与惩罚、模仿、持续性认知以及自我审视，都可用于解释我们怎样习得给定价值观。[④]

价值观的引领甚至宣讲是必要的。任何价值观的形成，首先是价值观的抵

---

① ［美］克里斯托弗·彼得森. 打开积极心理学之门［M］. 侯玉波，王非，译. 北京：机械工业出版社，2018：175.

② ［美］克里斯托弗·彼得森. 打开积极心理学之门［M］. 侯玉波，王非，译. 北京：机械工业出版社，2018：176.

③ 曾志浩. 国家意识形态安全视域下的核心价值观建构［J］. 三峡大学学报（人文社会科学版），2013（7）：31.

④ ［美］克里斯托弗·彼得森. 打开积极心理学之门［M］. 侯玉波，王非，译. 北京：机械工业出版社，2018：191.

达，自发的、在生活偶发性事件中的自我学习固然重要，但那不是教育。对于教育而言，要做的是集中的、正面的价值引领。问题在于形式，在于宣讲形式的可接受性，以及宣讲者本身的示范性。任何生硬的、高高在上的价值教育，其效果都会因学习者抵触性情绪的生成而大打折扣。伤害最大的则是教育者本身的言行不一，说一套，做一套，他所带来的不仅仅是反感，更大的可能是价值观的坍塌。

相比宣讲，更重要的是创造情境、机会引领学生进行价值观的自我构建。主体性原则以及最近发展区理论告诉我们，任何价值观教育只有落在最近发展区，对受教育者形成"灵魂的电击"，才能吸引更多的心理资源对教育内容的重视，从而引发关注、参与、接纳、重组等一系列的心理行为，从而推动外在价值观向内在价值观的转变。组织道德两难故事的辩论、讨论偶发性事件的意义、进行自我反思、写道德日记等都有利于学生价值观的自我建构。在这一过程中，教师要做的是成为"有意义的他者"：有意义——宣讲、示范；他者——不强迫，不越位。在师生间的平等对话中，在学生主体的实践中，推动价值观的代际传递，推动价值观的自我生根、发芽，以至长成参天大树。

五、社会主义核心价值观的意义

价值观的危机是一个文明体最大的危机。苏联的解体从一定程度上讲正是源于价值观的解体。对于教育来讲，价值观的危机，来自两个方面：一是社会价值观多元化带来的冲击；二是来自教育内部价值观的异化。

改革开放以来，随着市场经济体制的建立与高速发展，中国的经济基础和社会结构都发生了巨大的变化，由此而导致的价值迷茫与道德混乱在转型过程中几乎是不可避免的。[①] 主要表现在拜金主义、虚无主义、享乐主义等沉渣泛起、弥散到社会的方方面面、角角落落。由此而来的"文化危机""信仰危机"深刻影响着社会主义精神文明建设的进程，也对学校教育造成了深刻的影响。校园腐败、学术腐败、教育腐败等不良现象的出现，从根本上讲都是价值观扭曲、混乱、迷茫的表现。

从教育内部来说，在应试教育中，"人被从功利主义的角度加以评价，按

---

① 曾志浩. 国家意识形态安全视域下的核心价值观建构［J］. 三峡大学学报（人文社会科学版），2013（7）：29.

他的生产能力加以评价。这是人的本质的异化和人的毁灭"①。教育工具化、功利化、技术化倾向以及由此而来的人本身的对象化、物化和异化，深刻影响着学校文化、教育文化的方向和性质，抵消着、解构着学校主流价值观、核心价值观教育的正向影响，导致了师生价值迷茫、道德混乱等深刻的精神危机。

当价值迷茫成为一种普遍社会现象的时候，当精致的利己主义者成为一代青年的标签时，其影响就不仅仅是个体的生活和生存状态，而是一个事关民族、国家的重要事件。核心价值观在理论与实践上的苍白无力，主流价值体系的解体，将深刻动摇着一个民族的文明体系，一个政权的政治根基，其危害是巨大的。正因为社会核心价值体系如此重要，世界上没有一个明智的政权会放弃对社会的核心价值加以主导、对人们精神信念进行濡化，② "每一种意识形态的目标以及达成目标的明确方法不尽相同，但都诉诸群众动员和集体行动来完成其追求的目标。"③

社会主义核心价值观的提出，是党中央在新时期重建价值认同，培育社会共识，形成道路自信、理论自信、制度自信、文化自信，从根本上、长远上维护国家利益、民族利益的战略性举措。社会主义核心价值观是社会主义核心价值体系的高度凝练和集中表达，从本质上讲，是整个社会精神文化的思想内核，是社会主义意识形态大厦的基石。

> 在一个社会里，多元的非核心价值观能增进社会活力，统一的核心价值观能阻止社会分裂。④

在当前学校教育中，我们一方面承认、包容多元价值的存在，同时积极推进社会主义核心价值观教育。

---

① 冯茁. 教育场域中的对话：基于教师视角的哲学解释学研究 [M]. 北京：教育科学出版社，2011：24.

② 曾志浩. 国家意识形态安全视域下的核心价值观建构 [J]. 三峡大学学报（人文社会科学版），2013（7）：29.

③ ［美］利昂·巴拉达特. 意识形态起源和影响 [M]. 张慧芝，张露璐，译. 北京：世界图书出版公司，2010：3.

④ 潘维，廉思. 中国社会价值观变迁 30 年 [M]. 北京：中国社会科学出版社，2008：55.

1. 以社会主义核心价值观培育社会共识

社会主义核心价值观不是凭空产生的，它是对中国人民七十多年建设社会主义过程中形成的文化成果、精神成果和理论成果的高度概括。它来自实践，又高于实践，有着广泛的共识基础。当然社会是复杂的，要把这一共识基础转化为共识现实，需要全社会的共同努力。首先，学校教育要自觉地把社会主义核心价值观教育作为德育工作、课程建设的核心内容，加大思政课改革力度，增强思政课的感染力，使青少年在"拔穗孕育期"得到正确的引领。其次，全社会要加大宣传力度，努力克服在价值判断与选择上"关心与冷漠相容、希望与困惑并存、进取与彷徨相伴、认同与失落交错"的心理，树新风，扬正气，为学校价值观教育创造良好的社会文化氛围和心理支持。

2. 以社会主义核心价值观激活德育资源

有一段时间，我国德育工作出现了目标不明、内容混乱、要求降低的局面。存在着以习惯代德性、以活动代教育的现象。习惯是德性的基础，但不是德性的全部。丰富多彩的校园活动为学生参与集体生活、建立师生友谊、展示个性风采、享受成功的喜悦创造了机会，也有力地促进了学生的成长。但价值观、道德认知是复杂的社会性认知，需要有意识、有计划的教育教学活动的有力支撑，仅仅靠校园活动是无法完成的。社会主义核心价值观的提出，为克服这一混乱局面，建立明确的德育目标、组织丰富的德育内容、开展有序的德育教育提供了纲领性支持，激活了德育资源。

3. 以社会主义核心价值观引领多元价值

社会主义核心价值观本身就具有高度的包容性，是以马克思主义为指导的，中国优秀传统文化、中国革命文化、世界优秀文化等在中国特色社会主义实践中转换、融通、升华的时代成果。社会主义核心价值观对个体多元价值的引领体现在方向引领、精神底色和要素支持。社会主义核心价值观以家国情怀、当代精神和善良品情为个体成长提供精神底色；以三个层次、十二个要素组织的价值体系为个体价值建构提供要素支持；引领着个体多元价值以他人、社会、民族、国家为归依，在为社会提供创造性劳动中成就个体生命的精彩。

第三节　德，积极德育与古老文化的对话[①]

重"德"是中华民族的传统，是中华民族几千年来生生不息，历经劫难仍百折不回，并最终重回世界中心的文化密码。根植于中国大地上办教育，不忘德，接续德，践履德，将"德"种在一代又一代华夏儿女的心中，是教育的应然使命。从某种程度上讲，倡导积极德育的提法本身就是中国的，因此，对话古老文化，是积极德育的扎根之旅。

那么，"德"这个古老的范畴，它的源头在哪？在早期又经历了怎样的变化？这一"德"的形成历程对当前学校积极德育的开展有着怎样的启发呢？

一、德的字源及德的特征分析

"德"在甲骨文中即已出现，从甲骨文到小篆经历了逐渐繁化、规整的演变过程。以下四个"德"字，依次为甲骨文、金文、战国文字和小篆。

"德"字的基本组成部分为：彳、十、目、心，个别含"言""止"。即"德"与外在力量——"十目"、内心状态——"心"、客观行为——"彳"有关。

从构字方法看，"德"具有以下四种特征：

1. 实践性

德不仅仅是道德规范与道德认知，更主要的是道德实践行为。除蔡侯申钟铭文中"德"为"言"旁外，其他的"德"字都是"彳"旁，"彳"，行也。在汉字中，偏旁代表一个字的基本性质。所以说，实践性是"德"的基本特征。

2. 强制性

德不仅是内在的良知，更是外在的规范，具有强制性、义务性。这一强制

---

① 本节见于祝铨云. 古今说"德"[J]. 中小学德育，2015（11）：83-85. 选用时题目、内容有改动。

性来源于宗教信仰（当我们把"十目"理解为天视、天听时）和社会舆论的压力（即《大学》中所说的十目所视、十手所指）。

3. 内在性

德常与"道"相连，组成"道德"。下图依次是"道"的甲骨文、金文、战国文字和小篆。

从字形上看，二者都有"彳"，但道有"首"而无"心"，"德"有"心"而无"止"（个别除外）。所以相比于德，道是外在的，是天道、人道。而德是内在的，是外在规范的内在化。

4. 统一性

从造字方法看，"德"并不是《说文解字》中所说的从"彳""悳"声的形声字，而是会意字，是外在规范与内在良知、主观意志与客观行为的有机统一，也就是"仁"。在金文中，仁有两种写法：

一是二人之仁，二是身心之仁。后一字形多出现在郭店楚简中。所以说"仁""德"对于个体而言是知行合一、身心和谐、情理相融的。

二、德的早期发展——从《周书》到《论语》

李泽厚在论及"德"时指出，"德"的含义经历了四个发展时期：巫师的神奇品质，巫术礼仪的系统规范，君王的行为、品格，个体心性道德。① 在早期，德的概念是变动的、发展的。

1.《周书》《周颂》② 中的"德"

"德"在《周书》《周颂》中十分突出，反复出现。

一是指统治者的政治与宗教品质。"济济多士，秉文之德""皇天无亲，唯德是辅"等，其基本内涵是敬天、保民。

---

① 李泽厚. 由巫到礼 释礼归仁［M］. 上海：生活·读书·新知三联书店，2015：21—28.
② 以下《周书》《周颂》《论语》均选自天津古籍出版社 1988 年出版的宋元人注的《四书五经》。

二是指无正面德行含义的作为中性词的个人品德。如"今商王受，力行无度……秽德彰闻"中秽德之德。

三是指心意。如"同心同德""离心离德"等词中的德。

四是指恩宠、赏赐。"明德慎罚"中德与罚相对，当作此解。

在《周书》中，德常与力、功相对而出。如"大邦畏其力，小邦怀其德""功加于时，德垂后裔""崇德报功，垂拱而天下治"等。显示出，在周初，德与力、功的关系是相辅相成的，具有实用主义色彩。

周初之所以突出"德"，目的在于确定周王朝的合理性和合法性，维护和强化周王室的统治。共同的天神信仰、周文王的人格魅力、王室的权威以及周公的制礼作乐是周初"德"得以顺利推行的重要原因。

2.《道德经》[①] 中的"德"

德是《道德经》中的核心主题之一。与《周书》《周颂》中的德之宗教性、实用性、规范性不同，《道德经》中的"德"更具五大特征：

更具形上与超越性。"生之，畜之，生而不有，为而不恃，长而不宰，是谓玄德。"这既是天德，也是王者必须追慕、仿效的政治品质。"道之尊，德之贵，夫莫之爵，而常自然。"所显示的是道、德对现实的超越性。

更具理性。与周初"德"浓厚的宗教意味不同，《道德经》中的"德"随着"道"的理性化而更具理性色彩，与道的关系更为密切，德是对道的遵守，是道在人间的体现——孔德之容，唯道是从。

更强调内在性，否定德的制度性、规范性。老子反对有为而治，反对社会管理的制度化。正因如此，其心目中的德是对道的遵从，是内心的自由与天真，所以说"故失道而后德，失德而后仁，失仁而后义，失义而后礼"。又说"含德之厚，比于赤子"。

更具辩证性。"上德不德，是以有德；下德不失德，是以无德。""上德若谷，大白若辱，广德若不足，建德若偷，质真若渝。"相比而言，周初的"德"是明晰的，而《道德经》强调外在规范的严肃与内心情感的虔诚的高度统一。

更具包容性。与"德"的明晰性相连的是周初之"德"的严肃性、权威

---

① 选用的是三秦出版社 1995 年出版的陈国庆、张爱东注的《道德经》。

性。但基于"道"的老子之"德"更具包容性——"善者吾善之,不善者吾亦善之,德善。信者吾信之,不信者吾亦信之,德信。"又说"报怨以德",豁达而从容。

3.《论语》中的"德"

孔子主张"为政以德",主张"导之以德,齐之以礼"。同时也开始关注个体的道德建设。《论语》中第一次出现"德"字,即为"民德归厚矣"。与这一美好愿望相比,对于"民德",孔子更多的是无奈——"吾未见好德如好色者也""中庸之为德也,其至矣乎!民鲜久矣""知德者鲜矣"。

孔子的德是理性的,却又是超越的。这一超越不是对此岸的超越,而是对琐碎、平庸与不堪的人生的超越,其指向的是独立不倚、和而不同的君子人格;是对礼崩乐坏、征伐不断的残酷现实的超越,指向的是建立在"仁"上的德政礼治。

如果说老子的"德"是哲学的、洒脱的、自由的、冷静的,那么孔子的"德"则是伦理的、政治的、规范的、温情脉脉的。

所以说,孔子的"德"是对西周的致敬——"周之德,其可谓至德也已矣",是对老子的开拓——"何以报德?以直报怨,以德报德",是对现实的超越——"君子怀德,小人怀土",是对人生的期许——"德不孤,必有邻",是在无宗教背景下使人生值得过的理性选择。

三、对当前学校德育工作的几点启示

当前,我国学校德育建设虽然取得了一定的成绩和进展,但同时也面临着巨大的挑战,如社会思想认识的多元化、道德虚无主义的泛滥等。学校德育建设自身也存在着重认知、轻实践等不良倾向。要解决这些问题,需要政府、社会、学校的共同努力。

1. 凝聚德育共识

基于共同的宗教信仰的社会共识是西周初期道德建设取得成功的重要原因之一。当前,为凝聚德育共识,有必要推进哲学研究,形成对人、人性的共识;推进国学研究,完成传统思想的现代性转换,完成民族文化心理的共构。

就学校德育而言，突出社会主义核心价值观的教育是当前德育工作的重点，也是培育、凝聚德育共识的基本出发点。同时，吸纳传统思想的核心范畴"仁"，以此形成具有民族与时代双重特色的德育共识，为当前的德育工作的深入开展提供认识基础。在这一点上，李泽厚先生提出的"孔夫子+康德"的建构模式值得借鉴与思考。

2. 突出道德的实践性

德的构字方法告诉我们，道德是用来实践的，道德不仅形成于实践当中，其意义与价值也体现于实践当中。

就学校德育而言，首先，要注重养成教育，重塑校园之"礼"。理学主敬，认为德在敬中，而敬又在礼中。因此重塑校园之"礼"，培养学生对师长、对同辈、对事事物物的虔敬之心是德育的基础。其次，要开展丰富多彩的德育校园活动，为学生品德形成创造实践的机会与平台。再次，要加强家校合作，实现品德践行的统一性、连贯性。当前，一些学校举行的集体拜师礼、集体为父母洗脚等活动，徒具形式，且不利于正确德育导向的形成。

对于政府与社会而言，要为学校德育活动的开展提供支持和帮助，一方面，加强与之相关的场所建设，创设有利于德育活动开展的社会氛围；另一方面，要推进学校安全立法，明确学校安全责任的边际，消除学校开展各类活动的后顾之忧。

3. 加强师德、父母之德的建设

西周德治成功的一个重要原因就是文武二王及周公的人格魅力。师德与父母之德的建设对于学生品德养成是不言而喻的。

当然，这里需要指出的是：一是师德与父母之德的建设并不是简单的树立榜样，而在于人格魅力的吸引，在于良好的教育氛围的营造，在于和谐的师生关系、亲子关系的建立。简单地归结于榜样，处处以"榜样"自居，只会令人生厌，触发逆反心理。二是师德建设不是一个简单的制度建设，更关键的是培育教师的"仁爱"之心和君子之风。这不仅需要教师自身加强修养，更需要社会为之营造和谐宽松的成长及工作氛围。对于政府而言，要减少不必要的干预，尊重学校及教师的教育自主权。对社会而言，要多一份理解、宽容。教育差错发生时无理性的不依不饶只会恶化教师心理，影响师德提升。

对于学校德育而言，共识是前提，是基础；实践是重心，是主体；良好的师德与父母之德是熏染，是保证。正如"德"的字源所昭示的，德是内外兼容、情理合一的统一体。学校德育工作也是个系统工程，需要全社会的共同努力。

关注人的生命意义和价值是教育的永恒主题。积极德育之积极，正在于对意义与价值的追寻。在积极德育实施过程中，以社会主义核心价值观为引领，上好思政课，引导好德育实践，激活青少年内心深处对人生意义的叩问、对价值追求的原动力，才能提升幸福成色，促进人生蓬勃。

第五章 对话与实践

——积极课程与教学的方法论

> 教师与学生是课程的有机组成部分，他们才是课程的真正主体和创造者。
>
> ——施瓦布

《礼记》云：乐正崇四术，立四教，顺先王诗、书、礼、乐以造士。春秋教以礼、乐，冬夏教以诗、书。《论语》中有：子以四教，文、行、忠、信。儒家教育又有六艺说：礼、乐、射、御、书、数。西方有博雅教育（Liberal Education），从古希腊、古罗马到中世纪，虽然具体内容有变化，但始终保持着七艺的传统形式，分为三科四学。前者指文法、修辞、逻辑，后者指算术、几何、天文、音乐。

进入现代后，课程作为学校教育的中心受到历代思想家、教育家的关注，各种课程理论层出不穷。从大的角度来讲，基于不同的知识论，有现代主义课程论和后现代主义课程论之分。前者有拉莫斯的实证主义课程论、泰勒的科学主义课程论。后者有布鲁姆、皮亚杰的结构主义课程论，车里霍尔姆斯的后结构主义课程论，杜威的经验主义课程论，奈勒的存在主义课程论，斯腾豪斯、怀特海的过程主义课程论等。小威廉姆·E. 多尔的《后现代课程观》是后现代课程论的经典著作。施瓦布的实践范式课程论同样是建立在对传统科学主义课程批判的基础上的，注重实践价值和动态过程。他认为教师与学生是课程的有机组成部分，他们才是课程的真正主体和创造者。①

除建立在不同知识论范式上的现代主义与后现代主义的对立外，基于课程内容及本体论、方法论的差异，有科学主义课程观和人本主义课程论的对立，人本主义课程论和社本主义课程论的对立。

基于不同的课程论范式，对课程有着不同的理解。建立在现代主义知识观的基础上，在科学主义的课程论中，课程是按照既定目标编制的，课程就是教材、教学大纲、教学计划，教学就是按照程序实施教材的过程，教师必须按照固定的目标组织教学。②

施瓦布是泰勒的高足，却站在实践的基础上反对泰勒的科学范式，建立了实践范式课程论。实践范式课程论指向课程实践过程本身，把课程看作一个由教师、学生、教材和环境四个要素相互作用而形成的有机的"生态系统"，通过这个"生态系统"要素间的相互理解、相互作用，实现对课程意义的"一致性理解"。③

斯腾豪斯认为，课程是帮助教师在课堂上重建他们的知识观，即他们与学生之间的教育资源。④ 基于海德格尔、伽达默尔的哲学解释学的课程理解范式把课程视为一种符号表征（symbolic representation），他们认为，课程是以人的精神建构和生成为终极目的的知识、能力、价值观等载体和体验活动以及由此而不断创生的意义结构，包括以教材、活动、语言等为形式存在的各种意义的表达。作为"文本"的课程，强调教师、学生、文本、情境的整体性，即不是以某一方面为中心，而是在一个平等的基础上的对话过程。⑤

小威廉姆·E. 多尔将后现代课程论建立在皮亚杰、杜威、普利高津、布鲁纳等的建构主义的基础上，他指出，建构主义的课程是通过参与者的行为和

---

① 冯苗. 教育场域中的对话：基于教师视角的哲学解释学研究 [M]. 北京：教育科学出版社，2011：91.

② 冯苗. 教育场域中的对话：基于教师视角的哲学解释学研究 [M]. 北京：教育科学出版社，2011：91.

③ 冯苗. 教育场域中的对话：基于教师视角的哲学解释学研究 [M]. 北京：教育科学出版社，2011：92.

④ 冯苗. 教育场域中的对话：基于教师视角的哲学解释学研究 [M]. 北京：教育科学出版社，2011：112.

⑤ 冯苗. 教育场域中的对话：基于教师视角的哲学解释学研究 [M]. 北京：教育科学出版社，2011：97-98.

相互作用而形成的，不是预先设定的课程。作为一种模体，它自然没有起点和终点，但它有界限，有交叉点或焦点。因此，建筑在模体基础上的课程模式是非线性的、非序列性的，但它由各种交叉点予以界定，充满相关的意义网络。课程越丰富，构建的联系越多，随之意义也就越加深化。①

在课程实施中，多尔认为后现代课程应当发展实践性，利用自组织，将教师权威转入情境之中，通过教育主体间的对话展开。

相对论、量子理论、场域理论、非线性数学等学术范式的转变带来了知识论范式的深刻演变，建立在非线性、非序列、开放、多元、包容等后现代知识论基础上的后现代课程论推动了当代课程范式的根本转变。作为以互联网、人工智能、5G、万物互联等为技术背景的积极教育，将课程自觉地建立在后现代课程论的基础上，从对话、实践等开始，构建自己的课程范式。

第一节 对话，积极课程的交往范式

保罗·弗莱雷认为，没有对话，就没有交流；没有交流，也就没有真正的教育。② 源于哲学的对话理论，为教育理论和实践的发展提供了广阔的思考空间，为打破单一主体模式下教师的话语霸权，消解学生作为应然主体的沉默状态，建构主体间性，建立师生交往范式，提供了理论支持。

一、对话的字源

对，篆体为，一只手拿着点燃的蜡烛，下面的烛座，表示向着的意思。引申为应答，如《诗经》中的"听言则对，诵言如醉"。在金文、铭文中常有"对扬"（对答称扬）的词语。③ 值得关注的是以"手持烛火"为"对"的造字隐喻。在列维纳斯的《时间与他者》中，光作为认识的隐喻，在区分/分隔

---

① ［美］小威廉姆·E. 多尔. 后现代课程观［M］. 王红宇，译. 北京：教育科学出版社，2015：167.

② 冯茁. 教育场域中的对话：基于教师视角的哲学解释学研究［M］. 北京：教育科学出版社，2011：1.

③ 窦文宇，窦勇. 汉字字源：当代新说文解字［M］. 长春：吉林文史出版社，2005. 转摘自国学大师网. http://www. guoxuedashi. com/zidian/ziyuan_ 608. html.

"我与世界"的同时，又以"看见—相遇"①重构了我与世界的联系。

> 光就是那使得某物他异于我（autre que moi），却又好像是来自我处之物。被照亮的客体是我所遇到之物，但它被照亮的事实又说明了，我们遇到它，就好像它来自我们。②

我们无法揣度先民造字的初心，但这隔着千年的智者与智者之间的"暗通款曲"，让我们不得不惊叹先民们造字的智慧、汉字的精妙。对，就是你我在光照中的敞开——就是看见，就是一种可理解性；就是相遇，就是一种情投意合的缘。

话，从简化字看，这是一个极简单的字，从言，从舌。"言"表示语言，"舌"表示说出，会意而成，就是话是口头语言，是言语。但从字源上论起，却有着极为复杂的内涵。话的篆体为𧮱，右边不是"舌"字，而是𠯑（guà）。《汉字字源》的解释是：形声兼会意，小篆从言，表示好的言语；𠯑，挂声，𠯑有塞口意，好话一出则恶话者、假话者语塞。隶书、楷书从言，从舌，表示言从舌出。話简化为话。本义是善言，泛指言语。③

这七曲八弯的，让人脑壳疼。但有一点是可以明确的，话是言语，不是语言。语言是客观化的符号系统，而言语是当下的说出。语言具有客观性、系统性、规范性；言语则具有当下性、随意性和创生性。当然二者不是截然两分的，个体的当下的言语是建立在语言的基础上的，言语是语言的当下使用。正因如此，言语具有的主体性、主观性，是言说者当下的敞开。

对话的英文是"dialogue"，来源于希腊文"dialogos"。它由两部分组成，"dia"的意思是指"通过"或"穿越"；"logos"的意思是"词"。对话意味着"意义的流动"，即意义在个体之间或通过个体而流动，并因此能在群体中萌生出新的理解和共识，从而形成某种"共享的意义"，它能起到保持群体或

---

① 在引文的脚注中，列维纳斯写道：胡塞尔的观看概念已经暗示了一种可理解性。在那里，看（vior）已经是一种人们对其所相遇的客体自身的呈交。
② ［法］伊曼努尔·列维纳斯. 时间和他者［M］. 王嘉军，译. 武汉：长江文艺出版社，2020：45.
③ 窦文宇，窦勇. 汉字字源：当代新说文解字［M］. 长春：吉林文史出版社，2005. 转摘自国学大师网. http：//www. guoxuedashi. com/zidian/ziyuan_ 1031. html.

社会团结一致的黏合剂的作用。①

　　对话，如果从字源、词源的角度讲，就是面对面的言说，就是意义在言说中的流动。

二、对话的哲学

　　马丁·布伯的对话哲学建立在对双重世界的体认之上，这一体认也使"我"具有了双重性，并产生了截然不同的两种关系。

　　　　这个世界对于每个人来说都是双重的，会随着我们视角的改变而改变。我们的视角也是双重的，会因为不同基本词的使用而改变。
　　　　…………
　　　　基本词汇共有两组："我—你"是一组，"我—它"是另外一组。由此可见，"我"也是具有双重性的。因为，基本词"我—你"之中的"我"，与基本词"我—它"之中的"我"，并不是同一个"我"。
　　　　…………
　　　　基本词"我—它"所反映的就是这样一个经验的世界。而"我—你"却塑造了一个关系世界。②

　　"我—它"关系是一种经验的、利用的关系，我主动地利用、经验他者。"我—你"关系则是双方全身心地投入其中，互相把对方视为目的，具有直接性、当下性和相互性。③ 对话在"我—你"之间产生，用以对抗由"我—它"而来的人的对象化、工具化、功利化，消解人与人之间的疏离与冷漠，糅合日益碎片化的人心与存在。

　　1. 什么是对话？

　　对话是心怀对方的转向。关于"我—你"之间对话的含义，布伯在《我

---

　　① 冯苗. 教育场域中的对话：基于教师视角的哲学解释学研究［M］. 北京：教育科学出版社，2011：33.
　　② ［德］马丁·布伯. 我与你［M］. 任兵，译. 北京：北京联合出版公司，2018：1-6.
　　③ 陈爱华. 从哲学到教育：马丁·布伯的对话理论［J］. 南昌大学学报（人文社会科学版），2015（10）：148.

与你》的姐妹篇《人与人》中明确指出：

> 真正的对话——无论是开口说话还是沉默不语——在那里，每一位参与者都真正心怀对方和他人的当下或特殊的存在，带着他与他们之间建立一种活生生的关系的动机而转向他们。[①]

由此可见对话中包含了三种特质：非介质性、相互性、转向对方。所谓非介质性，指不受限于语言、手势等媒介性物质条件。言语并不构成对话的必要载体和条件。相互性则是指"我"和"你"彼此心怀对方，互相敞开心扉，互相体验对方。[②] 所谓转向对方，就是指双方注意的焦点是"你"并以全身心对"你"的告谓作出回应。回应就是对"你"负责。当"你"和"我"对话之时，不但身体要转向"我"，而且灵魂也要转向"我"。

三者之间，非介质性涉及的是对话的载体问题，相互性涉及的是对话的条件问题，"转向对方"涉及的是对话的本质。对话产生于"我"与"你"相遇之际、之间。"我"与"你"缺一不可，分别伫立于对话的两端，唯有"我"和"你"互相转向对方之时，无需媒介，对话即悄然降临。[③] 正如马丁·布伯所说，一切中介物都是阻碍，只有当所有的中介物分崩离析之后，相遇才会发生。只有当关系、当下和相遇出现时，"临在"才会出现。而临在是当下的永驻。

所以说，对话是心怀对方的转向，是精神面对面的相遇，是灵魂心对心的敞开。对话，作为一种态度，是一种积极主动地参与和介入、互动和合作的"意识"。[④] 对话，作为一种行动，是温柔的对视、轻柔的抚摸；是佛祖的拈花一笑，禅门的当头棒喝；是梁祝的十八相送，是罗密欧和朱丽叶的窗前蜜语；是"你"面带微笑地走向"我"，是"我"满怀爱意地走向"你"，是你我在

---

① ［德］马丁·布伯. 人与人［M］. 张健，韦海英，译. 北京：作家出版社，1992：30.

② 陈爱华. 从哲学到教育：马丁·布伯的对话理论［J］. 南昌大学学报（人文社会科学版），2015（10）：150.

③ 陈爱华. 从哲学到教育：马丁·布伯的对话理论［J］. 南昌大学学报（人文社会科学版），2015（10）：151.

④ 冯茁. 教育场域中的对话：基于教师视角的哲学解释学研究［M］. 北京：教育科学出版社，2011：43.

临在中的相互成全。

2. 为什么对话？

为了在"你"中看到"我"，确证"我"，建构"我"，糅合碎片化的灵魂，拉近离散开的"你我"。"诚者，天之道也；思诚者，人之道也。"（《孟子·离娄上》）人，是一种对话的存在。在坦诚的对话中，我你彼此敞开心扉，以洞然相见的心境照见彼此。对话的本质就在于这洞然相见的自"我"中发现"你"和自"你"中发现"我"，在互鉴中互认，在互认中互构。对"我"而言，通过对话，在"自我客观化"中，在体验对方时的"客体映照"中，观看自己，体验自己，以此确证、构建、完成"我"的存在。

高速运转的当下生活，日渐虚拟化的交往行为，在撕碎我们时间的同时，也撕碎我们的双眼与心灵，碎片化日益成为最普遍的生存方式与心灵状态。在这忙碌的生活中，我们常有这样的体验，如果能偶尔得一空闲，约上二三个、四五个好友，哪怕不言不语，只是默默地喝喝茶、下下棋，也会感觉一个完整的"我"重新降临。这就是对话。我们不仅在对话中相互确认，更重要的，我们在对话中保存完整的自己，将碎片化的灵魂重新糅合在一起，把离散开的你我重新拉近在一起。在对话中——

> "我"与"你"的关系是亲近无间的。"我"与"你"之间没有概念体系，没有先验知识，也没有幻觉想象；此间，连记忆本身也转换了模样，从碎片变身整体。[①]

作为本质性的孤独，人，渴望无间的对话，渴望深情的双眸，渴望轻柔的抚摸。巴赫金说，存在就意味着进行对话的交往。[②] 又说，一切都是手段，对话才是目的。单一的声音什么也结束不了，什么也解决不了。两个声音才是生命的最低条件，生存的最低条件。[③]

---

① ［德］马丁·布伯. 我与你［M］. 任兵，译. 北京：北京联合出版公司，2018：13.
② 冯苗. 教育场域中的对话：基于教师视角的哲学解释学研究［M］. 北京：教育科学出版社，2011：175.
③ 冯苗. 教育场域中的对话：基于教师视角的哲学解释学研究［M］. 北京：教育科学出版社，2011：31.

3. 什么不是对话？

对话实质上是一种精神的相遇事件，它以灵魂的相互转向、精神上的相互回应为基本特征。① 所以，没有精神的相遇，没有灵魂的转向，没有真诚的回应，纵使人声鼎沸，也没有对话，没有生成。

单向度的讲话不是对话。在单向度的讲话中，讲话者不关心对方的听、对方的想，只关心自己的讲，关心自己告诉了别人什么，这种不要回应，也没有回应的单向度讲话，不是对话，其间有的只是知识、消息和口水，没有意义的流动，没有精神的转向，更没有灵魂的相遇。虽然面对面，但讲话者要的不是面对面，而是跟随。比如教师们课堂上的讲授、灌输。

看不见对方的交谈不是对话。比如布伯说的装扮成对话的独白。装扮成对话的独白，注意焦点不在对方而在自己。"在其中，即刻就相遇的两个或更多的人各以曲折的、迂回的方式与自己说话，但却想象他们已逃脱了被抛入自己打发时光之境的痛苦"②。交谈中的各说各话，没有交集的抢先发言，自以为是的独断式判断，看似面对面，看似话语横飞，但没有对话。一切不能心怀对方，一切没有灵魂转向的交谈，不管多么热闹，持续时间多么长，都不是对话。

心不在焉的应答不是对话。"哦，知道了。""好的，就这样吧。"看似回应，但头也不抬。等你过后再来找他，他会一脸无辜地看着你，"是吗？你什么时候和我说的？""啊，我说过这样的话呀？哎哟，真对不起。"连道歉中你都能听到一份敷衍。不精不诚，不能动人。一切无心的敷衍都不是对话中的回应。回应就是负责——

> 一只狗看着你，你必须对它的眼神负责；一个孩子抓住你的手，你必须对他的触摸负责；一群人向你走来，你必须对他们的需要负责。③

---

① 冯苗. 教育场域中的对话：基于教师视角的哲学解释学研究 [M]. 北京：教育科学出版社，2011：44.

② [德] 马丁·布伯. 人与人 [M]. 张健，韦海英，译. 北京：作家出版社，1992：30.

③ [德] 马丁·布伯. 人与人 [M]. 张健，韦海英，译. 北京：作家出版社，1992：28.

不负责任的、心不在焉的敷衍只有漠视，只有逃避。虽有应答，但不是对话。对话是精神的相遇，是灵魂的转向。一切无心的交谈，都不是对话。

三、对话的特征

非介质性、相互性、转向对方，作为对话的三种特质，更多是一种哲学上的分析。对于教育而言，我们还需要强调对话的主体间性、理解性和创生性。

1. 对话的主体间性

主体、主体间性是本书的核心概念。本书主张"双主体"，主张主体间性，强调师生双方都是主体，教学是师生双主体以知识为客体的自我知识建构过程。所以，其间的对话，是主体间的对话，而不是任何一方的"独白"。

冯苗在《教育场域中的对话：基于教师视角的哲学解释学研究》中以"抛球—接球"为喻，阐明这一师生对话的主体间性。首先，抛球者和接球者都是主体；其次，抛球者和接球者之间是平等的，合作的；再次，抛球和接球的一方都要认真对待对方；最后，抛球和接球是可连续的过程。[①] 主体间的对话，就是"抛球—接球"，它是平等的、面对面的、心怀对方的、认真的、可持续的合作。在教育教学中，要警惕的，或者说必须解构的是两种独白意识。一是教师以自我为中心的单向度的"话语霸权"。单向度的讲授，简单的是不是、对不对的提问，高分贝的训斥、故意的冷落，都在张扬自我主体的同时压抑着、消解着学生的主体性。二是另一个极端，即佐藤学所说的课堂上学生的"主体性神话"，如不假思索的举手、不顾他人的抢答、上蹿下跳的引人注意，这种伪装成主体性的自我中心意识和行为，破坏着教育的生态，消耗着教育的资源，同样不利于柔和的、倾听的润泽教室[②]的建立，不利于主体间对话的进行。

当然二者之间，更应重视的是前者，教师与学生事实上的不平等、不对等，更需要教师保持一份平等意识的觉醒，建立清晰的平等意识、主体间意识和对话意识，坚持他者理论中的弱者优势原则，充分认识到对话对于学生成长的重要意义——学生正是在师生交往方式中建构着最初的观念，世界的、人生

---

① 冯苗. 教育场域中的对话：基于教师视角的哲学解释学研究 [M]. 北京：教育科学出版社，2011：82.

② [日] 佐藤学. 静悄悄的革命 [M]. 李季湄，译. 北京：教育科学出版社，2014：20-21.

的、价值的，自我的、他人的、社会的，这一切都将积淀成他成长的底色。而主体间对话，无疑是最有利于学生正确"三观"的形成和健全人格的养成的。

2. 对话的理解性

对话是一种交往关系，对话表现为解蔽、敞开，在相互交流中平等交换，互相接纳，从而产生理解，使对话双方在理解中共生共存和共同创造。对话中内蕴着人表达的需要和渴望被理解的需要，理解构成对话得以顺利进行的关键——对话是意义的流动，只有在理解中，才有意义的创生与流转。

理解，需要搁置己见。解构自我性、专注的倾听是理解得以产生的前提。这要求对话双方在清晰地表达了自己的意见后，悬搁思维定式，在专注的倾听中进入对方的语境。

理解，还需要"对应"，找准双方对话的基准。正如孔子所说："中人以上，可以语上；中人以下，不可以语上。"（《论语·雍也》）《学记》中也有"善待问者如撞钟，叩之以小者则小鸣，叩之以大者则大鸣"。这符合最近发展区理论，只有落在最近发展区上的话语才能激起内心的波澜。所以，孔子主张对话时要识人："可与言而不与之言，失人；不可与言而与之言，失言。知者不失人，亦不失言。"（《论语·卫灵公》）

理解，还需要一份耐心。毕竟是两个主体间的对话，对话双方的对立性、对话的差异性和对话的未完成性，都有可能形成理解的阻塞，意义的断流，这需要双方都要有建立对话的耐心。有时，放一放，停一停，未尝不是更有益的对话形式。

3. 对话的创生性

诺姆·乔姆斯基认为，语言的正常使用是一项创造性活动。语言正常使用的创造性是将人类语言区别于任何已知的动物交际系统的基本因素。[①] 对话的创生性就蕴含于这语言使用的创造性当中。

对话的创生性体现在对话中知识的创生。教育对话实质上就是对话主体从对话者各自的前理解结构出发而达成的一种视域融合……教育主体从自身出发与他者建构整体的意义关系，使自身的视野与他者的视域融合，主体双方认知

---

① ［美］诺姆·乔姆斯基. 语言与心智［M］. 熊仲儒，张孝荣，译. 北京：中国人民大学出版社，2015：107.

结构不断改组与重建。毋庸置疑，这一过程不可能是某种预定知识的复制与客观再现，而是新知识与理念的生产与创造。①

对话的创造性还体现在意义的创生。教育之所以能够成就人的精神建构，就在于教育是一种意义生成活动。伽达默尔认为，整个世界的意义不是说被理解后才呈现在理解者面前，而是随着理解的展开"生成"意义。不是说理解发现了这些早已存在于某处的意义，而是随着理解的展开"生成"了意义。②教育对话的生命意义正在于此，通过对话中的理解"生成"意义，以此充实精神，丰盈灵魂。

所以说，对于人而言，对话是一个生成的过程，双方的语言、意见在对话中不断生成，妙语连珠很多的时候是在对话中才能达到的艺术境界，也是一个增值的过程，通过视域融合，实现语言、意见、理解的扩大与丰富——克服双方的语言个别性和意见的私人性。自我在对话中增值，这种增值既是一种自增性，也是一种互动后的双赢。

四、教育场域中的对话

发生在教育场域中的对话，不是通常意义上的作为方法技巧的对话，而是作为对话意识和对话精神渗透于教育场域并能够始终保证教育的开放性、丰富性的对话，是创造意义、生成意义的一种特殊的实践活动。③ 作为一种特殊的而又对人的生存具有着普遍意义的教育场域中的对话，具有着先验性、被动性和悠久的历史。

1. 教育对话的先验性

这里所说的先验性不是形而上的先验，而是指教育对话对教育的先天性、不言而喻的重要性。首先，知识与真理在对话中产生。正如在《理想国》中柏拉图说道，往一个人的灵魂中灌输真理，就像给一个天生的瞎子以视力一样是不可能的。真理，就其本性而言是辩证思想的产物。因此，如果不通过人们

---

① 冯苗. 教育场域中的对话：基于教师视角的哲学解释学研究 [M]. 北京：教育科学出版社，2011：50.

② 冯苗. 教育场域中的对话：基于教师视角的哲学解释学研究 [M]. 北京：教育科学出版社，2011：116.

③ 冯苗. 教育场域中的对话：基于教师视角的哲学解释学研究 [M]. 北京：教育科学出版社，2011：3.

在相互的提问与回答中不断地合作，真理就不可能获得。① 其次，意义和精神在对话中产生。通过对话，人与教育、人与生活建立起意义的联系。正如英文"对话"（dialogue）的词源——"dia"和"logos"所揭示的，对话就是意义的流转。意义的流转只发生在平等主体之间，只有平等主体之间的对话才能发生意义的流转，并在意义的流转中实现精神视域的融合和升华。

2. 教育对话的被动性

这一被动性源于师生双方事实上的不对等性，对话可能会随时因理解的缺位而被阻塞、中止，需通过转换表达方式、降低难度，重新推动对话的进行。佐藤学课堂对话的 IRE 结构②体现了这一教育对话的"被动性"。IRE 结构由"启发—应答—评价"三阶段的循环往复组成。在 A 与 B 的对话中，当以 A 为发起方的对话经历了"启发—应答—评价"后，便开始了以 B 为发起方的"接受或反对—解释—接受或保留"的过程，对 B 而言，这事实上是 B 的"启发—应答—评价"。这是一个不断转换发起方的两阶段的"启发—应答—评价"过程。如果当成一个整体，我们可以看到六个阶段，即"启发—应答—评价—接受或反对—解释—接受或保留"。这六个阶段中的"阶段四"和"阶段六"是对话的旋转门。在阶段四，如果 B 接受 A 的评价，则此轮对话结束；如果 B 反对，则引发解释。在阶段六也是如此，如果是接受，则此轮对话结束；如果是保留，则为师生分头的探索与下一次对话保留了话头。这一随时可能中止与转换的过程，体现了对话的被动性，任何一次对话都必须等得到了对方的明确性态度后才能开始下一轮对话。而接受这一被动性，恰恰是对双方主体性的尊重。所以，佐藤学倡导一种"被动的能动性"。③

3. 倾听，是教育对话的核心环节和中心枢纽

对话和单向度讲话的不同之处，在于单向度的讲话只有知识与信息的传达，而对话则是意义在主体间的流转。而要实现这一意义的流转，对话就不能是单向度的"我说—你听"，而是双向度的"我说—你听"和"你说—我听"的循环往复。正因如此，不是言说，而是倾听构成了对话的核心环节和中心枢

---

① ［德］恩斯特·卡西尔. 人论［M］. 上海：上海译文出版社，2013：10.
② ［日］佐藤学. 课程与教师［M］. 钟启泉，译. 北京：教育科学出版社，2000：110.
③ ［日］佐藤学. 静悄悄的革命［M］. 李季湄，译. 北京：教育科学出版社，2014：20.

纽。没有倾听，对话要么蜕变为单向度的说教，要么中断甚至终止。只有建立在双方认真的"倾听—接收—理解"的基础上，对话才得以继续，意义才得以流转。倾听是建立在对对方主体性的承认与尊重的基础上的，是建立在"爱"上的。

> 缺乏对世界、对人的挚爱，对话就不能存在。对世界的命名是一种创造与再创造的行为，若不倾注爱是不可能实现的。爱同时是对话的基础和对话本身。对话因此就一定是负责的主体要担负的任务，而在控制的关系中，对话不能存在。[①]

在控制的关系中，对话不能存在。所以，教师要打破自己对话语权的偏好，多点俯下身子的平视，多点侧着耳朵的倾听，才能捕捉到学生的各种"声音"，才能在灵魂的转向中、对视中，实现意义的流转。

4. 教育对话有着悠久的历史

教育对话，有着悠久的历史，孔子倡导的"不愤不启，不悱不发"的启发式教学，苏格拉底鼓励的充满思辨理性的"精神助产术"，二者都昭示了"对话"与教育长久以来的共生共在。[②] 不管是《论语》，还是《理想国》，都充盈着师生间的平等对话，充盈着意义的流转。在《论语》中能体现这一对话精神的话语俯拾皆是，其中最精彩的莫过于《侍坐篇》。

> 子路、曾皙、冉有、公西华侍坐。
>
> 子曰："以吾一日长乎尔，毋吾以也。居则曰：'不吾知也。'如或知尔，则何以哉？"
>
> 子路率尔而对曰："千乘之国，摄乎大国之间，加之以师旅，因之以饥馑；由也为之，比及三年，可使有勇，且知方也。"
>
> 夫子哂（shěn）之。

---

① ［巴西］保罗·弗莱雷. 被压迫者教育学 ［M］. 顾建新，赵友华，何曙荣，译. 上海：华东师范大学出版社，2001：38-39.

② 冯苗. 教育场域中的对话：基于教师视角的哲学解释学研究 ［M］. 北京：教育科学出版社，2011：48.

"求！尔何如？"

对曰："方六七十，如五六十，求也为之，比及三年，可使足民。如其礼乐，以俟君子。"

"赤！尔何如？"

对曰："非曰能之，愿学焉。宗庙之事，如会同，端章甫，愿为小相焉。"

"点，尔何如？"

鼓瑟希，铿尔，舍瑟而作，对曰："异乎三子者之撰。"

子曰："何伤乎？亦各言其志也。"

曰："莫春者，春服既成，冠者五六人，童子六七人，浴乎沂，风乎舞雩，咏而归。"

夫子喟然叹曰："吾与点也！"

三子者出，曾皙后。曾皙曰："夫三子者之言何如？"

子曰："亦各言其志也已矣。"

曰："夫子何哂由也？"

曰："为国以礼，其言不让，是故哂之。""唯求则非邦也与？""安见方六七十，如五六十而非邦也者？""唯赤则非邦也与？""宗庙会同，非诸侯而何？赤也为之小，孰能为之大？"（《论语·先进》）

之所以全文引用，不仅仅在于其间充盈着昂扬向上的积极的君子精神，更在于这是教育对话的样板。其间，我们看到了一位循循善诱、平易近人、可敬可爱的老师——"以吾一日长乎尔，毋吾以也。"我不过大你们几岁，不要顾虑我是你们的老师。① 开宗明义，打消学生的顾虑，开启讨论的大门。正因如此，我们看到了子路"率而对曰"。这"率"是草率，又何尝不是直率呢？"吾与点也"。我赞成曾点的想法。当仁不让于师，恐怕这是最好的注脚与鼓励吧。也看到了一个团结和睦、情理相融的精神共同体，一个勇于探索、敢于担当的实践共同体。子路的"为国以礼，其言不让"，自然霸气侧漏；就是仅以"端章甫，愿为小相"为志的公西华，又何可言小呢？——"宗庙会同，

---

① 李泽厚.论语今读［M］.南京：江苏文艺出版社，2010：242. 以下译文均选自该书.

非诸侯而何？"在这段并不长的师生对话中，没有所谓的师道尊严，充盈其间的是师生间的互敬互重，是同伴间的率性真诚；没有颐指气使的权威模样，流盈其间的是平等的精神、自由的学风。

"伐柯伐柯，其则不远。"愿我们以先贤为师，在对话中，重建我们的师生关系，重建我们的精神宇宙。

第二节　实践，积极课程的过程建构

教育从根本上讲是一种追求意义的实践活动。[①] 实践性是积极教育的根本特性，是积极课程实施的基本原则。以主体性实践活动为中心推动教育过程，推动课程实施，是积极教育的基本主张。实践，是一个值得认真研究的课题。

一、实践的字源

实，篆体为𡪄。《说文解字》：实，富也。从宀，从贯。贯，货贝也。从《说文解字》的解释看，"实"是会意字，宀，是房屋（或帐篷）的象形，意为家；贯，货贝也，也就是钱。所谓"实"，简单说，就是家中有钱，所以说以"富"训"实"是妥当的，即家道殷实之"实"。《康熙字典》中列出了"实"的十三条解释。第一条列《说文解字》中的本义，同时指出引申义。《广韵》：诚也，满也。《增韵》：充也，虚之对也。《易·本义》：乾一而实，坤二而虚。宋程颢曰：心有主则实，实则外患不能入。第十条释"实"为"事迹"，《史记·庄周列传》：率皆虚语而无事实。即"事实"之"实"。从"富有"的"殷实"之"实"，到"诚、满"的"充实"之"实"，以至"事迹"的"事实"之"实"，虽然意义在拓展、变迁，但有一点是相通的，即实指的是现实存在的、可验证的，能够"实事求是"的。重"实"，是中华民族的优良传统。循名求实、名副其实、实事求是、实至名归，这一系列成语的背后是中华民族对"实"的追求、看重。孟子的"可欲之谓善，有诸己之谓信，充实之谓美，充实而有光辉之谓大"，将"实"与"善"与"美"相连，则

---

① 冯苗. 教育场域中的对话：基于教师视角的哲学解释学研究 [M]. 北京：教育科学出版社，2011：4.

赋予了"实"以道德的色彩和形上的意义，进一步丰富了人们对"实"的认识。

践，篆体为𧗧。《说文解字》：践履也。从足，戋声。《康熙字典》中列出"践"的五条解释，第一条仍旧是《说文解字》中的本义，同时举例，《礼记·曲礼》，修身践言。注：践，履也。从"践言"词条看，践，有"做到"的意思，也就是说用以训"践"的"履"是动词，履行的意思。一个值得玩味的举例是下面这条，以"善"训"践"——《礼记·曲礼》：日而行事，则必践之。注：践读曰善。疏：践，善也。言卜得吉而行事，必善也。这里的善当然不尽是善良之善、德善之善，更多是好的、吉祥的、成功的意思。但以此释践，隐喻了一种对践行其事的肯定、赞美。

如果把"实"的"充实"义和"践"的"履行"义合在一起看的话，所谓"实践"就是老老实实地去做，力争做到好，做到善，做到美。

中国人历来重实践，且常常与求知相连。"不登高山，不知天之高也；不临深溪，不知地之厚也。"以实践为认识世界的前提条件。"纸上得来终觉浅，绝知此事要躬行。"把实践当成深化认识的方法、路径。"知之愈明，则行之愈笃。行之愈笃，则知之益明。"这是从知行相互促进的角度论述知行的关系，在这里，知、行互为目的，互为手段，人亦在知行合一中走向圆融。

二、实践的哲学

作为一种感性的现实的人类活动，实践是人与外部世界进行物质、能量和信息变换的最基本方式，是人的生命和生产活动的直接存在形式。[①] 实践是马克思主义哲学的核心范畴之一，也是本书的核心范畴之一。本书在阐释"人是实践的主体"、教师的"反思性实践"时曾对"实践"进行了一定的讨论。为夯实本书对"实践"的理解，下面将从马克思主义原著中选取部分文段，进一步深化我们对"实践"的认识。

1. 实践推动了人的意识的形成

关于人类意识的形成，马克思在《德意志意识形态》中写道：

---

① 欧阳康. 马克思实践论思维方式的基本构架［DB/OL］. 光明日报网. http：//www. gmw. cn/01gmrb/2000-05/23/GB/05%5E18429%5E0%5EGMB3-213. htm.

　　"精神"一开始就很倒霉，受到物质的"纠缠"，物质在这里表现为振动着的空气层、声音，简言之，即语言。语言和意识具有同样长久的历史；语言是一种实践的、既为别人存在因而也为我自身存在的、现实的意识。语言也和意识一样，只是由于需要，由于和他人交往的迫切需要才产生。……意识一开始就是社会的产物，而且只要人们存在着，它就仍然是这种产物。……与此同时分工也发展起来了。……分工只是从物质劳动和精神劳动分离的时候才真正成为分工。从这时候起，意识才能现实地想象：它是和现存实践的意识不同的某种东西；它不用想象某种现实的东西就能现实地想象某种东西。从这时候起，意识才能摆脱世界而去构造"纯粹的"理论、神学、哲学、道德等等。①

　　在这段节选的文段中，我们能清楚地看到，一方面，正是实践，推动了人类分工的发展，当人类的物质劳动与精神劳动分离后，人类意识才真正脱离了低级的、动物的意识，成为"纯粹的"人的意识。正因如此，马克思说：人改造自然。另一方面，是人改造人……②

　　2. 实践推动了人类活动范围的扩大，推动了人类历史的发展

　　人类的实践活动不仅改造了自然，改造了人，也推动了人类活动范围的扩大和人类历史的发展。

　　历史不外是各个世代的依次交替。每一代人都利用各代遗留下来的材料、资金和生产力；由于这个缘故，每一代一方面在完全改变了的环境下继续从事所继承的活动，另一方面又通过完全改变了的活动来变更旧的环境。……各个相互影响的活动范围在这个发展进程中越是扩大，各民族的原始封闭状态由于日益完善的生产方式、交往以及因交往而自然形成的不同民族之间的分工消灭得越是彻底，历史也就越是成为世界历史。……由此可见，历史向世界历史的转变，不是

---

① 李成旺.《德意志意识形态》导读［M］.北京：中国民主法制出版社，2018：19-20.
② 李成旺.《德意志意识形态》导读［M］.北京：中国民主法制出版社，2018：25.

"自我意识"、世界精神或者某个形而上学幽灵的某种纯粹的抽象行动，而是完全物质的、可以通过经验证明的行动，每一个过着实际生活的，需要吃、喝、穿的个人都可以证明这种行动。①

在这段选文中，马克思鲜明地指出，历史向世界历史的转变，也即历史的发展，不是"自我意识"等精神性存在的抽象行动，而是物质的、可通过经验证明的行动。也就是说，历史是实践的产物，人类物质的、能动的实践活动推动着人类历史的发展。

3. 实践推动着人类的解放

人类的解放是马克思主义的核心主题，是马克思为之奋斗一生的根本目标。马克思认为，推动人类解放的不是消融在"自我意识"中的哲学、神学、实体和一切废物，而是人类的物质生产和现实生活，即人类的实践。

只有在现实的世界中并使用现实的手段才能实现真正的解放；没有蒸汽机和珍妮走锭精纺机就不能消灭奴隶制；没有改良的农业就不能消灭农奴制；当人们还不能使自己的吃、喝、住、穿在质和量上都得到充分保证的时候，人们就根本不能获得解放。"解放"是一种历史活动，不是思想活动。"解放"是由历史的关系，是由工业状况、商业状况、交往状况促成的。②

所以说，实践是推动人的全面发展、人的解放的根本原因，根本动力。人是实践的主体，也是实践的产物，实践是人的生命存在的最高本质。③ 正因如此，马克思主义哲学要求从实践的角度来理解人，把人看作实践的存在，把实践作为人的生命和存在方式。④

毛泽东创造性地继承和发展了马克思主义的实践论，辩证地解决了认识与

---

① 李成旺.《德意志意识形态》导读 [M]. 北京：中国民主法制出版社，2018：25-26.
② 李成旺.《德意志意识形态》导读 [M]. 北京：中国民主法制出版社，2018：14.
③ 欧阳康. 马克思实践论思维方式的基本构架 [DB/OL]. 光明日报网. http://www.gmw.cn/01gmrb/2000-05/23/GB/05%5E18429%5E0%5EGMB3-213. htm.
④ 欧阳康. 马克思实践论思维方式的基本构架 [DB/OL]. 光明日报网. http://www.gmw.cn/01gmrb/2000-05/23/GB/05%5E18429%5E0%5EGMB3-213. htm.

实践的关系，提出了具有中国特色的实践论。

> 从认识过程的秩序说来，感觉经验是第一的东西，我们强调社会实践在认识过程中的意义，就在于只有社会实践才能使人的认识开始发生，开始从客观外界得到感觉经验。（《实践论》）

人的认识不是凭空产生的，不是先验的存在于人的头脑中的，而是人在实践中，通过感觉获得经验后，逐步形成的。

> 要完全地反映整个的事物，反映事物的本质，反映事物的内部规律性，就必须经过思考作用，将丰富的感觉材料加以去粗取精、去伪存真、由此及彼、由表及里的改造制作工夫，造成概念和理论的系统，就必须从感性认识跃进到理性认识，这种改造过的认识，不是更空虚了更不可靠了的认识，相反，只要是在认识过程中根据于实践基础而科学地改造过的东西，正如列宁所说乃是更深刻、更正确、更完全地反映客观事物的东西。（《实践论》）

实践不仅仅是认识的开始，在经验提纯为理论的过程中，实践也起着重要的作用，能动地推动着人类思维去改造由感觉得来的经验。

> 认识的能动作用，不但表现于从感性的认识到理性的认识之能动的飞跃，更重要的还须表现于从理性的认识到革命的实践这一个飞跃，抓着了世界的规律性的认识，必须把它再回到改造世界的实践中去，再用到生产的实践、革命的阶级斗争和民族斗争的实践以及科学实验的实践中去。这就是检验理论和发展理论的过程，是整个认识过程的继续。（《实践论》）

认识从实践中来，到实践中去，认识与实践不是对立的关系，而是相互促进、相互影响的关系。这就是毛泽东说的，"实践、认识、再实践、再认识""通过实践而发现真理，又通过实践而证实真理和发展真理"。如此科学地解决了认识与实践的关系，将人类认识史、发展史建立在实践的基础上。所以说人类历史不仅是一部能动的认识史，更是一部积极的实践史、改造史。

实践也是康德哲学的重要范畴。同马克思主义更多把实践看成人类的社会实践、生产实践、生活实践，看成人类改造自然、改造社会的实践活动不同，康德更多从道德实践的意义上看待实践。基于人是理性存在的先验性假设：人们发现，在他们自身之内确实存在着一种把他们和其他物件区别开，以至把他们被对象所作用的自我区别开的能力，这就是理性。① 康德提出了三条道德法则，即三条实践理性法则。第一条：你的行动，应该把行为准则通过你的意志变为普遍的自然规律。② 第二条：你的行动，要把自己人格中的人性和其他人格中的人性，在任何时候都看作目的，永远不能只看作手段。③ 第三条：每个有理性东西的意志的观念都是普遍立法意志的观念。④ 三条道德法则分别规定了道德的普遍性、目的性和绝对性。它们既是人类行动的法则，又是人类行动的理想。而要实现这些理想，康德认为，仍然是人类的行动、人类的实践。"要通过我们的行动，把尚未存在的东西变成现实，也就是与实践观念相符合。"⑤

法国著名哲学家、社会学家皮埃尔·布尔迪厄在《实践理论大纲》中，批评了客观主义知识论中知识与实践的脱离，他说："客观主义知识脱离了社会世界的实践知识理论的建构，通过生产社会世界的理论知识，反对社会世界的实践知识所暗含的预先假定，……消极地制造了社会世界实践知识理论的缺乏。"⑥ 布尔迪厄认为：

> 只有用实践所历经验的现象学重建无关的实践以及实践的第一经验的理论（théorie），并同时有一种客观理解和这种知识模式的极限理论与社会可能性条件的理论，来解释所有科学实践操作，我们才能

① ［德］康德. 道德形而上学原理［M］. 苗力田，译. 上海：上海人民出版社，1986：107.
② ［德］康德. 道德形而上学原理［M］. 苗力田，译. 上海：上海人民出版社，1986：73.
③ ［德］康德. 道德形而上学原理［M］. 苗力田，译. 上海：上海人民出版社，1986：81.
④ ［德］康德. 道德形而上学原理［M］. 苗力田，译. 上海：上海人民出版社，1986：83.
⑤ ［德］康德. 道德形而上学原理［M］. 苗力田，译. 上海：上海人民出版社，1986：89.
⑥ ［法］皮埃尔·布尔迪厄. 实践理论大纲［M］. 高振华，李思宇，译. 北京：中国人民大学出版社，2017：197.

走出一直到今天还禁锢着人文社会科学发展的、客观主义与主观主义之间的仪式性的取舍。①

在这段佶屈聱牙的论述中，布尔迪厄对客观唯心主义认识论、主观唯心主义认识论都提出了批评，坚持了马克思主义的实践论。正如法国学者热拉尔·莫热在这本书的总序中所指出的：根植于马克思、韦伯和涂尔干所代表的欧洲社会学传统，以 20 世纪 60 年代法国学术圈为背景，布尔迪厄的作品既是一个延续，也是一个断裂，是对来自不同路径的既得知识的带有批判性的系统化。② 本书还将利用布尔迪厄最为知名的场域理论。

三、教育的实践性

教育从根本上讲是一种追求意义的，真实的、生动的、现实的实践活动。本书已经在"积极教师"的论述中讨论了教师的"反思性实践"。这一部分主要从学习的角度讨论教育的实践性。

1. 学习是特殊实践活动，实践是深度学习的内涵、特征与策略

马克思主义人学理论认为，人是实践存在物，人通过实践使自己成为一种自我创造的主体性存在。人是集"自然存在""社会存在""精神存在"于一体的实践性存在物，③ 学习实质上是个体参与实践，与他人、环境等相互作用的过程，是形成参与实践活动的能力、提高社会化水平的过程。④ 可见，学习是高度自觉自为的特殊的实践活动。

科学技术的进步，社会发展水平的提高，对学校育人水平不断提出新的要求。2014 年，教育部发布《关于全面深化课程改革落实立德树人根本任务的意见》，明确要求"要更加注重自主发展、合作参与、创新实践""开展跨学科主题教育教学活动，将相关学科的教育内容有机整合，提高学生综合分析问题、解决问题能力"。2016 年，中国学生发展核心素养发布，明确提出了以

① ［法］皮埃尔·布尔迪厄. 实践理论大纲［M］. 高振华，李思宇，译. 北京：中国人民大学出版社，2017：197.

② ［法］皮埃尔·布尔迪厄. 实践理论大纲［M］. 高振华，李思宇，译. 北京：中国人民大学出版社，2017：总序.

③ 李敏. 深度学习：理论与实践［D］. 长春：东北师范大学，2019：38-39.

④ 李敏. 深度学习：理论与实践［D］. 长春：东北师范大学，2019：24.

"全面发展的人"为中心的三个方面六大核心素养，如图 5-1 所示。

图 5-1　中国学生发展核心素养

　　三个方面指文化基础、自主发展和社会参与，六大核心素养指人文底蕴、科学精神、学会学习、健康生活、责任担当、实践创新。学生的实践能力、创新能力日益受到重视。与此同时，社会及教育本身，日益不满足于以现成知识的接受、积累为主要内容的浅层学习方式，一种以主体的深度介入，知识的理解性、批判性自主建构与运用为特征的深度学习方式日益受到重视。

　　郭华认为："所谓深度学习，就是指在教师引领下，学生围绕着具有挑战性的主题，全身心积极参与、体验成功、获得发展的有意义的学习过程。"[①]冯嘉慧指出："（深度学习的）学习策略主要包括研究性学习（或科学探究）、多维表征学习、有思考的做中学、主动学习等等。"[②]积极参与、科学探究、有思考的做中学、学习性实践或说实践性学习构成深度学习的内涵、特征和策略。

　　首先，实践是深度学习的主要内涵。胡航和董玉琦认为，深度学习是提倡主动性、批判性的有意义的学习，要求学习者在真实社会情境和复杂技术环境中通过深层次的加工知识信息，主动建立新旧知识间的联系，实现对复杂概念的深度理解，并将所学的知识应用到真实情境中解决复杂问题，最终实现学习者高阶思维能力的发展。[③]"在真实社会情境和复杂技术环境中通过深层次的

　　① 郭华. 深度学习及其意义 [J]. 课程・教材・教法，2016（11）：25-32.
　　② 冯嘉慧. 深度学习的内涵和策略 [J]. 全球教育与展望，2017（9）：3.
　　③ 胡航，董玉琦. 技术促进深度学习："个性化-合作"学习的理论构建与实证研究 [J]. 远程教育杂志，2017（3）：48-61.

加工知识信息"将所学的知识应用到真实情境中解决复杂问题"这两个核心论述，前者就是毛泽东在《实践论》中提到的，在实践的基础上对知识进行去伪存真、去粗取精跃升为理论的过程，后者就是实践本身。深度学习的过程，本质上讲就是毛泽东所说的认识"从实践中来，到实践中去"的过程。

其次，重实践是深度学习的主要特征。张浩、吴秀娟在对比深度学习和浅层学习后指出：深度学习具有注重培养学习批判思维能力、强调信息间的关联与整合、促进知识的建构反思、注重知识及能力的迁移运用、面向问题解决的培养这五个特征。① 后两项就其本质而言就是实践，而前三项也与实践紧密相连。对大多数人而言，书斋中坐不出批判性，只有直接面对对象本身，把知识投入实践中去才能认识到、检验到知识的效用与真伪，提出批判性意见。信息的关联与整合、知识的建构与反思，同样需要在实践中推动与展开。

再次，实践也是实施深度学习的主要策略。高晓宇提出培养学生深度学习的策略主要有：建立积极正确的学习心态，充分利用多种感官进行感知、促进学生的意义记忆、综合运用多种思维能力，加强对学生实践操作能力的培养。② 友善用脑理论也支持这一观念，认为实践有助于深度学习，是推动深度学习的主要策略。这主要体现在友好练脑五原理：一是所做即所学。学生只能记住所学的 14%，却能记住教与他人（即所做）的 92%。二是大脑喜欢通过多种新奇的事物产生联系：意想不到的、非同寻常的事物和活动可刺激并连接触突，因此深度学习要富有创意而不是循规蹈矩。三是行动涉及更多的大脑区域（50% 的脑细胞），它可以内化深度学习：任何动觉联系（kinesthetic connection）都可使大脑功能得到增强，是行动中理性理解的基础，它可以巩固学习，促进工作记忆或程序记忆进入长时记忆。四是情感激发是深度学习的必要条件：大脑的一个主要功能是丢掉无用信息，通过情感激发可以使大脑知道当下做的事情是有价值的。五是适当的失败风险可以增强大脑参与和深度学习：深度学习需要创建一个安全的、支持性的环境，环境中的失败风险得到认可，并成为学习的一部分，以便通过适度的"关注水平（有益焦虑）"提高动机和记忆力。③ 所做即所学、通过新奇事物产生联系、行动涉入更多大脑区

---

① 李敏. 深度学习：理论与实践［D］. 长春：东北师范大学，2019：55.
② 高晓宇. 深度学习及其培养策略［J］. 基础教育研究，2018（1）：9.
③ 祝智庭，彭红超. 深度学习：智慧教育的核心支柱［J］. 中国教育学刊，2017（5）：40-41.

域、激发情感、适当的失败风险，这些都不可能发生在静态的认知性学习当中，只有手脑结合、多感官参与、与现实情景紧密相连的实践性学习才能形成。

实践与深度学习紧密相连，它既是深度学习的内涵、特征，也是主要的实施策略，深刻指向学生的实践能力与创新能力，指向学生发展的核心素养。实践性，是学习的根本特性，学习是高度自觉自为的特殊的实践活动。

2. 重实践，讲究知行合一，是中国传统学习理论的优良传统

学与习，在中国传统学习理论中是一分为二的两个过程，是前后相继的两个环节。学，篆体为𢽾，从构字结构看，分为上下两个部分，上部是书案上教师的两只手正在示范性地操作算筹，下部是观看与模仿的孩子。也就是说"学"是一个教师教习，学生模仿的过程。《兑命》曰："斅學半。"① 指的即这种学的过程中教与学的对立统一性。习，篆体为習，甲骨文中是两只小鸟振翅于鸟巢之上的形象。朱熹在注解"学而时习之"时把"习"训为"鸟数飞也"。从"学""习"的字源分析看，不管是学、还是习从本质上讲都是实践性的，是实践性知识的传授，也是通过操作、实践习得实践性知识的过程。

当然，与学习的初始状态不同，先秦时期的学习，更注重"德"的学习，一是强调学习的内容主要是道德伦理规范，二是强调所学道德伦理知识在日常生活情境中的履践。② 《论语》首章：

> 学而时习之，不亦说乎？有朋自远方来，不亦乐乎？人不知而不愠，不亦君子乎？（《论语·学而》）

《论语》首章以反问的方式，揭示了儒家学习的目的：学为君子；学习的方法：学而时习之；学习的路径：与朋友切磋琢磨。从"君子不器""其身正，不令而行"等论述可以看出，儒家学习的内容，更多是道德规范——子以四教，文、行、忠、信。与德行相关的占三个，行、忠、信。而学习的主要方法是：学而时习之。习，践行，践履先生所教也，即实践。从"行有余力，

---

① 斅（xiào），教导。
② 李敏. 深度学习：理论与实践［D］. 长春：东北师范大学，2019：5.

则以学文"的论述看，德行在先，学文在后，行先知后（这里的先后是时空性的，不是知、行在内在形成机制上的先后关系）。同时，注重"学文"的实用性、实践性。

　　诵《诗》三百，授之以政，不达；使于四方，不能专对；虽多，亦奚以为？（《论语·子路》）

荀子同样重视实践，重视行。"学至于行之而止矣。行之，明也。明之为圣人。圣人也者，本仁义，当是非，齐言行，不失毫厘，无它道矣，已乎行之矣。"行是学的目的，学至于行之而止矣，如果能把自己的所学付诸行，付诸实践，这就可以了。学是为了行，能行就达到了学的目的。圣人之所以为圣人，并不仅在于他聪明睿智，而在于他勇于实践，在现实生活中积极践履天道德行。又说："不闻不若闻之，闻之不若见之，见之不若知之，知之不若行之。"闻、见、知、行，行最有价值。不行，一切皆是空谈。

对知行合一论述最为精到的是王阳明。在辨析徐爱所说的"古人说知行做两个，亦是要人见个分晓，一行做知的功夫，一行做行的功夫，即功夫始有下落"时，他说：

　　此却失了古人宗旨也。某尝说知是行的主意，行是知的功夫。知是行之始，行是知之成。若会得时，只说一个知，已自有行在；只说一个行，已自有知在。[1]（《传习录·徐爱问》）

于此，王阳明直接指出了徐爱把知行一分为二的观点是错误的，"此却失了古人宗旨"，接着托出自己的观念，虽然行知有别，知是主意，行是功夫；知是行之始，行是知之成，但这仅仅是学识上的分辨，落到实践中，二者却是合一的，"只说一个知，已自有行在；只说一个行，已自有知在"。又说：

　　古人所以既说一个知，又说一个行者，只为世间有一种人，懵懵

---

① 王阳明. 传习录［M］. 长沙：岳麓书社，2016：5-6. 下同，不再做脚注。

懂懂的任意去做，全不解思惟（维）省察，也只是个冥行妄作，所以必说个知，方才行得是。又有一种人，茫茫荡荡悬空去思索，全不肯着实躬行，也只是个揣摸影响，所以必说一个行，方才知得真。此是古人不得已补偏救弊的说话，若见得这个意时，即一言而足。（《传习录·徐爱问》）

王阳明指出，古人（即朱熹）之所以这样教人，不是从根源上、形而上学上下结论，而是为了补偏救弊不得已说的话，是教育上的权变，而不是对知行关系的根本性认识。最后，他说：

今人却就将知行分作两件去做，以为必先知了然后能行。我如今且去讲习讨论做知的工夫，待知得真了，方去做行的工夫，故遂终身不行，亦遂终身不知。此不是小病痛，其来已非一日矣。某今说个知行合一，正是对病的药，又不是某凿空杜撰，知行本体原是如此。今若知得宗旨时，即说两个亦不妨，亦只是一个。若不会宗旨，便说一个，亦济得甚事？只是闲说话。（《传习录·徐爱问》）

王阳明严厉地批评了时人不做深入分析，止步于对古人话语的浅层理解，把知、行打成两半的错误做法，指出了这样做的后果：终身不行，终身不知。认为"此不是小病痛"，而是一种根源性的、根本性的错误，是时人德性沦丧的根本原因。最后，王阳明明确地提出了他的根本主张、核心观念：知行合一。

王阳明的"致良知"之所以得到时代的响应，正在于直指了时代的病根，打到了时代的痛处。他之所以坚决地主张"知行合一"，也是为了挽救时人知行脱节、终身不知、终身不行的弊病。本书之所以如此近乎全文的选录、阐述也在于此，在于痛陈当下教育界，教学中"知行脱节"的弊病，修身中"终身不行，终身不知"的颠顸。本书倡导的积极教育之所以再三讨论"实践"这个主题，对教师提倡以"反思性实践"促进成长，对教学主张以"主体性实践活动"为中心组织教学过程，正在于此。若能略一修补时弊，则幸甚至哉。

3. 陶行知的"教学做合一"，一种实践性教育的样板

郭沫若说，二千年前孔仲尼，二千年后陶行知。陶行知先生，是"伟大的人民教育家"、"万世师表"、当代中国教育的"至圣先师"，他创立了完整的教育理论体系，提出了"生活即教育，社会即学校，教学做合一"的主张，为我国教育的现代化作出了开创性的贡献。他创立的"生活教育"，主张的"教学做合一"，推行的"小先生制"，博采众长，兼容并蓄，既吸纳了杜威的民主主义、实用主义教育思想，也继承和发扬了"知行合一"的儒家思想，生动体现了教育的实践性。他所倡导的"行知精神"至今仍旧深刻影响着中国教育界。

"生活教育"是行知先生早期的教育主张，也是他坚持了一生的教育思想。在1930年的全国乡村教师讨论会上，行知先生发表了《生活即教育》的演讲，阐述了"生活即教育"的主张。

> 生活教育，是供给人们需要的教育，不是作假的教育。人生需要什么，我们就教什么。人生需要面包，我们就得受面包教育；人生需要恋爱，我们就得过恋爱生活，也就是受恋爱教育。准此类推，照加上去：是那样的生活，就是那样的教育。①

这一鲜活的主张，是对科举制下严重脱离生活、只教四书五经的传统教育的否定，也是对民国初期象牙塔里的精英教育的批判，启发了、推动了、成就了当时风起云涌的平民教育的思潮与实践。让教育重回它的本色，为生活而教育，开创了中国真正意义上的现代教育的先河。

1931年，行知先生在《师范生》杂志上发表了《生活教育论发凡》，介绍了生活教育的理论源头，开列了生活教育的六条原则：第一条身心同时生长；第二条培养活的能力；第三条由具体经验到融会贯通的智识；第四条扩大活动环境；第五条教学做合一；第六条教师做儿童的游侣、辅导者。② 每一条都与生活有关，都与实践有关。反对身心割裂，提出身心同时生长的基本主

---

① 陶行知. 陶行知教育文集 [M]. 成都：四川教育出版社，2017：226.
② 陶行知. 陶行知教育文集 [M]. 成都：四川教育出版社，2017：247-249.

张，还原了教育的整体性、生命的整体性。活的能力是生活的能力、实践的能力，是对死记硬背的否定。由具体经验起步，就是从实践中来，到实践中去。扩大活动环境，目的正在于让实践在更广阔的空间开展。教学做合一是教育实践性的具体体现，是生活教育的核心做法。教师不是板着面孔的说教者，而是学生学习、生活、实践的游侣、辅导者。对于生活教育的实施，先生反复强调的是做，是实践。

> 在施行"生活教育"时，教育者处处要使儿童亲自动，经历一番，无论使用的是体力还是脑力，使用的是我的智识还是别人的经验，经过一番经历后，本来是模糊的迹象，一定能成为亲知灼见了。①

简而言之，就是教学做合一。教学做合一是生活教育实施原则，是陶行知教育思想的核心主张之一。1931 年 10 月，行知先生在《中华教育界》发表了《教学做合一下之教科书》一文，全面阐述了什么是"教学做合一"。

> 教学做合一是生活现象之说明，即教育现象之说明。在生活里，对事说是做，对己之长进说是学，对人之影响说是教。教学做只是一种生活之三方面，而不是三个各不相谋的过程。同时，教学做合一是生活法，也就是教育法。它的涵义是，教的方法根据学的方法；学的方法根据做的方法。事怎样做便怎样学，怎样学便怎样教。教与学都以做为中心。在做上教的是先生，在做上学的是学生。②

在这段论述中，行知先生以极显白透亮的话解释了什么是"教学做合一"。先从生活立论，指出教、学、做不是生活的三个过程，而是生活的三个方面，分开说是三件事，合在一起说其实就是一件事，那就是生活。由此拓开到教育上，简单明了地指出了如何做到"教学做合一"：事怎么做就怎么学，怎么学就怎么教。以做定学，以学定教，以做为中心，非常鲜明地突出了实践

---

① 陶行知. 陶行知教育文集 [M]. 成都：四川教育出版社，2017：249.
② 陶行知. 陶行知教育文集 [M]. 成都：四川教育出版社，2017：279-280.

在生活中、在教育中的中心地位。正如先生所说，做是中心，为此，他详细论述了什么是"做"：

> "做"是劳力上劳心。因此，"做"含有下列三种特征：（一）行动；（二）思想；（三）新价值之产生。
>
> 一面行，一面想，必然产生新价值。①

其实三个方面，用一句话说，就是行知先生的"劳力上劳心"。以此解释"做"，以"做"为教育的中心，打破了教育千百年来在劳心、劳力上的分野、分割与分裂，重建了教育的整体性、生命的整体性，真正开创了"人"的教育。为郑重其事，让世人明了"做"的重要性，先生从反面立论，说：

> 不做无学；不做无教；不能引导人做之教育，是假教育；不能引导人做之学校，是假学校；不能引导人做之书本，是假书本。在假教育、假学校、假书本里自骗骗人，是假人——先生是假先生，学生是假学生。假先生和假学生所造成的国是假国，所造成的世界是假世界。②

这段话于今听来，仍旧振聋发聩，值得我们警醒。为推行"教学做合一"的主张，不仅让教师，也让学生明白这其中的道理，行知先生还亲自己编写了许多通俗易懂的歌谣。下面这首《人生两个宝》至今仍脍炙人口。

> 人生两个宝，双手与大脑。
> 用脑不用手，快要被打倒。
> 用手不用脑，饭也吃不饱。
> 手脑都会用，才算是开天辟地的大好佬。③

---

① 陶行知. 陶行知教育文集［M］. 成都：四川教育出版社，2017：280.
② 陶行知. 陶行知教育文集［M］. 成都：四川教育出版社，2017：280.
③ 陶行知. 陶行知教育文集［M］. 成都：四川教育出版社，2017：314.

行知先生的"教学做合一"既继承了"知行合一"的传统，又高于"知行合一"的传统，不再把知、行仅仅局限在道德领域，把"行"只看成是道德的践履，而是把"教学做"与生活紧密相连，不仅仅拓展了教育的空间，同时也还原了教育的真实性、整体性，将教育的实践性提升到了一个前所未有的高度，回应了时代的需要，推进了中国教育尤其是基础教育向现代教育的转型，为整个中国的现代化作出了卓越贡献。于今，仍应得到我们的尊敬。

"小先生制"是行知先生的创造。这虽然是行知先生为解决当时教育普及问题提出的一个权宜之计，却生动体现了先生对儿童的尊重以及"在教中学，在学中教"的行知教育思想，既包含了行知先生对民族、对民众的一片深情，也闪烁着创造性的智慧的光辉。"小先生制"的推行办法，于今已经没有实在的意义了，但"小先生制"的益处——（一）以所学转教他人，自己便容易记忆；（二）自幼即教人，为服务社会的实际工作①——仍旧值得我们思考。"小先生制"的做法对于当下的合作性学习仍有启发意义。

教育的实践性讨论到此，本书的一个核心范畴，学生的"主体性实践活动"到了该澄清的时候了。学生的"主体性实践活动"其本质内涵就是陶行知先生说的"做"，就是"在劳力上劳心"，就是手、脑、心结合。先生在《"做学教合一"的总解释》一文中有关"做"的解释对于我们明确学生"主体性实践活动"的含义有着重要的启示性。要点如下：

1. （"做"）就是在"劳力上劳心"。单纯的劳力，只是蛮干，不能算是"做"；单纯的劳心，只是空想，也不能算是"做"。真正的"做"只是"在劳力上劳心"。

2. 做什么事，用什么器官。……耳、目、口……一起分工合作。中国教育普通的误解：用嘴讲，便是"教"；用耳听，便是"学"；用手干，便是"做"。这般一来，不但是误解了"做"，也误解了"学"和"教"了。

3. "做学教合一"，有个公共的中心，这个"中心"就是"事"，就是实际生活。②

---

① 陶行知. 陶行知教育文集［M］. 成都：四川教育出版社，2017：330.
② 陶行知. 陶行知教育文集［M］. 成都：四川教育出版社，2017：214-215.

先生所列甚多，本书看来，最重要的就是这么三条。第一条是关于"做"的最基本的认识。第二条既是对依感官把教、学、做分开来看的错误观念、做法的批评，又体现了对多感觉统合的主张，即分工合作。第三条最富启发性，指出了"做学教合一"得以实施的平台与载体，即事。在教育教学上来讲，可看作以生活为背景的问题的解决。由此，我们认为，学生的主体性实践活动是学生主体基于以生活为背景的问题的解决，多感官统合参与的，手、脑、心相结合的，探究性、操作性、体验性的学习活动。这要求我们在教育教学中：

（1）尊重学生的主体性，不要越俎代庖。

（2）积极创设以生活为背景的问题，为学生的主体性实践活动提供相对完整的实施情景、对象。

（3）多感官参与。虽然知行先生不否认单一器官的活动是"做"，但在实际的学习生活中，长时间地使用单一器官不利于学生的成长。以生活为背景的问题的解决也不是单一器官能够胜任的。

（4）活动具有探究性、操作性、体验性。单一的听讲，简单的"是不是""对不对"的问答不是主体性实践活动。

这里还需要解决两个问题，一是学生的书面练习是不是主体性实践活动。解决问题式的书面练习是，抄抄写写不是。以解决问题为内容的书面练习是主体性实践活动，但不是唯一的、全部的实践活动。要努力克服以书面练习为唯一的实践活动，以书面练习代替综合性实践活动的不良倾向。二是文科类学习中的主体性实践活动较难界定，因为参与的感官较少。本书认为，在文科类学习中，学生主动探究知识、运用知识的活动都是主体性实践活动，但单一的听讲、背诵、抄写不是。

本书之所以如此反复地讨论实践的问题，就在于实践之于人类的重要性，正是实践，推动着人类的发展。对于认识和教育而言，也是如此。沙漠里长不出青松，头脑里长不出知识。只有在劳力上劳心、手脑心结合的实践中才能获得经验，形成理论，认识真理。培养学生的实践能力、创新能力，这一提法、目标反复出现在党和国家关于教育的重要文件当中，这既是人全面发展的需要，也是中华民族伟大复兴的需要，更是构建人类命运共同体、实现人类可持续发展的需要。而不管是实践能力，还是创新能力，都要从手脑心结合的实践中来。所以说，重实践是积极教育的核心思想，以主体性实践活动为中心组织课程实施是积极课程的基本主张，积极课程致力建构的是"实践中接触世界，实践中学习知识，实践中运用知识"的以实践为中心的课程实施链条。

第三节　课程的节律，积极课程与教学的实施

对话是心怀对方的转向，是精神面对面的相遇，是灵魂心对心的敞开，是意义在主体间的流转。实践是推动人的全面发展、人的解放的根本原因、根本动力，是人的生命与生活本真的存在方式。以对话重构师生的交往方式，以学生的主体性实践活动重构课程实施过程，是积极课程为实现以"人的全面发展"为目的和核心内容的教育价值作出的重要转向。课程范式转变的前提是知识论范式的转变，因此，在讨论积极课程与教学的实践方式之前，有必要展开知识论的讨论，为课程论的阐述廓清理论场域。

一、知识论，清场与重构

知，篆体为**𰀁**，会意字，由矢、口组成，表示语言像箭一样射出，击中事物。一定程度上讲，知，就是给事物命名的过程。人在给事物命名中，将自己与世界分开，并表示对事物的识别和意义的"占有"。知，从本质上讲，就是一个用语言构建意义世界的过程。《说文解字》：知，词也，从矢，从口。识（識），本义是认识标记。本字，戠，篆体为**𰀂**，立戈以标其帜，从音以正其名。后叠加言旁，繁化为識。《说文解字》：常也，从言，戠声。所谓"常"就是经常看见，一听其名就知道是什么。从字源看，知识是对事物的命名与标记，是认识成果的语言化表达。在西方，从词源学上考证，"知识"来自希腊语"gnoo-knowledge"。"gnoo"这个词根在希腊语里有三层含义：①私人的，亲切的；②记忆的，专家意见；③系统的，科学的。[①] 柏拉图认为：一条陈述能称得上是知识必须满足三个条件，即它一定是被验证过的，正确的，而且是被人们相信的，这也是科学与非科学的区分标准。知识是人类对物质世界以及

---

①　汪丁丁. 记住"未来"[M]. 北京：社会科学文献出版社，2001：7.

精神世界探索结果的总和，但至今也没有一个统一而明确的界定。

索尔蒂斯曾经说："我们如何思考知识，确实在相当程度上影响着我们如何思考教育。"① 对知识的不同理解，深刻影响着课程论的走向。后现代主义把知识论分为前现代的、现代的、后现代的。其中，对现当代课程论发展与课程建设影响最为深远的是现代主义知识论和后现代知识论。

1. 现代主义知识论及对课程的影响

线性的、统一的、可测量的以及可确定的，是现代主义知识论的主要特点。多尔在《后现代课程论》中选取现代主义知识论形成的两个焦点人物笛卡尔、牛顿，详细论述了现代主义知识论的形成与特点。

笛卡尔从怀疑一切出发开始他的"游戏"，只接受最适宜的，拒绝所有并非"完全确定的"，只相信那些"无可置疑"的，将自己与"即便只有一丝怀疑的"任何事物都拉开距离。这体现在他为指导理性、追寻真理设计的四种方法论规则上。

规则之一：只接受那些"清晰而显然地"呈现于心灵面前而自明的真理。

规则之二：将每一困难之处"分成尽可能多的部分"以寻找更容易的解决方法。

规则之三："以有序的风格思维"，像几何学家一样沿着"推理的长带"逐步推进，从"最简单和易于理解的"出发过渡到更为复杂的原理。

规则之四：复习前面所有的内容以"确信没有遗漏任何东西"。②

牛顿在他的《数学原理》中写道："我将这一作为哲学的数学原理奉献出来，因为哲学的全部内容似乎都存在于其中。"这句话体现了牛顿关于自然及其规律的形而上学观。在这一观点中，自然在简单对称的统一性之中是美丽的，暗含于这一对称性之中的是适用于数学描述的必要的、线性的、因果的关

① 冯苗. 教育场域中的对话：基于教师视角的哲学解释学研究 [M]. 北京：教育科学出版社，2011：134.

② [美] 小威廉姆·E. 多尔. 后现代课程观 [M]. 王红宇，译. 北京：教育科学出版社，2015：30.

系。16—17世纪数学、物理学的进步，使量化事件、活动和经验成为可能。牛顿对这一进程的极大贡献在于找到了一个公式——F=G，以此排列物体之间的相互吸引，测量将宇宙聚在一起的"力量"。这意味着苹果从树上落下和行星围绕太阳旋转的原理是同一个——单一的统一性弥漫着整个宇宙。①

牛顿的形而上学观和宇宙观不仅深刻影响了科学的进程，也对社会科学形成了深刻的影响，为社会科学提供了因果预测性、线性序列性和封闭（或发现）方法论的基础。②

16—17世纪以来科学的巨大进步，不仅塑造了西方自我中心主义的自负，也奠定了现代主义课程概念基础的自负——我们只允许一种类型的认识：理性的、确定的认识。③ 这一认识深刻影响了现代主义课程的建立与发展。其中，受其影响最大的是泰勒的科学主义课程。这集中体现在泰勒的课程规划的四个重点上。

（1）学校应该试图达到什么教育目标？

（2）要提供什么教育经验以便达到这些目标？

（3）如何有效组织这些教育经验？

（4）我们如何确定这些目标是否达到？④

总体上看，泰勒的四个重点是笛卡尔"在科学中正确运用理性并追求真理"一般方法的变化。学习在这两种模式中都被局限在一个封闭的系统——局限于发现预先存在的、已知的事物。⑤ 在现代主义知识论、科学主义课程论中，知识是从客观世界中发现的，是绝对客观的、完美无缺的、静止稳定的、终极封闭的。知识是独立于经验之外的客观实在，因此，学习就是通过重复回忆与机械训练积累知识的过程，⑥ 是一个可以通过有序的、有效的经验积累逐

---

① ［美］小威廉姆·E.多尔. 后现代课程观［M］. 王红宇，译. 北京：教育科学出版社，2015：34-35.

② ［美］小威廉姆·E.多尔. 后现代课程观［M］. 王红宇，译. 北京：教育科学出版社，2015：35.

③ ［美］小威廉姆·E.多尔. 后现代课程观［M］. 王红宇，译. 北京：教育科学出版社，2015：33.

④ 泰勒：《课程与教学的基本原理》，转摘自［美］小威廉姆·E.多尔. 后现代课程观［M］. 王红宇，译. 北京：教育科学出版社，2015：52.

⑤ ［美］小威廉姆·E.多尔. 后现代课程观［M］. 王红宇，译. 北京：教育科学出版社，2015：31.

⑥ 李敏. 深度学习：理论与实践［D］. 长春：东北师范大学，2019：75.

步实现预设目标的过程。

2. 后现代知识论与课程启示

数学的、经典物理学的发展启示了现代主义知识论，启示后现代主义知识论的是生物科学的发展，自组织（self-organization）、耗散结构、生态平衡、间断性进化（punctuated evolution），以及复杂性理论等概念对后现代主义知识论、课程论形成了深刻的影响。

多尔在《后现代课程论》中概述了后现代的特点。开放性、折中性和多重性。开放性是后现代框架的根本特点，它源于耗散结构的开放性。耗散结构只有保持对外界的开放性，不断与外界进行物质、能量和信息的交换，才能克服熵增原理，维护结构的平衡。折中性正如詹克斯所言：多元主义是我们这一时代的"主义"……我们必须对传统予以选择和组合……将那些过去与现在之中对当前工作最有关的要素折中起来。① 解释的多重性用詹克斯的话来讲就是"双重编码"，后现代面对过去是为了在未来的观点中编织过去的痕迹。②

多尔强调后现代课程的建构性和非线性特点，将后现代课程建筑在建构主义知识观上。建构主义知识观认为：知识是在与外部世界相互作用的基础上建构起来的，是相对客观的、开放的、发展的、动态的。知识的本质是人的建构物，是适应环境的产物。人和经验是知识的必备前提。它来源于客观世界，但并不直接来源于客观世界本身。因此，知识具有两大特性，即主观性和相对客观性。一是知识的主观性本质。它基于人的经验，为了人的存在，在人的认识中，还要基于语言形式来表达。二是知识的相对客观性（不同时空，不同经验背景），是指知识与它的基础（经验）的一致和符合程度。不同群体（不同经验背景）具有不同的知识评价。知识的客观性只是"此群人的客观性"或"主体界定性"。③

建构主义知识论告诉我们：课程与教学不是一个知识"灌输—接受"的过程，而是一个师生共同努力进行"知识创生"的过程，是通过交互性对话、主体性实践活动建构个体知识结构和认知方式的过程。在这一过程中，学生自主建构个体化的知识结构，创生出一种情境化的、可灵活提取运用的"条件

---

① ［美］小威廉姆·E. 多尔. 后现代课程观 [M]. 王红宇，译. 北京：教育科学出版社，2015：9.
② ［美］小威廉姆·E. 多尔. 后现代课程观 [M]. 王红宇，译. 北京：教育科学出版社，2015：9.
③ 任长松. 探究式学习——学生知识的自主建构 [M]. 北京：教育科学出版社，2005：79-85.

化"的个体知识。它的目的不是打造知识容器，扩张知识积累，而是形成一个运用自身的知识结构解决客观情境中存在的各类问题的，积极适应环境、主动改造环境，创生个体存在意义的能动主体。

在这一过程中，意义通过学习者新旧经验间反复的、双向的相互作用过程建构而成。每个学习者都是以自己原有的经验系统为基础对新的信息进行编码，建构自己的理解。而且，原有知识又因为新经验的进入而发生调整和改变，所以学习并不简单的是信息的积累，它同时包含由于新旧经验的冲突而引发的观念转变和结构重组。①

正是建立在建构主义知识观上，多尔突破传统的 3R 模式，提出了后现代课程的 3S 模式，确立了后现代课程的 4R 课程标准。

二、从 3R 到 4R，后现代课程观

3R 是一个现代主义课程模式，即读（reading）、写（writing）、算（arithmetic）。3R 十分简洁地概括了学生（早期）所应习得的被认为是最基本、最重要的文化。然而，作为一种模式，它主要是停留在知识层面，它着重体现的是工具理性。至少，它太单薄了，虽然它可以被阐释得更厚实。3R 强大而脆弱。② 说它强大，到现在为止，它仍旧统治着我们的课程，尤其是基础教育阶段的课程，仍旧是中小学生必须掌握的三项基本技能。说它脆弱，仅以读、写、算，也许应付得了前工业社会、工业社会的生存与生活需要，而对于历经工业革命、信息技术革命，已进入人工智能时代，世界日益一体化的当下来说，已无法满足一个人正常的生存与生活的需要。

基于对时代特征的洞察，多尔在《后现代课程论》中文版序中提出了与 3R 相对的 3S 后现代课程实施模式。

> 我们相信，我们正不可改变、无以逆转地步入一个新的时代，一个后现代的时代。……当我们向这一时代前行之时，我们需要将科学（science）的理性与逻辑，故事（story）的想象力与文化，以及精神

---

① 李敏. 深度学习：理论与实践［D］. 长春：东北师范大学，2019：22.
② 张楚廷. 课程与教学哲学［M］. 北京：人民教育出版社，2003：125.

（spirit）的感觉与创造性结合起来。①

3S 即科学、故事、精神。张楚廷在比较 3R 和 3S 后认为，3R 是结构的，3S 是超结构的，但 3S 不是对 3R 的革命，而是对后者的补充。3R 结构清晰，相对独立，但缺乏内在的联系性，对课程的具体实施也缺乏方法论的指导。而 3S 之间有着内在的联系。"学习什么？（science 是其一）以什么方式学？（story 便是形式之一）透过这些内容、运用这些方式，能不能学到更宝贵的东西？（例如 spirit）"② 将科学、故事、精神并列，在一定程度上讲意味着即使是科学课程，也可以用故事的形式讲述，并体现出精神来。

对于 3S，多尔只在中文版序中提及，没有展开论述，在《后现代课程论》中多尔详细论述的是后现代课程的四条标准，即 4R——丰富性（richness）、回归性（recursion）、关联性（relations）、严密性（rigor）。③

丰富性。这个词是指课程的深度、意义的层次、多种可能性或多重解释。为了促使学生和教师产生转变和被转变，课程应具有"适量"的不确定性、异常性、无效性、模糊性、不平衡性、耗散性与生动的经验。

回归性。回归性由再次发生的词义而来，通常与数学的循环运算相关。在课程上，更多指一种反思的能力——通过反思自己的思想从而以某种方式将自身与自己所知道的区分开来。多尔认为，这种"回归性的反思"是后现代转变性课程的核心，是杜威、皮亚杰、怀特海所提倡的过程。

关联性。对后现代课程而言，有教育与文化两个方面的联系。在教育方面指课程结构的内在的联系。这些联系通过"回归性"发展课程的深度。在此，"做"和"做中的反思"推动着课程变得越来越丰富。在文化方面，文化的联系的观念产生于诠释的宇宙学——强调描述和对话是解释的主要工具。

严密性。后现代框架吸收了现代主义不具有的解释性和不确定性，要求

① ［美］小威廉姆·E. 多尔. 后现代课程观［M］. 王红宇，译. 北京：教育科学出版社，2015：中文版序.

② 张楚廷. 课程与教学哲学［M］. 北京：人民教育出版社，2003：126.

③ 以下内容参见［美］小威廉姆·E. 多尔. 后现代课程观［M］. 王红宇，译. 北京：教育科学出版社，2015：181-189.

"不要过早或最终以一种观点的正确而结束，而是将所有的观点投入各种组合之中"。在此，严密性意味着有目的地寻找不同的选择方案、关系和联系。多尔认为，严密性是四个标准中最重要的，它防止转变性课程落入"蔓延的相对主义"或感情用事的唯我论。

罗秋明认为，3S、4R 比较突出地表现出后现代主义课程的基本理念，主要体现在：课程目标的不精确性、生成性和创造性；课程内容的丰富性、开放性和建构性；课程建构的过程性、自组织性和解释性；课程实施的反思性、启发性和隐喻性；师生关系的平等性、合作性和民主性；课程评价的形成性、动态性和情景性。①

多尔通过对现代主义知识范式的批判与否定，重构了"心灵"的隐喻，心灵不再是白板、黑箱、信息加工器，而是人类意识、目的性、思维、创造性、想象力；不再是对自然的被动反映，而是人类采取赋予生活经验以意义和用处的方式积极解释和转变概念的能力。基于这一观念，多尔构建了他的后现代课程的乌托邦。在这个乌托邦里，没有人拥有真理，而每个人都有权利要求被理解。在这里，师生关系是平等的、民主的、开放的、互动的、共同的会话是构建课程的关键，会话侧重过程而非结果。②

三、节奏，怀特海的过程主义课程论，积极课程与教学建构的一个启示

怀特海的过程主义课程论是多尔后现代课程论的思想源头之一。但与多尔试图超越怀特海不同，积极课程与教学更乐意靠近怀特海的过程主义课程论——这个有着一半现代主义血统的课程理论，以此为启示建构自己的课程实施链条。

1. 怀特海的过程理论

怀特海的过程主义课程论，来自他的宇宙论，他的"过程的原则"。怀特海相信自然的最终构成不是固体微粒而是"进化过程的结构"。

---

① 罗秋明. 3S 与 4R：多尔的后现代课程论 [J]. 江西科技师范学院学报，2004（10）：117-119.
② ［美］小威廉姆·E. 多尔. 后现代课程观 [M]. 王红宇，译. 北京：教育科学出版社，2015：原编者序.

实体如何形成的方式构成了实体是什么的内容；为此对实体的两种描述不是独立的。它的"存在"由它的"形成性"所组成。这是"过程的原则"。①

正是这一"过程论原则"，奠定了他的过程主义课程论的哲学基础。在儿童观上，怀特海与杜威、皮亚杰步调一致，相信"学生的心灵是成长着的有机体"，而且相信"通向智慧的惟一通道是面对知识的自由"。这一引文的后半部分代表怀特海思想的关键要素：成长和智慧发生在自由所能给予的创造机会与我们从学科中获得的知识之间达成的平衡之际。为此，自由应该"面向知识"而存在。为了对此予以平衡和统合，怀特海发展了他的"教育韵律"——渲染（游戏）、精确（掌握）和概括化（抽象）。②

所谓教育的节奏（即上文的"韵律"，翻译用词不同），怀特海认为，是在教育实际中要用的原则。指"在学生心智发展的不同阶段，应该采用不同的课程，采用不同的学习方式"③。

在《教育的目的》中，怀特海把智力成长的节奏分为三个过程：浪漫（romance）阶段、精确（precision）阶段和综合（generalisation）运用阶段。④

浪漫阶段。浪漫阶段是开始有所领悟的阶段。儿童直接地懵懂地面对若隐若现的大量内容，不知所措又异常兴奋。这一兴奋是从他们所接触的单纯事实——由开始认识事实间未经探索的关系的重要意义而带来的。怀特海认为，这一阶段的大脑最初的纷繁复杂的骚动与掌握精确知识以及学习的成果一样重要。没有这一阶段对事实的广泛且普遍的模糊认识，精确阶段的分析会变得毫无意义。

精确阶段。精确阶段代表了一种知识的积累。在这一阶段，关系的认识让

①　怀特海：《过程与实在：宇宙论研究》，转自［美］小威廉姆·E. 多尔. 后现代课程观［M］. 王红宇，译. 北京：教育科学出版社，2015：149.

②　［美］小威廉姆·E. 多尔. 后现代课程观［M］. 王红宇，译. 北京：教育科学出版社，2015：15. 原文如此，这与怀特海在《教育的目的》中的论述是有所不同的。在《教育的目的》中，怀特海把教育的节律分为：浪漫阶段、精确阶段和综合运用阶段。

③　［英］怀特海. 教育的目的［M］. 庄莲平，王立中，译. 上海：文汇出版社，2012：23.

④　以下内容参见［英］怀特海. 教育的目的［M］. 庄莲平，王立中，译. 上海：文汇出版社，2012：28-30.

位于系统阐述的准确性。这是文法和规则的阶段，包括语言的文法和科学的原理。在这一阶段，要使学生一点一点地接受一些特定的分析事实的方法。这一阶段按照条理化、系统化获得其他一些事实——文法知识、科学概念、科学原理，对浪漫阶段的一般事实作出揭示和分析，从而获得精确化的知识，形成解决问题的技能、能力。

综合运用阶段。怀特海认为这一阶段是黑格尔所说的理论综合，是在增加了分类概念和有关技能之后的又重新回归浪漫——运用所学的知识与技能解决现实生活中存在的问题。这是精确训练的目的，是最后的成功。

怀特海非常重视知识的综合运用，把不能运用的知识称为死的知识，认为综合运用阶段的本质是脱离那种被动训练的比较被动的状态，进入积极主动应用知识的自由状态。① 他说：

养成习惯去积极地利用已经透彻理解的原理，才是真正地拥有智慧。②

怀特海的教育的节奏不是一个单一的结构，而是一个循环往复的类似于俄罗斯套娃的复杂结构。不仅整个的成长过程可以看成一个巨大的循环周期，每一个成长阶段也有自己的小的循环周期。就整个的成长过程来讲，浪漫阶段覆盖了儿童前十二年（从出生到小学毕业）的学习生活，精确阶段包含了初、高中阶段的整个学校教育，综合运用阶段是从少年迈向成人的阶段。就某一阶段来说，同样如此。以幼儿期为例，幼儿最初的浪漫阶段体验，是他开始了解物体以及物体间内在联系。儿童智力发展的外在表现形式是把自己的身体行为和心理感知完美地协调起来。他的精确阶段的第一步，是掌握口语，使其成为一种工具，来对他感兴趣的物体进行分类并去加强与其他人的情感联系。他的综合运用阶段的第一步，就是把语言作为一种媒介，用来对物体分类，并增加在认知事物过程中产生的快乐。③

---

① ［英］怀特海. 教育的目的［M］. 庄莲平，王立中，译. 上海：文汇出版社，2012：51.
② ［英］怀特海. 教育的目的［M］. 庄莲平，王立中，译. 上海：文汇出版社，2012：51.
③ ［英］怀特海. 教育的目的［M］. 庄莲平，王立中，译. 上海：文汇出版社，2012：30.

某一项能力的形成，也存在着这样的节奏。就语言而言，11 岁之前是浪漫阶段，这时教育最应该做的就是引导儿童大量阅读，积累丰富的语言素材，获得丰富的情感体验。12—15 岁是精确阶段，开始语法学习，获得精确的表达能力。15 岁后是综合运用阶段。在这一节奏中，任何一个阶段的不到位，都会影响下一阶段的开展和最终的语言能力的形成。就科学来说，15 岁之前是浪漫阶段，通过大量的自己观察、自己实验，形成丰富的感性认识。高中与大学是精确阶段，准确掌握科学概念、原理和学术规范。大学后进入综合运用阶段，运用所学科学知识解决实际生活中的问题，或进行创造性的科学研究，开创新的研究领域，丰富人类的科学认知。

从某种程度上讲，怀特海的这一教育的节奏与毛泽东《实践论》中"实践—认知—实践"的结构有着异曲同工之妙。

2. 体会与我们的建构

首先，要重视教育的节奏。教育的失败在一定意义上源自节奏的丧失或失调，不按儿童的成长节奏施教。而教育的成功则来自对儿童发展规律的遵守，形成了与儿童发展节奏相协调的教育节奏。在以上对儿童发展节奏的论述中，除大的成长周期节奏外，某项能力的形成节奏值得我们重视，它和最佳发展期（关键发展期）理论有着相通之处。

> 最佳发展期理论认为，人的某些认知能力的形成，当错过最佳发展期后就很难发展到他应有的水平甚至无法发展。2 岁前没有见到过阳光的孩子可能就会终生失明，12 岁前没有听到任何语言沟通的孩子可能一辈子也无法掌握一种语言能力。[1]

同时又比这一阐述更为精细，详细论述了如何把握最佳发展期，通过有节奏的教育活动，帮助学生形成相应能力。怀特海十分重视教育的节奏，他批评道：旧教育的弊端在于对单一的无明显特征的科目给予无节奏的关注。……无节奏地收集一些知识的碎片。他呼吁：

---

[1]　陶新华. 教育中的积极心理学［M］. 上海：华东师范大学出版社，2017：6.

我们要努力在学生的心灵中纺织一幅和谐的图案，把对学生直观理解来说各有其内在价值的不同教学内容，调整到各个从属的循环周期中去。我们必须在合适的季节收获合适的作物。[①]

同时，浪漫、精确、综合运用的三阶段也与最近发展区"暗通款曲"。浪漫阶段相当于扩大最近发展区，使其更好地接受精确阶段的知识建构。而精确阶段的知识建构只有落在最近发展区中才能得以顺利完成。知识的综合运用是最近发展区的巩固，以及新的生长点的寻找与形成，一步步扩大最近发展区，实现人的发展。

对积极教育来讲，在积极课程与教学中，要打破固有的、封闭的课程知识系统，从课程的设计、实施到评价都主动地与儿童发展的节奏建立联系，根据最佳发展期安排学习内容，根据发展的节奏采用适当的学习策略，使教学更多地落在学生的最近发展区中，在教学节奏与成长节奏的和谐共振中描绘出最美的成长图景。

其次，重视实践。怀特海不仅重视在浪漫阶段通过大量的与外界的直接接触获得丰富的第一手材料，重视知识的综合运用，在精确阶段也同样重视实践——他说的自由训练。他说："通往知识的唯一途径是在获取有条理的事实方面的训练。"而这一训练应该是自主的，自由的。

在一个完美的具有理想结构的教育体系中，其目的应该是使训练成为自由选择的自发的结果，自由则因为训练而得到丰富的机会。自由和训练，这两个原则并不对立，应该在孩子的生活中得到调节，使之适应其个性发展的自然变化。[②]

他认为，这种自由与训练的调节就是教育的节奏，而旧教育的失败就在于忽略了这种节奏的重要意义。对于积极教育来讲，注重教育的节奏，协调教育节奏与儿童发展节奏的关系，在积极课程与教学的建构中，突出实践，以学生

---

① ［英］怀特海. 教育的目的［M］. 庄莲平，王立中，译. 上海：文汇出版社，2012：31.
② ［英］怀特海. 教育的目的［M］. 庄莲平，王立中，译. 上海：文汇出版社，2012：43.

的主体性实践活动为中心建构课程的实施链条是理性的选择。课程实施链条是一个从实践中来、到实践中去的循环结构，如图 5-2 所示。

图 5-2　积极课程实施链条

（1）浪漫：实践中接触世界。在与外界的直接接触中获得大量的、丰富的感性经验，为精确阶段的学习提供素材与经验基础。

（2）精确：实践中建构知识。在对以生活为背景的问题的探究性、操作性、体验性活动中形成、深化对概念与原理的理解，实现知识的自我建构。

（3）综合运用：实践中运用知识。在实际生活中运用、检验、内化所学知识，形成缄默性知识，为下一次学习寻找新的问题生长点。

四、走出浅层学习，引入与推进深度学习

应试教育的主要弊端在于过分关注现成知识的积累，强调接受性学习和反复的习题演练，忽视开放性的知识建构过程，忽视批判性思维能力的培养，忽视情感性因素的生成与影响，使学生始终处于浅层学习状态，从而不利于学生批判、运用、想象、创造等高阶思维能力的形成以及身心的和谐发展。如果说上段通过对怀特海过程主义课程论的引入，解决的是整个课程实施链条的建构的问题的话，那么本段通过深度学习理论的引入，着重解决的是精确阶段的问题，即知识的理解、批判性思维与创新能力培养的问题。深度学习理论建立在素质"冰山模型"的基础上。

1. 素质"冰山模型"，深度学习的理论基础

美国著名心理学家麦克利兰于 1973 年提出了一个著名的素质"冰山模

型"。所谓素质"冰山模型"，就是将个体素质的不同表现形式划分为表面的"冰山以上部分"和深藏的"冰山以下部分"，如图5-3所示。

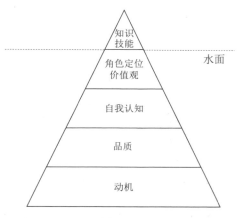

图5-3　素质"冰山模型"

麦克利兰把人的素质分成六个层面：

①知识（knowledge）：指个人在某一特定领域拥有的事实型与经验型信息。

②技能（skill）：指结构化地运用知识完成某项具体工作的能力，即对某一特定领域所需技术与知识的掌握情况。

③社会角色（social-roles）：指基于态度和价值观的行为方式与风格。

④自我概念（self-concept）：指人的态度、价值观和自我印象。

⑤特质（traits）：指个性、身体特征对环境和各种信息所表现出来的持续反应。特质可以预测个人在长期无人监督下的工作状态。

⑥动机（motives）：指在一个特定领域的自然而持续的想法和偏好（如成就、亲和、影响力），它们将驱动、引导和决定一个人的外在行动。

其中第①②项属于"冰山以上部分"，大部分与学习、工作所要求的直接素质相关，我们能够在比较短的时间使用一定的手段进行测量。既可以通过考察能力的一些具体信息来测量，也可以通过培训、锻炼等办法来提高这些素质。

第③④⑤⑥项属于"冰山以下部分"，往往很难测量和准确表述，又少与学习、工作的内容直接关联。只有个人的主观能动性变化影响到学习、工作时，这部分对学习和工作的影响才会体现出来。考察这些方面的东西，每个考察者有自己独特的思维方式和理念，但往往因其偏好而有所局限。教育学、管理学及心理学有一些测量手段，但往往因为复杂不易采用或测量而效果不够准确。

这六个层面分属于人的认知领域、人际领域和自我领域。浅层学习一般只涉及认知领域，而不考虑人际领域、自我领域。与之不同的是，深度学习则考虑这三个领域六个层面素质的培养。

祝智庭和彭红超基于认知科学，提出了智慧教育中深度学习能力的冰山模型，如图 5-4 所示。①

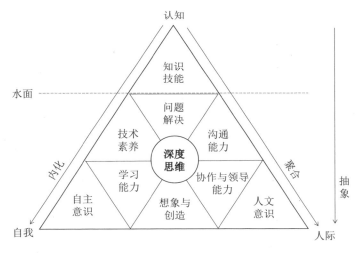

图 5-4 深度学习能力的冰山模型

在这一模型中，水面之上的是知识与技能，水面之下的是以深度思维为核心的问题解决能力、技术素养、学习能力、沟通能力、协作与领导能力、自主意识、想象与创造、人文意识，分属于认知、自我、人际三个领域。自上而下，按三个领域逐步增大的顺序排列，从认知到自我，能力逐步内化；从认知到人际，能力逐步聚合。具体来讲，知识与技能主要针对核心学科内容以及读写算等基本技能，属于"会学"层面的能力。问题解决能力属于"会做"层

① 以下内容参见祝智庭，彭红超. 深度学习：智慧教育的核心支柱 [J]. 中国教育学刊，2017（5）：42-43.

面，包括发现问题、分析问题、解决问题。沟通能力包括两层：有效沟通，善于社交。前者包括口头、书面等表达能力，后者则包括善于察言观色、感知与理解他人心理、自身言行具有感染力等。技术素养包括媒体素养、信息素养、ICT 素养。① 上述四类中，知识与技能容易培育，可监测，处于水平线以上；后面三类较难监测，处于水平线以下。深度思维属于"会思"层面，包括理解力、分析力、综合力、概括力、抽象力、推理力和判断力，特别是审辨思维（critical thinking），已成为各界公认的核心素养。学习能力包括两层：学会学习、乐于学习。前者属于"会学"层面，后者属于"乐学"层面。协作与领导能力是学生能够与他人讨论、协商制订团队目标、规划并协同作业，必要时能够展现出一定的领导力的素养。自主意识主要是与自我发展相关的意识，包括应变意识、自我监管、安全意识、健康意识和自我保护意识。想象与创造属于"会创"层面，它是指具有丰富的、新奇的想象力，且能依据这些想象力，形成具有创新意义的思想观念、理念方法，并将其转化为有价值的精神或物质产品的能力。人文意识主要是指社会文化意识，包括人文底蕴、社会责任、国家认同、国际理解、全球共善等。

从会学到会做、会思、会创，层层递进。冰山以上是显性知识，冰山以下是缄默知识。深度学习，不仅关注显性知识的形成，更关注缄默知识的形成。

2. 深度学习的内涵、策略

郭华认为，所谓深度学习，是指在教师的引领下，学生围绕着具有挑战性的学习主题，全身心积极参与，体验成功，获得发展的有意义的学习过程。在这个过程中，学生掌握学科的核心知识，理解学习的过程，把握学科的本质及思想方法，形成积极的内在学习动机、高级的社会性情感、积极的态度、正确的价值观，成为既具有独立性、批判性、创造性又具有合作精神、基础扎实的优秀的学习者，成为未来历史实践的主人。②

---

① ICT 素养是指信息与交流技术（information and communication technology，简称 ICT），指个体恰当地利用数字技术以及通信工具获得、管理、整合、评价信息，建构新知识，为有效参与社会生活而与他人交流的兴趣、态度和能力。

② 郭华. 深度学习及其意义 [J]. 课程·教材·教法，2016（11）：27.

与浅层学习相比，深度学习与浅层学习有以下八个方面的区别，如表5-1所示。[①]

表5-1 深度学习与浅层学习之比较

指标	深度学习	浅层学习
记忆学法	强调理解基础上的记忆	机械记忆
知识体系	在新旧知识之间建立联系，掌握复杂概念、深层知识等非结构化知识	零散的、孤立的、当下所学的知识，且都是概念、原理等结构化的浅层知识
关注焦点	解决问题所需要的核心论点和概念	解决问题所需要的公式和外在线索
投入程度	主动学习	被动学习
反思状态	逐步加深理解，批判性思维，自我反思	学习过程缺少反思
迁移能力	能把所学知识迁移到、应用到实践中	不能灵活运用所学知识
思维层次	高阶思维	低阶思维
学习动机	学习是因为自身的需要	学习是因为外在压力

从以上比较不难发现，深度学习不仅关注知识与技能的学习，同时还注重知识与技能的运用、迁移，注重反思能力、批判性思维能力以及学习动机等自我领域素质的培养。不仅考虑"教什么"，还注重"怎么教"。与浅层学习相比，即使在知识与技能的学习中也体现出巨大的优势。通过强调理解新旧知识之间的内在联系（即最近发展区理论的运用），克服浅层学习中的碎片化、片段化、浅层化的不良倾向，不仅有利于学生高阶思维能力的形成，也通过主动学习动因的建立，促进学生健全人格的养成。

在深度学习实施策略上，近年来，国内外展开了积极的探索，形成了基于知识建构、基于问题解决、基于反思等不同进路的深度学习过程模型。[②] 基于本书的自身特点，即对以生活为背景的问题解决的主体性实践活动的强调，在

---

① 张浩，吴秀娟. 深度学习的内涵及认知理论基础探析［J］. 中国电化教育，2012（10）：7-11.
② 李敏. 深度学习：理论与实践［D］. 长春：东北师范大学，2019：84-97.

此，着重介绍张立国等的基于问题解决的深度学习一般过程模型，如图 5-5 所示。①

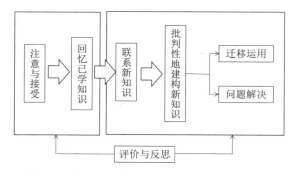

图 5-5 基于问题解决的深度学习一般过程模型

该模型由三部分组成。第一部分包括"注意与接受""回忆已学知识"两方面内容，以此激活最近发展区。第二部分包括"联系新知识""批判性地建构新知识""迁移运用、问题解决"三个方面。其中，"迁移运用、问题解决"是并列的两个环节，是判断是否发生深度学习的关键。前者不一定是指在非良构的真实环境下的知识的运用，而后者却多指真实复杂环境下运用知识解决一个具体的真实的问题，层次上高于前者。第三部分"评价与反思"贯穿于学习的全过程。

这一模型与本书强调的即使在知识的精确化学习阶段，也要注意与实践相结合，注意设置以生活为背景的问题情境，引导学生开展探究性、操作性、体验性的学习活动是相通的，值得借鉴、运用。

3. 深度学习与积极心理学，我们的选择与建构

深度学习与积极心理学所创导的幸福理论 PERMA（积极情绪、投入、人际关系、意义和目的、成就）有着较大的契合度，同样强调积极情绪、主动的意义学习，通过理解、迁移解决现实生活中存在的问题是取得成就的主要途径。

首先，注意积极关系的建立。深度学习的三大领域（认知领域、人际领

---

① 张立国，谢佳睿，王国华. 基于问题解决的深度学习模型 [J]. 中国远程教育，2017（8）：27-32.

域、自我领域）中"人际关系"是深度学习的重要领域，强调学习过程中的同伴互助、小组合作，通过组建助学群组"不断挖掘交互深度、拓展交互宽度，扩大交互对象范围，促进有效交互的发生，从而使深度学习良性循环"①。

其次，深度学习有利于智慧人才能力的形成，有利于成就的取得。

祝智庭在深刻研究了深度学习与智慧教育后，认为深度学习能力与智慧人才能力高度契合，如表5-2所示。②

表5-2　深度学习能力与智慧人才能力比较

维度	深度学习能力	智慧人才能力
知识	掌握核心学术内容	掌握基础知识
技能	协同作业 有效沟通（书面、口头）	善于协作，善用技术 善于沟通
能力	学会学习 审辨思维与复杂问题解决	善于学习 善于解决复杂问题 善于研判、善于创造
品性	发展与维持学术意念	心灵手巧、人格美好、务实创造

虽然从对比上，智慧人才能力高于深度学习能力。但从学习的过程来看，深度学习是促进智慧人才能力形成的基本方式、路径，可作为智慧教育的核心支柱，支撑智慧教育培养智慧人才的梦想。而在竞争日益激烈的当下，拥有智慧人才能力更利于获得成功，取得成就。

再次，人生幸福也同样是深度学习的目标之一。为深度学习而教，引导学生对知识进行深度加工，以问题解决为中介，创生个人知识，知识才能通过学生的主动操作活化为学生的精神力量，转换为学生认识世界的方式，学习的过程才能成为学生生命成长的过程；学习才能走向可持续发展，真正实现融会贯通、学以致用，并真正内化为人生智慧，进而使人生幸福。③

所以说，开展深度学习是基于积极心理学的积极教育的必然的、理性的选择。在这一过程中，要注意以下几点。

①　李敏. 深度学习：理论与实践［D］. 长春：东北师范大学，2019：56.

②　祝智庭，彭红超. 深度学习：智慧教育的核心支柱［J］. 中国教育学刊，2017（5）：42.

③　李敏. 深度学习：理论与实践［D］. 长春：东北师范大学，2019：83.

首先，以"对话"激活深度学习。理解能力、批判性思维、问题解决能力等是深度学习的核心要素。其中，理解不是简单的接受，它需要多问几个"为什么"；没有"不同意"就没有批判性思维；问题解决不仅需要知识与技能的精确掌握，也需要发散性思维，需要联想和想象。这些都只有在民主的、平等的师生关系中才可能发生，只有在心怀他人的、灵魂转向的、精神相遇的、意义流转的"对话"中才可能得以养成。

其次，以"实践"推进深度学习。最近发展区理论认为，只有当外在影响处于最近发展区之内时，它才能取得最好的影响效果。而最近发展区并不是一成不变的，[①]它会随着经历、经验的增加而不断发展。从某种意义上讲，一个人的成长就是最近发展区不断扩大的过程。复杂的外在环境、丰富的经历经验是促成这一扩大的主要原因。对于深度学习而言，不断扩大的最近发展区既是它的结果，也是它的原因，二者相互促进。就原因来讲，浪漫期的建立在实践基础上的与外界的大量接触是促使其扩大的原因之一。就结果来讲，有着复杂背景的问题的解决过程最利于这一心理最近发展区的扩容、增强。所以，从实践中来，在实践中学，到实践中去，是积极课程与教学所主张的深度学习的主要模式。

最后，深度学习的推进并不是对浅层学习的简单排斥。一方面知识的巩固需要适当的机械训练。应试教育的问题不在于有浅层学习，而在于只有浅层学习。对于学习而言，适度的浅层学习是必要的。另一方面并不是所有孩子都适合或说能胜任深度学习的。适度地开展浅层学习，有助于这一部分学生获得应有的成长。

五、合理化，与认知方式、性格优势等个体特性的匹配

不管是教育节奏，还是深度学习，都存在一个"匹配"的问题。教育节奏与成长节奏的匹配，有利于儿童的健康成长。对于深度学习来讲，只有当课程和教学方式与个体的认知方式、性格优势等个体特性相匹配时，才会出现好的、有效的深度学习，从而利于个体在认知、人际、自我等领域都得到较大的发展。

但在现存的班级授课制下，由于资源和精力的限制，完全从个体特性出发

① 任俊. 写给教育者的积极心理学 [M]. 北京：中国轻工业出版社，2019：128.

为每一个学习者设计个性化学习干预方案几无可能。在现有教育形态下，不可避免地存在着"个性的就是最好的，但个性的却又是最难的"的尴尬局面。如何破解这一尴尬局面、突破这一困境，对每一个教育工作者来讲都是一次巨大的挑战。

教育信息化进程的推进，大数据、5G、人工智能等新技术的推广运用，为这一问题的解决创造了契机。本书在此介绍祝智庭教授的"基于微文化模式的个性化解决方案"①。

1. 基于微文化模式的个性化学习适配处方模型

这一成果建立在 Plant 的微文化模式上。Plant 在《个性与文化模式》（*Personality and the Cultural Pattern*）一书中提出，一个人个性的形成是与个人成长中的文化模式密不可分的，文化模式的改变影响个性的发展。个人学习的认知过程与课程文化模式适应过程是相辅相成的。在整个课程文化圈当中，个人的认知过程也是根据自己的学习需求形成个人模式的过程；与此同时，个人模式也将为整个课程文化模式注入新鲜的血液。

基于大数据文化的教育策略框架和微文化模式与个性化学习的分析，祝智庭研究小组提出了基于微文化模式的个性化学习适配处方模型，如图5-6所示。

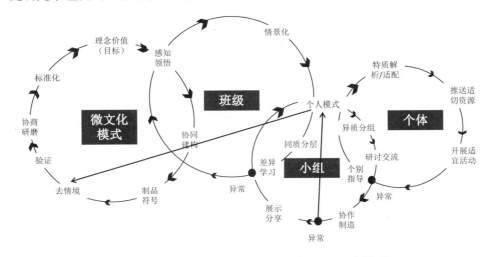

图5-6　基于微文化模式的个性化学习适配处方模型

---

① 以下内容参见祝智庭，孙妍妍，彭红超. 解读教育大数据的文化意蕴［J］. 电化教育研究，2017（1）：28-36.

从文化模式角度看，学习过程是良好的个人模式形成的过程。因此，基于微文化模式的个性化学习适配处方旨在促使微文化模式中的理念价值（教学目标）得以被学习者个体传承与发展，并培养微文化需求的个人模式。

这一个性化学习适配处方分为三个层级：班级层、小组层和个体层。在班级层面，首先感知/领悟微文化中的价值理念所蕴含的智慧，并进行情景化设计。之后，借助大数据挖掘形成的个人模式，将学习者进行同质分层，并进行差异教学。这种班级层面的差异化教学作为粗略的个性化教学可以解决大部分学习者的基础知识与技能问题。

信息技术的引入使得教学者可实时监控学习者的状态。筛选出学习出现异常的学习者，并进入小组层面的教学。在小组层面，首先要重新分析这些学习者的个人模式，并对他们进行异质分组，异质分组的成员具有"术业专攻"的特点，因此有利于进行探讨交流、协作创造等高阶认知活动。这种小组层面的合作研创型学习采用"创造驱动认知"的理念来帮助在班级层面学习时有异常的学习者。对于进入小组层学习后，依然有学习异常的个别学习者，给予个体层面的适性学习。首先重新分析学习者的最新个人模式，基于学习者的个人模式，解析/适配学生特质，精准推送适切的资源，开展适宜的活动，并辅以个别指导。个体层面的适性学习是最为精细的个性化学习，它不但需要较高的技术支持，也需要教师投入较多的精力。因此，在班级层面、小组层面开展较为粗略的个性化学习是有必要的。在这三个层面的学习中，均需要实时测查学习者的个人模式，并将学习者的个人模式在微文化中去情景化，并验证是否达到了微文化中的理念价值（教学目标）的要求。

一般而言，可以采用图5-7所示的学习者适性分配策略。班级层面的差异化教学是较为粗略的个性化学习方案，它采用较为通用的措施，其特点是大而全，缺点是无法照顾到每位学生的个体差异。所以，它适合帮助解决大多数学习者共同面临的问题（传播型文化模式）。一般讲，80%以上的学习者面临的共同问题适合采用此方法。小组层面的合作研创型学习适用于解决10%—20%的学习者面临的共同问题（研创型文化模式）。一般小组规模4—6人为宜（有研究显示在线学习的最适同伴规模不大于5人）。而个体层面的适性学习需要较高的文化智慧、数据智慧、教学智慧作支柱，也需要专家智慧作个别化分析、制定特定处方，因此个体层面的适性学习需要投入较高的成本、较多的精力，较为适合解决5%以下的学习者面临的问题（个人适需模式）。由所述可知，在班级层面的学习后，如果只有不到5%的学习者存有异常，则需直接进入个体层面的适性学习。

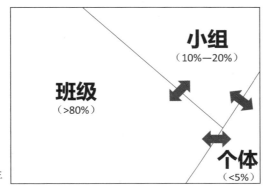

图5-7 学习者适性分配策略

基于微文化模式的个性化学习适配处方模型在实际操作中并非一定要按照从班级到小组再到个体的顺序，根据学习者的人数，可以灵活处理。例如，在学生数较少的小班中，可以直接进行小组层面的研创型学习，根据需要决定是否开展个体层面的适性学习。如果是学生数较多的大班，则可以尝试将班级拓展至年级，在年级层面实现同质分层，然后将每个同质层组成临时的一个或若干个班级，在此基础上，再考虑班级层面、小组层面和个体层面的教学。这种方案是一种个性化学习适配的"走班制"。另外，班级层面的学习与个体层面的学习是否需要小组的连接，也需视具体情况而定。

2. 闻斯行诸，《论语》中一则因材施教的案例

不仅认知领域的学习需要建立与个体特性相匹配的教学方式，在人际领域、自我领域同样需要建立与个体性格优势等个体特性相匹配的教育方式，才能取得较好的教育效果。因材施教是孔子教育的基本原则之一，在《论语》中这样的例子随处可见，其中"闻斯行诸"最有意味。

　　子路问："闻斯行诸？"子曰："有父兄在，如之何其闻斯行之？"
　冉有问："闻斯行诸？"子曰："闻斯行之。"公西华曰："由也问闻斯
　　行诸，子曰有父兄在。求也问闻斯行诸，子曰闻斯行之。赤也惑，敢

问。"子曰："求也退，故进之；由也兼人，故退之。"（《论语·
先进》）

同一个问题"闻斯行诸"，听到了马上就要去做吗？不同的人问，孔子给予了不同的答案。子路问，孔子回答："有父兄在，如之何其闻斯行之？"你父母兄弟都还在呢，怎么能听到了就马上去做呢？意思有两个，一是要尽孝，不能莽撞行事，二是还轮不到你呢。冉有问，孔子回答："闻斯行之。"当然，听到了马上就要去做。两个回答截然相反，难怪公西华一头雾水，"赤也惑，敢问"。同一个问题，先生您却给了截然相反的回答，赤糊涂了，敢问先生为什么这样？孔子回答："求也退，故进之；由也兼人，故退之。"冉有性格懦弱，常犹豫不决，所以鼓励他听到后就要马上去做。子路性格偏激，常"当仁不让"，所以告诫他不要莽撞，凡事要三思而后行。

六、教了不等于学了——对话的失调与应对

最后简单谈一下对话的失调问题。理想很美好，现实很骨感。在现实中，教育教学的过程并不如原初规划与设计的那般美好，之间的错位、龃龉、失调在所难免——教了不等于学了，学了不等于会了。这其中有主观的育人理念的不合时宜、育人方式的失当、教学方法的不匹配等诸多原因，但也有其客观的，基于心理学、脑科学等不可避免的因素的影响。总之，这是在所难免之事。为何发生，如何应对，值得考虑。

伽达默尔认为解释学所追求的就是作者原初视域与读者视域的融合和对话后形成的新的东西。[①] 教育教学也是如此，所追求的是师生视域的融合和对话后形成的新的东西。正是由于各自不同的"前结构"，对话双方的视域融合过程中总有新的东西产生，两种视域永远不可能完全重叠。这种前结构、视域完全融合的不可能性决定了"教—学"错位的客观性、不可避免性。

其实我们要关心的不是视域的完全融合，而是"融合度"的问题，过高过低都不利于教育和发展。如果视域重叠过小，融合度过低，则意味着教育没有发生；视域重叠过大，融合度过高，则意味着创新没有发生。要解决这一问

---

① 冯苗. 教育场域中的对话：基于教师视角的哲学解释学研究 [M]. 北京：教育科学出版社，2011：38.

题，可以从以下几个方面入手。一是找准学生的最近发展区，让教育落在最近发展区上，激起学生的有效共鸣和参与热情，使其"想学"；二是注意方法教育，使其"会学"；三是建立与学生个体特性相匹配的教育教学方式，尽力形成学习舒适区，使其"乐学"。

当然这一切都应该建立在对学生主体尊重的基础之上，以主体间对话开展教学活动，使学生真正成为学习的主人。

这是从解释学的角度来说，从信息传播的角度来讲，信息失真、丢失也是一个值得重视的问题。从教与学的角度，人文世界中的训练集向数据世界的特征表达的转换过程是一种内化过程，而数据世界的特征表达向人文世界的结果的转变过程是一种外显过程。理想状态，训练集和训练的结果等价，即 y（结果）= f（训练集）。这样，除输入层外的每一层，均是原有信息的另一种表示，借此深度学习便实现了原有信息的分层表达。然而，信息论中的"信息逐层丢失"理念表明这难以做到，这与教育传播学中"信息在传播过程中的失真"的理念相吻合。[①]

从这一信息传播过程中在所难免的信息逐层丢失与失真来看，"教—学"的错位也是难免之事。这里，从信息传播的角度再强调以下几点。一是信息始发的真实性表达。作为信息发出者，要尽量保证始发信息的真实性、准确性。二是建立良好的信息通道，确保信息有效抵达，降低在通道中的耗散程度。三是要改善信息传播方式。比如，在保真的基础上，增加信息的新奇性、感染力，吸引信息接收者的注意。再如建立信息背景。研究表明，有具体情境、背景的信息易于接收、提取。当遇到相同背景时，信息甚至会自然流溢。出现提取困难时，回忆相关情境，也使信息提取变得更加容易些。

最后需要指出的是，面对"教了不等于学了，学了不等于会了"的情况，除了想办法改进、弥补外，非常重要的一点是，要有耐心。教育本来就是等待的艺术，当心弦没有振动之时，我们需要给心灵再多一点时间。

建立"对话"，强调"实践"，注重"匹配"，这就是积极课程与教学的表达式。

---

① 祝智庭，彭红超. 深度学习：智慧教育的核心支柱 [J]. 中国教育学刊，2017（5）：37.

第六章　主场与补充

——积极家校共育的展开与定位

> 母亲不是赖以依靠的人，而是使依靠成为不必要的人。

——菲席尔

　　菲席尔的这句话其实不尽对，母亲首先应该是值得信赖的人、依靠的人，但这份依靠是为了最终的不依靠，和自己成为母亲的依靠。再没有哪儿比家更应该成为让人安心的、舒心的地方了。家中有猪，那是憨态可掬中的包容；家中有酒，那是富足殷实中的浪漫；家中有女人，那是忙碌操持中的温柔。这些看似简单的汉字，都诉说着先民们对家最美好的想象与向往。而家，难道不应该这样吗？是的，家应该这样，它就应该是安心的、润泽的、舒心的、幸福的。只有这样，家才能成为童年最坚实的依靠，教育最美好的场域。

第一节　教育场域，教育在此发生

　　场域是个热词，但却有着悠久的历史，起源于19世纪中叶的物理学概念，把它带入社会心理学的是库尔特·考夫卡（Kurt Koffka）和库尔特·勒温（Kurt Lewin）；但把它捧上"热搜"的，是法国著名哲学家、社会学家皮埃尔·布尔迪厄（Pierre Bourdieu）。那么，什么是场域？什么又是教育场域？它们对教育有着怎样的意义？

182

一、场域的字源

场，本音（cháng）；繁体，場；篆体，塲。《说文解字》：祭神道也，一曰田不耕，二曰治谷田。从土，易（yáng）声。所谓祭神道，是指祭神用的平地。田不耕，是指空闲着的、没有耕种的田。治谷田，指翻晒谷物的平地。不管是本义的祭神道，还是田不耕、治谷田，有一点是可以明确的，它们都是与人有关的空旷且比较平坦的地方。又读 chǎng，指人群集散的平地，如会场、操场、运动场。此音、义由"晒谷平地"引申而来。"场"也是重要的物理学、社会学概念。从物理学上讲，"场"是物质存在的一种基本形态，具有能量、动量和质量。实物之间的相互作用依靠有关的"场"来实现，如磁场、引力场。从社会学上讲，场喻指各种关系系统，如职场、场域。场，与人有关，无人不成场；场，从来就是一个有故事的地方。古时的东门之外就是这样一个有意味的地方、有故事的地方。

> 东门之墠，茹藘在阪。其室则迩，其人甚远。
> 东门之栗，有践家室。岂不尔思？子不我即！（《诗经·郑风》）

在东门之墠（shàn），这块经过整治的郊野平地上，生长着茜草，生长着栗木，也生长着思念，生长着愁怨。

> 东门之池，可以沤麻。彼美淑姬，可与晤歌。
> 东门之池，可以沤苎。彼美淑姬，可与晤语。
> 东门之池，可以沤菅。彼美淑姬，可与晤言。（《诗经·陈风》）

到这护城河旁来沤麻、沤苎、沤菅是假，来和自己心上人晤歌、晤语、晤言是真。东门外，向来是少男少女们打情骂俏的好地方。

域，篆体，或，本字是"或"（yù），"或"假借为表示选择关系、两可关系的虚词"或"（huò）后，加"土"旁转注为域，表示具有一定边界的空间系统。加"囗"转注为"國"。或（yù），《说文解字》：邦也。从口，从戈，以守一也。一，地也，或又从土，甲骨文像手持戈矛守卫"囗"（城邦）的样子。金文有的在下加"一"表示土地，有的在圆圈外画"口"表示城墙。与场相比，域有着明显的界线，需要以"戈"守卫，所以相比于场的开放性，域是封闭的、固守的、神圣的。当然不管是场，还是域，有一点是一样的，都不是自然形成的空地，而是因人而生，因人而在，因人而成的空间系统，是有意义的存在。

二、场域，不仅是空间，更是关系

对于场域（field）这一概念，布尔迪厄这样说过："我将一个场域定义为位置间客观关系的一个网络或一个形构，这些位置是经过客观限定的。"布尔迪厄的场域概念，不能理解为被一定边界物包围的领地，也不等同于一般的领域，而是在其中有内含力量的、有生气的、有潜力的存在。布尔迪厄研究了许多场域，如美学场域、法律场域、宗教场域、政治场域、文化场域、教育场域，每个场域都以一个"市场"为纽带，将场域中象征性商品的生产者和消费者联结起来。例如，艺术这个场域包括画家、艺术品购买商、批评家、博物馆的管理者等等。[①] 教育这个场域除最基本的教师、学生外，还有学校管理者、家长、教育官员、教育专家等。

布尔迪厄是从人类学迈入社会学殿堂的，他对人类学的研究方法情有独钟，在对阿尔及利亚村落研究中，他成功地运用了人类学的研究方法。我们来看一段他对一个阿尔及利亚人的家的"场域"分析。在详细描述了这个家的结构、物件以及各物件之间的关系后，布尔迪厄写道：

> 住宅由一连串相似的对立关系构成：火—水，熟—生，高—矮，光明—黑暗，白天—黑夜，男性—女性，nif—hurma，授孕—受孕，文明—自然。实际上，相同的对立关系，也存在于住宅与住宅外部世界的关系中。外面是男性的世界，属于公共生活和农业劳作，而屋内是女人世界，属于私生活和隐私。当考虑到住宅与外部世界的关系时，住宅就是haram，意思是对于所有不属于这里的男人来说，这里

---

① 360百科. 场域理论［DB/OL］. https：//baike. so. com/doc/3578923-3763435. html.

是神圣的禁域。①

在这一场域原型的描述、分析中，我们可以看到有关场域的一切因素，有限空间、人、关系、对立、边界、边界的突破与交融……所以说，场域即使作为一个空间概念，也不是一个纯粹的物理空间，而是因人而来的社会的空间，是一个在有限空间中发生的、维系的、发展的关系系统，与人有关的一切事件均在大大小小的场域中发生。场域，是空间的关系，是关系的空间，是一切故事的开始之处，也是一切故事的结束之地。人，在场域中；场域，在人中。

1. 场域无处不在

一花一世界，一叶一菩提。有两个以上人的地方就有场域，有场域的地方就有自己的独特的场域之"道"。

关于场域，布尔迪厄写道：在高度分化的社会里，社会世界是由具有相对自主性的社会小世界构成的，这些社会小世界就是具有自身逻辑和必然性的客观关系的空间，而这些小世界自身特有的逻辑和必然性也不可化约成支配其他场域运作的那些逻辑和必然性。②

这段充塞着学术术语的话，如果简单地说，就是有人的地方就有场域，只要有两个以上的人，即使再小它也是个世界，再小的世界也是一个独立的场域。各个场域按着各自的逻辑存在着、运转着，而且这个逻辑是不可通约的，就如俗话说的，蛇有蛇道，鼠有鼠路。所以，对由两个以上的人构成的"他们的世界"不要妄自揣度，不要轻易去触碰、干涉。所谓"清官难断家务事"，某种程度上讲的就是这种场域之道的独立性，那是他们的场域，自有他们独特的相处之道，外人看不清，理不明，当然也就断不了。

2. 人总是活在关系中

只缘身在此山中。活在关系中，是人的宿命，也是荣幸。

不仅场域与场域之间相对独立，场域一旦形成，甚至身处其中的人也相对

---

① ［法］皮埃尔·布尔迪厄. 实践理论大纲［M］. 高振华，李思宇，译. 北京：中国人民大学出版社，2017：62.

② ［法］皮埃尔·布尔迪厄，等. 实践与反思：反思社会学导引［M］. 李猛，李康，译. 北京：中央编译馆，1998：134.

独立，会按照它固有的"道"影响着人在场域中的生活。正如布尔迪厄所说："关系系统独立于这些关系所确定的人群。"① 人本自由，但这一自由不是藐姑射山神人的吸风饮露，乘云御龙，而是关系中的自由。"'现实的就是关系的'：在社会世界中的存在的都是各种各样的关系——不是行动者之间的互动或个人之间的交互主体性的纽带，而是马克思所谓的各种'独立于个人意识和个人意志'而存在的客观关系。"② 关系的这一客观性决定了关系对于人的宿命性，人在关系中，无可逃离。人的一切也正在进行关系的发生、繁衍、汲取、吞吐、构建，没有关系，人无所立其足。所以，关系，也是人的荣幸。

3. 场域从来不是平静的

山雨欲来风满楼。关系的世界，从来不是平静的。

"场域作为包含各种隐而未发的力量和正在活动的力量的空间，同时也是一种争夺的空间，这些争夺旨在维持或变更场域中这些力量的构型。"③ 有人的地方，就有风雨。场域，就是一个博弈场，是资本争夺、权力运作、关系重组的意义空间。斗争，从来不因逃避而不发生，只有在斗争中才能实现斗争固有的价值，推动着场域中各类力量的此消彼长，推动着人类的进步。正因如此，毛泽东说："与天斗其乐无穷，与地斗其乐无穷，与人斗其乐无穷。"当然，风雨过后是彩虹，场域中也有风和日丽，也有春和景明。

4. 场域是有界限的

风可进，雨可进，国王不可进。场域是有界限的，但是是一条模糊的边界。

场域是有界限的，这是由场域的相对独立性决定的，人们也因场域界限维持着自身的独立与尊严。但正如个体的独立是一个相对概念一样，场域的独立也是相对的，场域的界限是模糊的。"场域界限的问题是一个非常难以回答的问题，哪怕只是因为这个问题总是一个场域自身内部的关键问题，也不容许任

---

① ［法］皮埃尔·布尔迪厄，等. 实践与反思：反思社会学导引［M］. 李猛，李康，译. 北京：中央编译馆，1998：145.

② ［法］皮埃尔·布尔迪厄，等. 实践与反思：反思社会学导引［M］. 李猛，李康，译. 北京：中央编译馆，1998：133.

③ ［法］皮埃尔·布尔迪厄，等. 实践与反思：反思社会学导引［M］. 李猛，李康，译. 北京：中央编译馆，1998：139.

何先验的回答……场域的边界只能通过经验研究才能确定。"① "场域的界限位于场域效果停止作用的地方。"② 所以能确定这界限的不是思想，而是生活。人们在相互试探、相互博弈中，确定着各自舒适的位置，从而确定场域中各人的界限，场域外与各场域的界限。

对于根植于马克思、韦伯、涂尔干所代表的欧洲社会学传统来讲，布尔迪厄是一个延续，也是一个断裂，有着他自己的特点，但不可避免有着法国社会学深厚的社会本位论的色彩。从以上的引文看，在布尔迪厄处，场域、关系对人有着巨大的甚至是独立于人的影响。我们尽管可以不尽同意这样的观点，但我们仍需要认真研究他的场域理论，研究他对教育的影响。

三、教育场域，教育在此发生

有两个以上人的地方就有场域。教育至少得两个人以上才能发生，所以说，有教育的地方就有教育场域，或者说，教育在教育场域中发生。

1. 什么是教育场域

教育场域是一个关系范畴，是指教育者、受教育者，及其他教育参与者相互之间形成的一种以知识的生产、传承、传播和消费为依托，以人的发展、形成和提升为旨归的客观关系网络。③

冯苗基于布尔迪厄的场域理论论述了教育场域的特点。④

首先，教育场域是一种关系场。教育是一个开放的、动态的抽象范畴。它既包含了教师、学生、管理者等实体性教育要素，也包含了由这些实体之间生成的关系要素，具有动态性、关系性和转化性的特征。

其次，教育场域是一种文化场。教育是一种以培养学生为目的的文化活动。就学校教育而言，"教育活动的各个要素及它们之间的联系，基本上都是通过知识而实现。显然，教师是通过知识的组织和讲授而与学生互动的；而学

---

① ［法］皮埃尔·布尔迪厄，等. 实践与反思：反思社会学导引 ［M］. 李猛，李康，译. 北京：中央编译馆，1998：137.

② ［法］皮埃尔·布尔迪厄，等. 实践与反思：反思社会学导引 ［M］. 李猛，李康，译. 北京：中央编译馆，1998：138.

③ 刘生全. 论教育批评 ［M］. 北京：教育科学出版社，2006：98.

④ 冯苗. 教育场域中的对话：基于教师视角的哲学解释学研究 ［M］. 北京：教育科学出版社，2011：54-57.

生也是通过对知识的学习而实现与教师及其他教育者交往的；教育管理者的活动也是通过对知识的组织、控制和评价等形式来实现的"。就家庭教育而言，上代人的言传身教，通过意义的传达，实现着自己的教育功能。

再次，教育场域是一种权力冲突场。教育场域的"文化资本"形成了教育场域中不同互动主体之间的"文化权力"。有"权力"的地方就有冲突，就有斗争。为占据更有利的位置，主体间总是处于不断的竞争之中。如教育者之间的竞争，受教育者之间的竞争，教育者与受教育者之间的控制与反抗，管理者与被管理者之间的冲突。从一定意义上讲，教育场域中的冲突构成教育进步的动力之一。当然，失控的权力冲突将损耗场域功能，阻碍场域目的的实现。

最后，教育场域是一个对话场。精神性因素是场域中的一种重要力量，教育本身就是一种精神建构和意义生成的活动，以灵魂的转向、意义的流转为主要特征的对话是人的一种生存方式，意味着对话对人有着本体论的价值。作为以人为中心的活动，对话对教育也具有本体论的价值，对话本身就是教育，教育最应该以对话的方式存在。这意味着，教育场域应该是教育"意义"这一溪流自然流动、汇集与分享的地方，教育场域中的所有交往活动，都应该充满对话的精神。教育场域，从本质上讲，就应该是一个展开的、丰富的意义实现的"对话场"。

曾明星等提出深度学习场域。他认为，深度学习场域由情境、交互、体验和反思四个要素构成。其中，情境是深度学习显在场域的物理基础与核心；交互、体验和反思都是深度学习的潜在场域，是知识的建构与理解、迁移与应用、问题的解决与创新的形成性要素与关键……教师可依赖拥有的文化资本、社会资本和符号资本，形成自己的权力和权威，共同推进深度学习场域建构并形成与之相匹配的习惯，塑造"域内"优势，引导学习"入场"，吸引学生"在场"，减少学生"离场"，促进学生深度学习的发生。①

塑造"域内"优势，引导学习"入场"，吸引学生"在场"，减少学生"离场"，从某种程度上讲，是所有的教育场域都必须考虑的问题，必须完成的任务，是确保教育发生的前提性条件之一。深度学习场域如此，班级教育场域、家庭教育场域也都如此。唯有孩子"入场"了，"在场"了，并且把心留

---

① 曾明星. MOOC 与翻转课堂融合的深度学习场域建构［J］. 现代远程教育，2016（1）：41.

在了场内，教育才会发生，生长才会蓬勃。

2. 教育场域，告诉我们什么

首先，告诉我们不管是在学校，还是在家庭，一切都是教育。这里说的一切，不仅包括显性的——作为教育者的教师、家长的言传身教，也包括学校、家庭的环境建设。从布尔迪厄对阿尔及利亚人的家进行的场域分析我们可以看到，场域中的一切皆有意味，一切都默默地传达着摆设它的人的目的、意图、品位，对进入场域中的人形成了无声的熏染。环境由人建设，一切皆有意义，熏染无处不在，无时不在。问题的关键是，这一熏染可能是正面的，也可能是负面的。美的校园，固然能熏陶美，培养美；丑的呢，杂乱无章的呢？家也是如此。当然，除了这有形存在、无声言教的环境外，同样无形存在，却有着更为重大的教育意义的家庭教养方式、家庭人际关系状况、学校的教育方式、校园人际关系状况更为重要。它们就是场域本身，场域中的一切力量皆因关系而在，皆因关系而传达到每个人的身上。教育场域中发生的教育不仅仅是宣之于口、动之于手的有形的教育，真实的关系状况也同样是教育，甚至是更真实、更强大的教育。关系由人而来，所以说，人的建设是学校一切建设的重心。这人，不仅仅指受教育者，更指教育者。

其次，意义是教育场域的核心，文化是教育场域最重要的资源。不同于其他场域，资本与权力是其理所当然的核心，作为以人为直接对象、以人为最后的目的、以意义的代际流转、以文化的上下传承为使命的学校，更应该以意义为核心，以文化的传递、学习、建构为主要的路径实现自己的功能、价值。也正因如此，正如上文所说，对话，而不是单向度的讲授、耳提面命的说教，而是成为教育最主要的作用方式、运行路径。学校不应该是个权力场，而应该是意义场、文化场、对话场。故事是文化最好的载体，是对话最有意义的形式。学校是个讲理的地方，更应是个讲故事，也应是个有故事的地方；学校是培育理性的地方，更应该是丰富情感、丰满情怀、充盈精神和灵魂的地方。学校要有 3R，更要有 3S。

再次，不同的教育场域，承担着不同的教育功能，有着不同的运行逻辑。场域存在界限，这界限规定的不仅仅是场域的相对独立与尊严，也宣示着自身独特的存在方式和存在价值。学校教育场域与家庭教育场域也是如此。一般来讲，学校以知识学习为主，通过知识的学习、意义的建构实现对生命的增值。

而家庭应当以习惯和品行为主，通过家长的言传身教，在好的家风中孕育好的品格。不同的任务，需要不同的方式完成；不同的关系，依照不同的逻辑运行。同样的教，家长与教师肯定不同；同样的爱，家长与教师肯定不一样。所以，守住适当边界是必要的。尤其是当下的家长在对学校教育的介入方式上，一定要懂得"专业的事交给专业的人去做"的道理，不要以为自己什么都懂，以知情权为名过深地介入学校的专业化教育教学工作。当然，这种分开是从侧重点上讲的，德育也是学校的重要的且排在首位的工作，家庭也承担部分的知识与技能的教育，尤其是生活技能。但不管是前者，还是后者，有一点是相同的，那就是最好的教育方式，就是"和孩子一起做"。一起做，收获的将是双份，一是知识与技能，二是情感与精神。

最后，风平浪静不见得是最好的教育状态。场域冲突理论告诉我们，冲突是场域的常态。这既有权力意志的问题，也有认知差异、文化差异的问题。正如我们在讨论深度学习过程中对话的失调时所指出的，教育场域中的每个主体都带着"前结构"入场，所谓对话本质是不同主体间不同视域的碰撞、融合的过程，在这一过程中，完全的融合是不可能的，也正是在这完全融合的不可能中，创新产生了。"温故而知新。"如果我们把这一过程看成是师生两个代际间的对话过程的话，那么"新"恰恰是我们所希望的。场域中的可控冲突，在一定程度上讲恰恰是场域生命力所在。正如耗散理论所指出的，非平衡是有序之源。一个耗散结构对抗熵增原理的动力，不仅仅来自与外界的物质的、能量的、信息的交换，还有内部的不平衡性，不平衡性是诱发自组织行为的动力之源。一个场域就是一个耗散结构。它需要这份不平衡，这份不平静。

场域中的平静，来源于两个方面。一个方面是强大中心的存在，使得这个中心的意志成为整个场域的意志，不会再有第二种声音，斗争也就停止了，当然，随之而来的是场域的溃败。人类的历史、企业的兴衰一再证明了这个真理。所谓兼听则明，偏听则暗，说的就是这个理。另一个方面是交流、对话没有发生，场域中的主体大部分"不在场"，而这等于是宣告了场域的失效、死亡。

因此，对教育场域而言，将风平浪静作为组织管理的目标，不仅是低能的表现，更是这个组织行将就木的体现。有，且只有不平衡的、多声部的、复调的、包容的、多声部的场域，组织才是生机勃勃的。

把不同的声音结合在一起，但不是汇成一种声音，而是汇成一种众生合唱；每个声音的个性，每个人的个性，在这里都得到完全的保留。①

我们还应该读一读下面这段话：

包容不仅体现为对多元性的包容，也包括对儿童犯错的包容，对儿童来讲，有时，他的犯错并不是注意力不集中、智力水平低下、天性玩劣等缺陷造成，而是一种创造性的体现——这些（语言学习上的）错误远远不是纯粹由于记忆力或复制力不够而引起的，而是儿童身上能动性和自觉性的最好证明。②

众声喧哗，才能还原真相。如果真理、创新、自由、个性是教育的目标的话，那么，我们就应该包容多声部的存在，在可控的冲突中让教育场域永远生机勃勃。

3. 中心与去中心化，一个教育场域必须要讨论的话题

这实际上是上一个话题中最后一个问题的继续。场域是一个悖论式的存在，始终在"中心强化"和"去中心化"的两极之间摇摆。同属于权力意志，现成的中心会有意无意地强化自己的威权，以利于权力、资本、利益向自己集中；而场域的非中心存在以及边缘性存在，都有着既想获得场域给予的好处，如安全感、稳定的收入，又不愿受到较大束缚的惰性冲动。一方面，中心是客观存在的，并且场域、组织的运行也事实性地需要一个中心。绝对的无中心只会导致无政府主义的泛滥，会使组织在溃散中走向溃烂。另一方面，中心的极化最终也会对场域、组织形成伤害，在绝对的平静中使熵增至极致，最后导致场域的死寂。对于教育场域来讲，哪怕是一个小小的班级场域，不管是前者，还是后者都是无法承担的。因为最佳发展期一旦错过，就无法重来。而如何走

---

① 钟中文. 巴赫金全集：第四卷［M］. 晓河，贾泽林，等，译. 石家庄：河北教育出版社，1998：356.

② ［德］恩斯特·卡西尔. 人论［M］. 甘阳，译. 上海：上海译文出版社，2013：385. 引文从破折号后开始。前文是作者所写。

出这一场域生存的悖论呢？有两点值得关注。

一是对"度"的把握，坐好"中心"与"边缘"、"秩序"与"活力"之间的跷跷板，在动态的平衡中使各方斗而不破，保持活力。这里的关键是"民主协商"的制度化，以制度化赋予双方在组织运行管理中的话语权，从而使权力运行在制度的轨道上，而不至于成为脱缰的野马。不管是学校场域、班级场域还是家庭场域，这一点都非常重要。

二是换个角度重构权威。教育者的权威来自两个方面，一是外在的形体差异带来的和规范、制度赋予的刚性权威；二是内在的知识、学养、素质与个性魅力形成的亲和力、吸引力。前者来自外力，如成人高大的身材、对金钱等资源的绝对掌握、组织的任命等。这一权威依照自身的意志或固定的规范维护着组织、场域的固有秩序，不容挑战，机械、冰冷甚至蛮横，是一种制度化的权威。而后者则是一种个人自然享有的、民主的、职能上的权威，是一种建立在人格平等上的权威。这二者的分歧如表6-1所示。[①]

表 6-1 平等的权威与制度化的权威

平等的权威	制度化的权威
教师/教育者采取论证的、说理的方法	教师/教育者发号施令
教师/教育者与青少年一起讨论	教师/教育者支配着青少年
教师/教育者问应当怎么做某事	教师/教育者说并决定如何做某事
教师/教育者与青少年一起解决问题	教师/教育者单独决定问题
教师/教育者允许他人批评	教师/教育者拒绝任何批评
教师/教育者允许青少年提出要求和权利	教师/教育者拘泥于各种社交礼节
教师/教育者胸怀坦荡，自担风险	教师/教育者明哲保身、不可侵犯

对话理论告诉我们，教育者与受教育者之间主体间性的建立、对话的达成，需要教育者对自身的制度化权威进行悬置（少使用，但不放弃，作为最后的秩序的保证），而更多地使用平等权威与受教育者交往，从而在取得受教育者信赖的基础上，较好地保持师生关系、亲子关系间的动态平衡。

地球是平的。互联网、5G、人工智能技术的发展，在日益扁平上下代际

---

① 冯苗. 教育场域中的对话：基于教师视角的哲学解释学研究［M］. 北京：教育科学出版社，2011：83.

间在知识、技能间的差别，制度化的权威日益受到年轻一代的挑战。去中心化，某种程度上讲是时代的特征，也是未来的趋势。因此，教育、教育者要主动求变，适应这一趋势的发展，在教育场域中更多使用平等的权威，悬置制度化权威。这既能保证必要的中心的存在，又能畅通代际间对话渠道，使意义流转通畅，使教育和成长不断发生。在这一过程中：

> 学生可能对教师的权威"延缓不信任"，相反通过行动和交互作用向教师"随之产生的能力"开放。相应的，教师也将"乐于面对学生"，与学生一起探索师生所达成的共识。①

也许，这才是教育场域中上下代际间最好的关系乌托邦吧。

教育场域既是一个类似于俄罗斯套娃的结构，大场域中套着小场域，又是一个平行空间相互独立又相互勾连、相互作用的网络结构。各场域之间如何相处，尤其是对学生影响最大的学校教育场域与家庭教育场域如何相处，尽最大可能增强合力，减少摩擦，是一个值得研究的课题。

第二节 积极取向，家庭教育的应然之势

家庭是一个生活的场域，也是一个教育的场域。家庭的主角是父母与子女，这儿上演的不仅仅是风和日丽、相亲相爱的家庭温情剧，也还有相爱相杀、吵吵闹闹，甚至寻死觅活的家庭悲喜剧。每个人都渴望家和万事兴，希望父慈子孝，丈夫能干，妻子贤惠，儿子成龙，女儿成凤。可命运又常常捉弄了人，常把家整得鸡飞狗跳，弄得家人相怨。做父母的怨孩子不懂事，做孩子的怪父母不通人情。其实许多的家庭问题最后都是人的素养问题，都是教养方式方法的问题。自身素养高了，孩子也会严格要求自己；教养方法对了，孩子的问题也就少很多。都说清官难断家务事，但家庭教育却是一个不得不"断"、不得不讲的话题。

---

① ［美］小威廉姆·E.多尔. 后现代课程论［M］. 王红宇，译. 北京：教育科学出版社，2015：4.

关于家庭教育的讨论其实已经很充分，相关论著、论文汗牛充栋。所以本书不面面俱到，只从场域的、关系的角度讨论几个话题。

一、家庭的字源

家，这是一个异常稳定的汉字，从被创建之初，就没有改变过字形，一如中国人的家国情怀，历经千万世，从未断过，历久弥新；从未淡过，经久弥醇。家，从宀从豕，上为屋宇，下为豕豚。《说文解字》：家居也。《尔雅》：户牖之间谓之扆（yǐ）。其内谓之家。扆，古代庙堂户牖之间绣有斧形的屏风，用以隔断内外。其内为家，是外人止步的地方。

《汉字字源》给家的解释是：古代王公贵族死后，一般建起"庙"以使经常祭祀；平民百姓是没有"庙"的，往往在屋廊下摆"豕"祭拜，就是家。后引申为"住所"等义。① 家，从一开始就与祖宗相连，与家族相连，是现实与历史，个体与家族混融一体的综合体，它不仅是一个空间概念，更是一个伦理概念。居处其间的，不仅仅是中国人的血肉之躯，更有精神与灵魂。"苟利家国生死以，岂因祸福避趋之。"家，从来就与族，与国相连。托身家国，怎么可以去斤斤计较于个人的祸福得失呢？当然，家不仅是厚重的，牵扯着中国人的情思万缕，愁肠百结；家也是轻盈的、欢腾的、愉悦的，是桃花烂漫时梦开始的地方。

> 桃之夭夭，灼灼其华。
>
> 之子于归，宜其室家。
>
> 桃之夭夭，有蕡其实。
>
> 之子于归，宜其家室。
>
> 桃之夭夭，其叶蓁蓁。
>
> 之子于归，宜其家人。（《诗经·周南》）

庭，与家不同，庭的字形随着现实生活中"庭"的形制与功能的改变而不断发生着变化。𡇈，从宀从口从耳，是远古家庭议事的地方，即《说文解

---

① 窦文宇，窦勇. 汉字字源：当代新说文解字 [M]. 长春：吉林文史出版社，2005. 转摘自国学大师网。http://www.guoxuedashi.com/zidian/ziyuan_1154.html.

字》所说的，庭，宫中也。这一字形应当是"厅（廳）"的原型。![]的多个斜画代表台阶，人形代表人挺立于庭中，是"廷"的本字，也就是《说文解字》中的庭，朝中也。加"广"成"庭"后，则多指屋前院内的平地，即"庭院"之"庭"。

"家庭"二字连用，古已有之，而且意义颇丰。有指起居之所的，如《后汉书·郑均传》："（均）常称疾家庭，不应州郡辟召。"有指家族的，《史通·辨职》："班固之成书也，出自家庭。"有指院落，庭院的，《宋史·章得象传》："及（得象）生，父夔复梦家庭积象笏如山。"

从家、庭二字最初的原型看，家是日常起居的地方，而庭则是家族议事之地。所以，家庭，是生活之所，是对话之地，是人安身、安心、安魂之处。

二、父母与子女，家庭教育场域中的"双主体"

父母子女之间的"双主体"，与师生的"双主体"一样。孩子虽然不成熟，却始终是一个独立的个体，任何教育、教养，没有得到主体的认可、接纳，很难真正融入孩子的精神生命。从这个意义上讲，孩子的主体地位是自明的，不言而喻的。父母自不用讲，这是一个自然形成的强力场，家庭中心。如果说这一"双主体"中孩子的"主体性"需要得到张扬的话，那么这个当然的中心主体——父母的"主体性"——更多需要的是一定程度上的自我克制。不过，这里需要再三重申的是，自我中心主义、唯我独尊不是主体性，耍赖、哭闹、蛮不讲理，不是主体性。主体性更多体现为自我感受、自我体验、自我判断、自我选择、自我负责。

1. 我不拥有我的孩子，我某种程度上就是我的孩子

何谓父子？何谓母女？这特殊的代际关系，这最亲密却又最难处的关系到底是一对怎样的关系？列维纳斯的一段论述，值得我们思考。

> 儿子，事实上，既不简单地是我的作品，像一首诗或一件工艺品，也不是我的财产。这些权能或拥有的范畴都不能指示一种与孩子的关系。而因果和财产的概念也都不能够使人们把捉生育的事实。我

不拥有我的孩子，我某种程度上就是我的孩子。①

这段话从开头到最后一句之前半句，其意义都是明显的，也是能为当下的国人所能理解的，毕竟我们已经走出了前现代，走到了现代，甚至已经打开了后现代的门，不会有谁再把孩子当成自己的财产。如果孩子足够优秀，是人中龙凤的话，偶尔会把他当成自己的作品一样自我欣赏一番。但大多数父母都知道，不管孩子与自己之间的关系有多么的特殊——我生的他，养的他，孩子不是另一个我，"我不拥有我的孩子"。不管中国的父母对孩子有多么的依恋，这种父母子女间的相对独立性，还是能够理解的。

比较晦涩，比较容易引起误解的是最后一句的后半句："我某种程度上就是我的孩子。"仅从字面上，这是一个很对一部分中国父母胃口的话。不少的父母之所以在养育孩子、教育孩子时舍得投入，舍得下本，一个非常重要的原因，就是把自己当年未了的心愿投射到孩子的身上。"再苦不能苦孩子，我当年吃过的苦，不能让孩子再吃一遍""我当年没上大学，我的孩子一定要上大学"等等，不一而足，一定程度上讲，这都是在心里，把孩子当成了自己的延续，把自己当成了孩子。列维纳斯讲的是这个意思吗？孩子只是父母的"续命"与"更新"吗？

不是的，在随后的论述中，他说道：

只是"我是"在这里的意义不同于在埃利亚学派②或柏拉图学派那里的意义。在这一实存的动词中有一种多样性和超越，这种超越哪怕是在最大胆的存在主义的分析中都是缺乏的。另一方面，儿子也不是任何发生在我身上的事件，例如，我的悲伤、我的考验或我的受难。儿子是一个自我，是一个人。最后，儿子的他异性不是一个另我的他异性。③

---

① ［法］伊曼努尔·列维纳斯. 时间与他者［M］. 王嘉军，译. 武汉：长江文艺出版社，2020：88.

② 埃利亚学派是古希腊最早的唯心主义哲学派别之一，因该学派建立于南意大利半岛的埃利亚地区，故云。其主张唯静主义的一元论，即世界的本源是一种抽象存在，因此是永恒的，静止的，而外在世界是不真实的，该派以擅长诡辩著称。

③ ［法］伊曼努尔·列维纳斯. 时间与他者［M］. 王嘉军，译. 武汉：长江文艺出版社，2020：88.

此处"我是"从本质上是"隐喻式",而不是一元论意义上的同一。所以列维纳斯说,"在这一实存的动词中有一种多样性和超越"。这里的"是"承担的不是一种等号的功能,其本身说明了"是"本来就隐含了一种多元性,通过"是",自我和他者可以连接起来,自我可以"是"自身的他者,即我可以是他,父亲可以是儿子。然而,他们却不因"是"而融合为一个统一体,父亲与儿子并不因这一"是"而相互占有,而是保持着各自相对于各自的外部性,却又因为"是"而保持着关联。① 也即列维纳斯在接下来所说的:"父性不只是一种父亲在儿子中的更新,也不只是一种父亲与儿子的融合,它更是父亲相对于儿子的外部性,一种多元论的实存。"②

不可否认,父子母女间的"他者"关系不同于别的"他者"关系,从某种意义上讲,子女是父母的更新,他们曾经相融为一,也因在一个屋檐下保持着一种对外的整体性。但再特殊的他者也是他者,再特殊的他异性也是他异性,父子母女终究是不同的主体性存在——儿子是一个自我,是一个人;它更是父亲相对于儿子的外部性。

这是这段读来相当晦涩的一段话的核心要素,父子母女之间的关系终归还是一种主体间性,子女终究是父母的他者,虽然他会因为这个他者性获得相对于父母的一种优势——一种父母必须对子女的负责,而且这是一种近乎无限的责任,即是单向的,父母只向儿女负责,儿女却不向父母负责。③ ——(作为弱者的)他者在伦理上优先于"我",在伦理层面,强者应当对弱者负责,而不是相反。④

2. 陶醉着你的陶醉,一种父母子女关系的尝试

父母子女间的这种主体间性、他者性,决定了家庭场域内的冲突是在所难免的,再乖的孩子也有不听话的时候,尤其是在自我意识快速成长的两岁、青春期,这一冲突会更加地剧烈。但对抗、冲突并不是父母子女关系的全部,家

---

① ［法］伊曼努尔·列维纳斯. 时间与他者［M］. 王嘉军,译. 武汉:长江文艺出版社,2020:译者导读.
② ［法］伊曼努尔·列维纳斯. 时间与他者［M］. 王嘉军,译. 武汉:长江文艺出版社,2020:89.
③ 此处指父母对未成年子女的一种养育、教育的责任,是一种形而上学的伦理责任。子女成年后依据法律向父母承担的赡养责任不在此列,另当别论。
④ ［法］伊曼努尔·列维纳斯. 时间与他者［M］. 王嘉军,译. 武汉:长江文艺出版社,2020:译者导读.

庭场域中的代际关系在"无原则的宠溺"和"对抗冲突"这两个极端之间，其实还有更多的选择。比如埃·奥·卜劳恩（E. O. Plauen）的《父与子》，如图6-1所示。

图6-1　《父与子》插图

本来去叫孩子吃饭的爸爸，自己竟忘记了回来。等儿子再去叫他时，发现爸爸正和自己一样趴在地上看得津津有味，甚至两只脚还"眉飞色舞"地摆个不停。此时此刻，儿子内心深处一定会会心一笑，好可爱的爸爸呀。陶醉在同一本书里的"心有灵犀"，一定会让父子之间在精神的面对面中架通心灵的桥梁。再没有比拥有同样的爱好、同样的经历，曾经在一起做过同一件事，更让人心醉神迷，更让人心心相念的了。人们在回忆童年时，最容易记起的就是一起读过的那本书，一起看过的那部电影，一起打过的那场球……假如，这些"一起"是发生在父子之间的，这份美好，是无法用语言形容的。拥有这样童年的孩子，他的心中一定是充满阳光的。这也就是本书一直倡导的代际关系：和孩子一起做。一个家庭，拥有的共同记忆越多，它的内生力、吸引力就越大，对孩子一生的影响就越积极越正向。

陶醉着你的陶醉，正如爱着你的爱。

3. 走出父权的隐喻，关于父母教养角色的一种思考

国产漫画《大头儿子和小头爸爸》也同样受人青睐。漫画没有传统父亲的不苟言笑，不怒自威，小头爸爸更多的时候是大头儿子的玩伴。他和儿子一起数星星，一起在屋外玩水，一起钻进一个特大的纸壳子里，玩两座小房子的游戏。但近年这部漫画却受到了不少女权主义的批评，原因在于"眼镜爸爸"与"围裙妈妈"的角色暗示所包含的父权色彩，父亲是有知识的，而母亲只是个家庭主妇。如果抛弃这里隐含的女权争执，仅从教育上讲，这关涉的是父母在教育子女时的角色定位。在一般的社会认知中，父亲是严厉的，而母亲是温柔的，这一角色认定也出现在许多名人的回忆录、传记中。一直以来，似乎大多数家庭也恪守着这一家庭教育的分工模式、角色模式。在中国，这一角色认定，似乎生长在文化的基因里。比如，甲骨文中的"父母"。父，，一只持杖的手，这杖可以是指挥用的权杖，也可以是责罚时的藤杖，但不管是前者，还是后者，都代表着权力与威严。母，，在女字的基础上以两点格外强调母亲的乳房，强调母亲对子女的养育关系。母亲的乳房，既是婴幼儿时期的粮食来源，也是精神上的安全依靠。如果在生活中，父母的性格特点恰恰与这一角色的文化要求相一致的话，如此匹配是没有问题的。而事实上，这只是一种文化上的假设而已，具体到现实的生活，就不乏彪悍的母亲、懦弱的父亲，此时如果还固守着父严母慈的角色设定，恐怕只会牛不喝水强按头了，不仅双方不适应，现实中也无法做到。因此说，在家庭教育中，父母的差异化角色分工是必要的，但这一角色分工的设定不应该是基于性别的，而应该是基于性格特点的。

著名国学大师、台湾交通大学教授曾仕强就父母在家庭教育中的角色分工提出三大原则、五大要领，值得借鉴。三大原则指：不固定以男女的性别来划分；内外的区分，也不必硬性规定；以全家人的利益为考量的依据。五大要领指：第一，角色分工，刚柔相济。第二，视实际情形，扮演各种不同的角色。第三，父母不能够扮演小丑或警察的角色。第四，不当众表扬与批评自己的孩子。第五，依据实际的情况，进行角色互换。这五条中的第一、五条是关于父母角色关系的论述，第二条指父母角色的丰富性，第三、四条是父母都不应该有的角色形象。这些意见既有传统的智慧，如刚柔相济，角色互补，也有根据

生活实际作出的调整，如不以性别划分角色等。语言浅白，但切中肯綮。而不做小丑讨好孩子，不做警察威慑孩子的警示应引起我们的警醒。

家庭是个多主体的场域，不仅要协调好代际关系，使上下两代人之间取得动态平衡，又要协调好父母双方的关系，减少冲突，形成合力。

三、规则，在共同遵守中建立安全依恋性关系

儿童的主体性是不言而喻的，但儿童主体意识的形成却要经历一个从"依恋"到"独立"的过程。孩子心理断奶之日，才是主体意识形成之时。

1. 安全依恋，儿童出发的"安全心理基地"

依恋是一种社会性情感联结，是婴儿寻求并企图保持与父母亲密的身体联系的一种倾向。[①] 安斯沃思（1978）把依恋关系分为三种类型：A 型，回避型；B 型，安全型；C 型，矛盾型。其中安全依恋型，儿童喜欢与母亲接近，但并不总靠在母亲身边，而是积极地探索周围环境，同时与母亲进行远距离或近距离的交往。在母亲的鼓励下，能较好地与陌生人交往。回避型儿童则与母亲关系淡漠，交往很少。矛盾型儿童表现出矛盾情绪，既离不开又不愿与母亲相处，对陌生人也表现出退缩、难以接近的特点。三种依恋类型中，安全依恋为良好的、积极的依恋，会深刻影响儿童的智力、性格、情绪、人际关系等方面的形成。在安全依恋型关系中，儿童以父母为"安全心理基地"，积极地去探索未知世界。在性格发展中，安全依恋型儿童体现出较好的自信心和独立性，对他人和周围世界具有信任感、认同感。从情绪上讲，安全依恋会让儿童情绪更为稳定，情绪调节能力更强，从而更好地与人相处，建立良好的人际关系。

安全依恋对儿童健康成长的意义与价值是显而易见的。如何与儿童建立这一良好的、积极的关系模式，是儿童心理学、家庭教育学的重要课题。研究表明，依恋形成的主要阶段是 6 个月至 3 岁，之后，则呈现出稳定的状态。父母平时对儿童精心照顾、关心、爱护，儿童从父母那里获得温暖和爱，其生理的、情感的需要得到满足，儿童就会有安全感和快乐情绪。在"爱抚满足"的正向循环中儿童逐步形成安全依恋。

---

① 陈利鲜. 早期安全依恋对儿童心理发展的影响［J］. 柳州师专学报，2001（6）：114.

2. 建立规则，维系良好的亲子关系的安全之绳

本书认为，3岁之前的照料固然重要，但这并不代表着父母与子女之间关系模式的建立是一劳永逸的，即使在儿童期、少年期，父母仍须精心维持代际的良好关系。相对于婴幼儿时期更多需要的是父母的照抚不同，儿童与青少年时期父母子女之间良好的代际关系的建立，儿童安全感的获得更多依赖于家庭规则的建立。

谈及规则时，人们更多想到的是对儿童进行规则教育，往往忽视家庭规则的建立和父母对规则的遵守。在教育、表扬、批评孩子的过程中，有些父母体现出随意性，甚至会因自己的不顺心而迁怒儿童。研究表明，家庭环境，尤其是教养过程中不确定性因素越多，行为与结果之间的关系越不稳定，越不利于儿童的成长。首先，会降低儿童的安全感。当一个人无法预测自己行为后果的时候，安全感越低，由此，会带来一系列认知、心理、情绪与人际交往等方面的问题。其次，不利于儿童规则意识的建立。父母不建立规则、以自己的喜怒为规则或虽有规则却随意破坏的行为都会在儿童心中形成规则无价值、无须遵守的潜意识。

因此，要建立、维持儿童与父母之间的安全依恋关系，除日常照顾，满足儿童的生理和情感需要外，还需要建立稳定的家庭规则，尤其是家庭教育规则，增强儿童家庭生活的确定性。当然这里需要指出的是规则本身的合理性、对等性和友好性也十分重要。其中，合理性指既合乎事理，又符合家庭实际，具有可执行性。这是基础。对等性即公平地考虑每个人的立场、利益，在民主协商的基础上共同建立，共同遵守，而不是单向度的提要求、立规矩。这是前提。最后要体现友好性原则，有利于儿童的生长。只有建立在合理性、对等性、友好性基础上的规则才会使家真正成为儿童的"安全心理基地"，使儿童对自己生出自信心，对他人生出信赖感，对社会生出认同感，更好地融入社会。

每一个问题孩子的背后都有一个问题家庭、一个问题家长。而在所有的家庭教育"事件"中最可怕的莫过于家长的喜怒无常，以及随之而来的暴虐。喜怒无常是对规则最大的破坏和践踏，也是童年最大的阴影，对每一个渴望成长的儿童来讲都是人生最大的不幸。所以，当你克制不了内心的冲动，当你管束不了自己的喜怒无常时，年轻的父母们，请你想一想"呼啸山庄"里的每

一个不幸的人，每一幕人生悲剧。希克厉为什么那么暴虐？哈里顿为什么那么粗野？

所以，为了孩子，请建立并遵守家庭规则。

四、距离，在合理中建立权威型教养方式

家庭人际关系和家庭教育方式是问题的一体两面，有怎样的关系往往就意味着有怎样的教育方式，反过来，有怎样的教育方式也就意味着有怎样的关系。

1. 权威型教养，一种抵达理想之境的理性选择

三种依恋关系与四种教养方式存在着一一对应的关系，如图6-2所示。

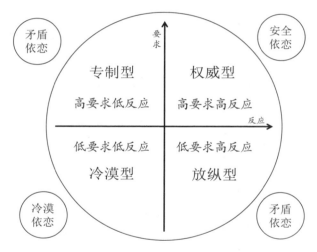

图6-2　教养方式与依恋类型的对应关系

高要求高反应的权威型教养方式有利于安全依恋的形成，不管不问的冷漠型教养方式造成的是亲子间冷漠依恋；不管是高要求低反应的专制型，还是低要求高反应的放纵型其内部逻辑都是自相矛盾的，容易形成亲子间的矛盾依恋。爱尔兰心理学家 Alan Carr 详细阐述了四种不同的教养方式对儿童成长的影响。

权威型父母采用以孩子为中心的温和方式，对孩子实行适度控制（即让孩子承担与年龄相称的责任），这为孩子发展自主性和自信心

提供了最好的环境。权威型父母的孩子，可以学会在友好协商氛围中通过换位思考解决冲突。这套技能有助于亲社会发展（其特点是，与年龄相称的道德行为、有效地合作解决问题、良好的同伴关系），进而有利于社会支持网络的发展。专制型父母虽然态度温和，接纳孩子，但是对孩子控制得很严，这会让孩子长大后变得害羞，不愿采取主动。父母的高压政策教会了他们：不加质疑地服从是处理人际差异、解决问题的最佳方式。放纵型父母态度温和、接纳孩子，对孩子约束甚少，这会让孩子长大后很难把计划坚持到底、很难控制冲动。忽视型父母让孩子感觉不到丝毫温暖和接纳，对孩子要么管得很严，要么想起来才管一下，这会让孩子出现适应问题。①

以上论述表明，对于良好的亲子关系的建立、儿童健康成长来讲，权威型教养方式是抵达家庭教育理想之境的理性选择、最佳路径。

2. 距离，一个必须认真处理的问题

教养方式从本质上讲，是场域上的位置问题、距离问题。"从分析的角度来看，一个场域可以被定义为在各种位置之间存在的客观关系的一个网络，或一个构型。"② 位置是关系形成的基础、本位、质点。关系模式则是位置之间的距离和因距离而带来的作用方式。位置、距离、作用方式构成了场域的核心要素，场域中的一切冲突皆因此而起，也为此而结束。冲突的结果是位置与距离的阶段性稳定，当这一稳定被打破后，又进入下一阶段的冲突。如此循环往复，场域也永不安静，生机勃勃。所以说，寻求一个各自都舒适的距离是场域的中心任务，其间的距离特征也决定着场域本身的存在形态。

不同的教养方式中代际有着不同的心理距离。专制型高高在上，只有管束，没有反应，不关注儿童自身的需求。放纵型委屈迁就，只有放纵，没有管束，只停留在对儿童外在性需要的满足上，不关注或无法企及儿童真正的发展。这两种类型的教养方式的心理距离扭曲不定，不利于代际双方尤其是儿童

---

① ［爱尔兰］Alan Carr. 有关幸福和人类优势的科学：积极心理学 ［M］. 丁丹，等，译. 北京：中国轻工业出版社，2018：320-321.

② 冯苗. 教育场域中的对话：基于教师视角的哲学解释学研究 ［M］. 北京：教育科学出版社，2011：53.

在家庭生活中获得心理舒适区。而冷漠型则太远，无法形成代际交集，没有或很少教育的发生。权威型的教养方式，高要求、高反应，代际双方有着合理的空间与心理距离。

关于距离，任俊提出的"时间贫困""空间贫困"以及既做孩子自己人、又跳出"自己人效应"的主张值得关注。

所谓"时间困境""空间困境"是指父母随时随地都守护在孩子的身旁，给他们无微不至的关怀，这实际上使孩子出现了"时间贫困"和"空间贫困"的状况，这种贫困等于去除了孩子在生活中获得免疫功能的机会，① 提升独立意识和自主生活能力的机会。任俊认为，父母与儿童之间的距离不宜太近，也不宜太远。

> 如果父母与孩子的距离太近，一方面会造成父母过多地干涉孩子的生活，使孩子失去自由和独立，从而养成依赖性；另一方面，过近的距离也会影响父母的权威性，使孩子失去对父母的敬畏之心。但如果父母与孩子之间的心理距离太远，那么父母就有可能会了解不到孩子的真实情况，双方会变得生疏而失去足够的心理包容力。②

这其实就是孔子说的"近则不逊，远则怨"的问题。这表明，只有在适当的距离下，双方才能找到各自的位置，找到相处的心理舒适区。人与人最近的最舒适的心理距离是"自己人"。自己人之间什么都好说，自己人之间的话也更容易听进去。

> 生活中我们都有这样的经验：在人际交往中，如果双方关系良好，那么一方就更容易接受另一方的某些观点、立场，甚至对对方提出的一些明显错误的要求也不会拒绝。相反，如果对方是与我们有冲突或矛盾的人，无论其想法本身好不好，我们都会产生一种抗拒感。③

---

① 任俊. 写给教育者的积极心理学 [M]. 北京：中国轻工业出版社，2019：152.
② 任俊. 写给教育者的积极心理学 [M]. 北京：中国轻工业出版社，2019：153.
③ 任俊. 写给教育者的积极心理学 [M]. 北京：中国轻工业出版社，2019：154.

　　这就是心理学上的"自己人效应"。从教育学上讲，也就是"亲其师，信其道"的道理。任俊认为，教育者（主要指家长、教师，尤其是家长）要想和孩子之间形成"自己人效应"，要做好以下三点。① 首先，平时要多和孩子沟通，多强调或有意显露双方的共同和相似之处，从而得到对方的认同。其次，要努力使双方处于平等的地位，不要让孩子怕你，要明白再小的孩子也是有自主意识的人，不要指望权势、地位、威严能带来威信。最后，要有良好的个性品质，形成人格感染力、吸引力。

　　当然，过犹不及，"自己人效应"使用不当，也可能产生负面效应。因为"自己人效应"有时会缩小问题的严重性。例如，当孩子出现一些原则性问题后，如果教育者一味沉溺在"自己人效应"中，将不利于孩子的改正。因此，教育者既要做孩子的自己人，又要跳出"自己人效应"。② 第一，要合理地表扬孩子。要根据孩子的行为有选择性地给予表扬，而不能无论对错都对孩子进行表扬。要尽量多夸事做得好，多夸孩子的努力，而少夸孩子聪明。研究表明，当儿童在面临困难或挫折时，那些经常被教师在智力维度方面表扬的儿童要比那些经常被教师在努力方面表扬的儿童更有可能形成习得性无助。第二，给孩子必要的惩罚。惩罚是儿童行为塑造中最管用的手段之一，它能够很好地消除不想要的行为。当然，惩罚是一种消极刺激，不宜多用，而且要尽量针对儿童的行为，不要泛化，更不要批评人格。而体罚是要绝对禁止的，它会让儿童从体罚中学会体罚，形成暴力解释与解决倾向。另外，也少用劳动作为惩罚手段，因为这一方法会使儿童在潜意识中将二者画上等号，不利于正确劳动观的形成。

五、孟母三迁，一种值得借鉴的教养方式

　　女性形象在东西方形成一个有趣的对比。在西方，女性更多以女人、妻子、情妇的形象出现。如：一场特洛伊战争就因海伦而起。作为天后赫拉，更多不是作为众神之母，而是作为宙斯的妻子，甚至是宙斯的对立面存在的。俄狄浦斯杀父娶母的故事，更是将女性的形象异常复杂化，伊俄卡斯特对于俄狄浦斯来说，是母亲，也是妻子。而在东方，尤其是中国，女性更多是以母亲的

---

① 以下内容参见任俊. 写给教育者的积极心理学［M］. 北京：中国轻工业出版社，2019：155-156.
② 以下内容参见任俊. 写给教育者的积极心理学［M］. 北京：中国轻工业出版社，2019：156-157.

形象出现的，如：商人的始祖、吞玄鸟卵而生契的简狄，周人的始祖、履巨人足迹而生弃的姜嫄。在《诗经》中，有不少赞美她们的诗文。

天命玄鸟，降而生商，宅殷土芒芒。（《诗经·商颂》）

赫赫姜嫄，其德不回。
上帝是依，无灾无害。（《诗经·鲁颂》）

思齐大任，文王之母。
思媚周姜，京室之妇。
大姒嗣徽音，则百斯男。（《诗经·大雅》）

孟母三迁、画荻教子、岳母刺字等故事也流芳千古，不断塑造着母亲在中国人心目中的伟大形象，维系着中华民族的家国认同。每一个故事，都是一篇启示深远的教育诗篇。

孟子少时，诵，其母方织。孟子辍然中止，乃复进。其母知其愃也，呼而问之："何为中止？"对曰："有所失，复得。"其母引刀裂其织，以此戒之。自是之后，孟子不复愃矣。（西汉·韩婴《韩诗外传》）

不同于一般的父严母慈的角色设定，孟子的母亲是严格的，"其母知其愃也，呼而问之：'何为中止？'"在孟子偶尔出现背书中断的时候，母亲把他叫到了身边，问："为什么停下来？"除这份严格外，值得我们关注的还有孟母的教育方式，在孟子回答说"有点忘了，但后来又记起"后，孟母所做的不是简单的批评、责罚，而是以近乎行为艺术的方式"引刀裂其织"，向孟子揭示学习如裂布，断无可续的道理，告诉他学习要勤勉、专心，不可中途分心，三心二意。其间不着一言，却在小孟轲的心中留下了深刻的印象，"自是之后，孟子不复愃矣"。

另一个值得注意的地方是母子间的距离。"孟子少时，诵，其母方织。"

母亲关心孟子的学习，但这种关心不是无距离的，不像当下有些母亲那样全方位的陪学、督学，而是有距离的，子学，母织，各做各的。但这种距离又不是遥不可及的，不像有些父母，一句"好好做作业"的警告后，自己玩自己的手机、麻将去了，完全失去了距离。从这个角度看，孟母诫子是权威型教养的典型案例，高要求高反应，既让孩子承担一定的责任，又在孩子行为出现偏差时给予及时的教育、警示。

> 邹孟轲母，号孟母。其舍近墓。孟子之少时，嬉游为墓间之事。孟母曰："此非吾所以居处子。"乃去，舍市旁。其嬉游为贾人炫卖之事。孟母又曰："此非吾所以处吾子也。"复徙居学宫之旁。其嬉游乃设俎豆，揖让进退。孟母曰："真可以处居子矣。"遂居。及孟子长，学六艺，卒成大儒之名。君子谓孟母善以渐化。（西汉·刘向《列女传》）

孟母三迁是个口口相颂、耳熟能详的故事，常被用来注解环境对人成长的意义和作用。但如果仅局限于此，远没有发掘出这个故事的教育意义。我们在看到环境对人的作用的时候，忘了另一个而且是这个故事更为重要的方面，即人对环境的主动选择。的确，环境对人的作用是巨大的，住在墓地旁边，孟子学着挖坟哭丧；住在市场旁边，孟子学着买进卖出；住在学宫旁了，孟子才学着"设俎豆，揖让进退"，习礼仪，学六艺。但除此之外，我们更应该关注的是孟母的判断和选择："此非吾所以居处子""此非吾所以处吾子也""真可以处居子矣"。对墓地、市场给孩子成长的影响作出了否定性的判断，而肯定了学宫对成长的正面影响，作出了迁离墓地、市场，定居学宫的决定。面对环境强大的形塑作用，孟母不是被动地适应环境，更没有怨天尤人，迁怒于环境、他人，而是主动地作出选择，离开不适合孩子成长的地方，去选择更适合教育发生的地方。教育，不是被动地等待环境对人的形塑，而是直面以对，主动作为，改变环境——改造或迁离。

孟母教子的故事虽然过去了两千余年，但对当下的家庭教育仍有着重要的启发性、启示性。其中所展现的不仅仅是中华民族自古以来对教育的重视，还有深刻的教育智慧。孩子就是未来，教育就是未来，一个重视孩子、重视教育的民族就是一个拥有未来的民族，而一个拥有教育智慧的民族必将拥有更为光明的未来。

家庭是个复杂的场域，既讲情，也讲理，但更多的时候是情理不分，混沌难解。教育却来不得糊涂，成长也经不起等待。所以，有些事还是要理清楚，弄明白。比如规则，没有规矩不成方圆，这句话，既对孩子说，也对父母说。比如距离，太近不好，太远不行，找到一家人都适应的心理舒适区，是一门艺术，需要一家人共同参与。首先需要的是父母要打心眼里把孩子当人看，当主体看。孩子既不是自己的财产，也不是自己的更新，他现在是，将来也必定是他自己。有这一点，才可以去谈家庭教育的积极取向，去谈孩子性格与美德优势的发现、培养与运用，去谈论人生幸福、可持续发展。

第三节　场域共融，家校共育的发生方式

因为孩子，两个原本独立运转的场域走到了一起。孩子走进校园之际，即家庭场域与学校场域相遇、相抗、相融的"历史性事件"发生之时。如果从儿童的成长史、生命史的角度来看，这确实是一个伟大的历史性事件，标志着一个儿童闯入了一个更大的成长空间，以更为正式的，即形式符号的、语言的手段叩问、探索、命名、定义、认识以至改造世界的开始，也标志着儿童自身社会化进程的加速，他（她）将在更多的人面前呈现自己，也将从更多的心灵之镜中读出自己，建构自己。

在儿童的生命史中，这是一个非常特殊的时期，他（她）既属于家庭，也属于学校，他（她）同时属于两个场域的焦点。他（她）处在两个场域的作用之下，而影响他（她）的不仅仅是两个场域本身，还有两个场域之间的相互审视、相互作用，甚至相互角力。

一、共育的字源

共，篆体，𢼭，会意字，双手捧甕，表示"供奉"或"共同"的意思。共、供、拱三字同源。同舟共济、休戚与共、同甘共苦、共克时艰……每一个成语的背后，都是中国人在现实生活中、在历史进程中守望相助、携手同行，

以家国利益为重的团结与付出。千百年来，正是在患难与共、共克时艰的民族精神的支撑下，中国人民以无与伦比的团结与勇气冲过一个又一个历史隘口，最终走到今天，走到这个离中华民族伟大复兴最近的历史关头。

育，篆体，??，会意字。上母，下子，子为倒生。育，就是生育的意思，"毓"的本字，毓、育本是同一个字。篆书讹变为育字，上子下肉，子仍保持倒生的样子。毓、育分用，但仍保持着相近的意思，"钟灵毓秀"中的"毓"就是养育、含育的意思。《说文解字》，养子使作善也。《广韵》，养也。《易·蒙卦》："君子以果行育德。"育，先民们崇尚生育、赞美生育。

> 厥初生民，时维姜嫄。
> 生民如何？克禋克祀，以弗无子。
> 履帝武敏歆，攸介攸止。
> 载震载夙，载生载育，时维后稷。（《诗经·大雅·生民》）

诗中讲述的是姜嫄履帝足迹而生弃（即后稷）的故事，赞美了姜嫄的生育之功。周鲁同宗，《鲁颂》中也有对姜嫄的赞美。

如果我们把"教""育"两个字的字源放在一起来看，会有一个很有意思的发现。教，甲骨文，??，清晰可见三个部件：爻，即文，学习的对象、内容。子，孩子，学习的人。攵，一只执杖的手，一位在旁边拿着藤杖督责的父亲。所谓教，就是父亲督责孩子学习文化知识的过程。《论语》："子在陈曰：'归与，归与！吾党之小子狂简，斐然成章，不知所以裁之。'"裁，就是教。教，呈现出的是父亲的威严；育，则更多体现的是母亲的含辛茹苦，包容慈爱，所谓"棘心夭夭，母氏劬劳"。从这两个字的字源看，教、育体现出父母在儿女成长过程中的不同分工与角色设定。一体来看，教育应当阴阳平衡、刚柔相济。或者说，教育，从来就不是单方的行为，而是孩子所有相关人的共同事业。

二、家庭教育与学校教育的相对独立性

谈共育之前，先理清一下家庭教育与学校教育的区别。刘丽琼从目的、内容、方式、评价与时间限制等几个方面详细分析了二者的区别。现根据她的分

析列表 6-2 如下。①

表 6-2　学校教育与家庭教育的比较

指标	学校教育	家庭教育
教育目的	体现国家意志，培养社会主义事业的建设者和接班人	体现家庭意志，培养健康的儿童，实现家庭目的
教育内容	主要任务是教学，讲授自然科学、社会科学知识，培养学生对科学文化知识的兴趣与学习能力。同样注意学生的品德与学习习惯的培养	侧重于思想品德、行为规范与情绪管理能力，培养儿童适应社会与环境变化的能力，习得基本的社会行为规范。为学习提供适当帮助
教育方式	班级授课制	一对一的家庭教养
评价方式	正式评价，具有选拔功能，具有阶段性、标准性	非正式评价，注重激励与纠偏功能，具有临时性、情境性
时间限制	有时间限制，间断性的	无时间限制，连续的

从以上分析可以看出，虽然学校教育与家庭教育有着同样的教育对象，在宏观上也有着相同的目的，即人的全面发展。但在具体的教育目标、教育内容、教育方式、评价方式和时间限制上存在着诸多的差别。学校教育虽然也承担着一定个体发展功能，但从本质上讲，更多体现的是国家意志，以培养社会主义事业的建设者和接班人即符合国家、社会要求的人才为目的，以科学文化知识的学习为主要内容，主要通过班级授课制的形式进行。虽然当下在基础教育阶段强调形成性评价，突出评价的差异化、过程性、诊断性，但在关键年级还是体现出评价的标准性、选拔性。而家庭教育更多服务于家庭目的，指向儿童自身的生长以及现实的生活需要，更为重视品德、情感、行为教育，一对一的教育模式，更利于因材施教，来自家庭的评价多是临时性的、鼓励性的评价，不具备选拔功能。从时间上讲，家庭教育长期且连续，具有终身性。

以上诸多差别，决定了学校教育与家庭教育的相对独立性，遵循不同的规律，采取不同的手段。因此，不可简单地将家校共育理解为谁配合谁、谁支持谁的问题，更不可将"共育"理解为"同育"，理解为使用相同的办法，采用相同的手段。这是违背基本的教育规律的。在儿童的成长过程中，学校教育与

---

① 以下内容参见刘丽琼. 积极取向的家庭教育［M］. 北京：科学出版社，2017：20-25.

家庭教育承担着不同的教育功能，没有主次之分，而且对象相同，目标叠加，内容交叉，方式互补。从本质上讲，同大于异，合作大于分歧，更何况教育的目的都是促进儿童整体地、全面地发展。因此简单的分工、彼此的割裂，甚至对抗不利于儿童的健康成长。共育，既是家校双方的理性选择，也是家校双方的共同责任。

三、视域共融，家校共育首先要的是理解

家校双方作为独立的教育主体，他们之间的关系必然是主体间性的，所以二者之间的合作本质上讲是理解性对话，是建立在理解——两个主体的"视域融合"（fusion of horizons）之上的对话——相互的转向、意义的流转和基于共同目标的互相支持、相互成就。

所谓视域，"就是看视的区域，这个区域囊括和包容了从某个立足点出发所能看到的一切。"① 视域具有开放性、动态性。视域融合是指理解者和被理解者（在对话进行时，这两个角色在双方不断转换）通过对话达到双方角度的调和，促成"理解"。在视域融合的过程中，理解者的视界不断被被理解者的视界交流，不断生成、扩大、丰富，双方都成为一个新的扩大了的自我。② "视域融合不仅是历时性的，而且也是共时性的，在视域融合过程中，历史和现在、主体和客体、自我和他者都达到了无限的辩证统一。"③

共育对于家校双方而言既是理性选择，也是共同的责任。因此，共育在一定程度上讲，不具备"可选择性"，是一件"不得不为"的事情，对于双方而言，所需要做的不是要不要共育，而是要怎样的共育，以及怎样达到"共育"的理想状态——"默契"。无需多言，却步调一致，在刚柔相济、家校相谐中形成最利于儿童成长的一个超越家、校场域之上的新的成长场域。而这，首先需要的是这两个"前结构"间的相互理解，视域的相互融合。

1. 理解，是角度互换

角度意思有二，一指个体本位，是个体与他人交往的利益出发点；二指个

① ［德］伽达默尔. 真理与方法［M］. 洪汉鼎，译. 上海：上海译文出版社，1999：321.

② 冯苫. 教育场域的对话：基于教师视角的哲学解释学［M］. 北京：教育科学出版社，2011：37-38.

③ 何卫平. 试析伽达默尔效果历史原则的辩证结构［J］. 湖北大学学报（哲学社会科学版），1998（1）：45.

体观察、分析世界的认知方式，稳定的、带有明显倾向性的解释偏好。前者基于利益，后者基于经验积累。角度一旦形成，就具有鲜明的主观性、长期的稳定性。主体间的理解，首先建立在，也体现在通过换位思考的方式承认、接受、体认对方的角度。这种代入式的思考是拟位式的体认，是尝试着站在对方的角度思考问题，运用对方的角度分析问题，从而在自己的思维内部激起两种视域的碰撞、融合，以至产生新的认知结构，达成双方视角的辩证统一。

对于家校双方而言，角度的互换，有利于突破本位主义，既看到双方的不同点，又看到双方的共同点，在求同存异中找到理解的契合点、观念的交集点、策略的联结点。在实际的家校沟通、交流中，教师要多从家长的角度出发，理解家长对孩子的爱与期盼，多想想"如果是我的孩子，我会怎样做"的问题，从而理解家长有时的不满，接受家长的某些批评。而家长也要多从教师的角度出发，理解教师的辛苦与不易，多想想"如果我是教师，我会怎么处理"的问题，从而理解教师如此处理的意图，走出个体本位，从教师是"所有孩子的老师"，而不是"自己孩子一个人的老师"的角度去思考教师的所作所为。

"己所不欲，勿施于人。"多多换位思考，是理解的开始，也是家校共育的开始。

2. 理解，是观念交流

角度是一种认知结构，是一种解释力。与角度不同，观念是对世界的看法，是认知结果。往大了讲，是世界观、人生观、价值观；往小了讲，对每一件事的看法都会凝聚成一种观念，对家庭教育的看法，凝结成家庭教育观；对教师的看法，凝结成教师观，不一而足。角度与观念相互影响，相互促进，人们以一定的角度观察世界、认知世界，从而形成观念；观念又积淀为新的认知底色，巩固、深化、拓展人的认知角度，如此循环往复。相比而言，角度更为稳定，而观念具有更强的更新力、拓展力。观念的综合是理论，更大的凝结是思想，构成一个人丰富的精神世界的中心、内核。

观念的交流、碰撞是对话与理解的核心内容，是视域融合的主要机制。观念的交流、理解不仅需要换位思考，还需要真诚的态度、清晰的表达和耐心的倾听。真诚的态度是前提，缺乏这一点，理解无从开始。正如伽达默尔所说："谁想听取什么，谁就是彻底开放的。如果没有这样一种彼此的开放性，就不能有真正的人类联系。"① 清晰的表达是基础，只有把自己的看法、意见清晰地表达出来，才可能得到理解，否则双方都在隔纱看雾，囫囵一片。倾听是关键，自说自话不是对话，对话是心的转向、意义的流转，而这一切得以发生的关键是倾听，只有听进去了，两个视域之间才有了融合的可能。

> 对话只能发生在双方"之间"，在对话中，言说者与倾听者发生着不断的转换，听者通过倾听实现了与言说者的相遇，在倾听的过程中"去蔽"并走向"澄明"的"无蔽"。因为当我们认真倾听别人时，就获得了对方体验世界的视角，而正是这些视角增加了我们看问题的深度。②

在家校交流、沟通过程中，双方都要努力走出自我本位，并尽量避免受情绪以及首因效应、刻板效应、晕轮效应等社会认知偏差的影响。在交流中，教师既要尽量传达专业的声音，给予事件专业的解释与意见，又要避免以专家自居，而要多听取家长声音，在理解的基础上作出正确的判断。意见的给出要尽量是协商式的、建议式的，更不要越俎代庖，替家长作出决定。对于家长而言，既要清晰地表达自己的意见、诉求，又要耐心地听取教师的意见。在这一过程中，只有互相敞开，才能互相接纳，视域的融合才会发生，双方才能找到理解之途、妥协之处和解决之策。

3. 理解，是产生共情

共情，也称为神入、同理心。人本主义创始人罗杰斯认为，共情，是一种能深入他人主观世界，了解其感受的能力。共情就是在与他人交流时，能进入对方的精神境界，感受对方的内心世界，能将心比心地体验对方的感受，并对对方的感情作出恰如其分的反应。与角度互换、观念交流更注重理智的理解不同，共情侧重于情感层面的理解，更多体现为情感共鸣和心意相通。共情，是理解的最高境界，意味着完全的敞开、接纳、欣赏，意味着双方终于走出"我—他"的陌生与隔阂，进入"我—你"的亲密无间。

① ［德］伽达默尔. 真理与方法［M］. 洪汉鼎，译. 上海：上海译文出版社，1999：473.
② 冯茁. 教育场域的对话：基于教师视角的哲学解释学［M］. 北京：教育科学出版社，2011：77.

真正的关系就是如此，"我"与"你"比肩而立，心神交汇，休戚与共。①

共情的形成，"我—你"关系的建立不是一蹴而就的事情，需要双方长时间的真诚相处，真情以待。对于教师而言，首先要有高尚的师德，真心关心孩子的成长，而不是把孩子仅仅当成自己"挣分"的工具，所作所为都从孩子的成长出发，才是真心为孩子好。精诚所至，金石为开，经年累月，孩子、家长都能接收到这份真诚，就会对教师生出一份情感，产生一份共鸣。对于家长而言，在实际的交往中，对教师多一份尊重，少一点傲慢，多一份理解，少一点指责，天长日久，教师也能感受到家长的善意，自能在交流中多一份理解和共鸣。作为一种理想境界，共情不易产生，但家校双方是有共情的基础的，双方都有一个共同的焦点，一根共同的纽带，那就是孩子。只要双方都真心为孩子好，真心地爱着孩子，那么这份共情，这份人间的真情还是会产生的。

爱，能创造奇迹。

四、场域共融，家校共育最重要的是形成合力

如果对话、理解是灵魂的转向、视域的融合，那么场域的共融就是行动上的相互走向，是你走向我、我走向你后的携手同行。从理解到合作是一个循环往复的过程，因理解走向合作，又因合作生出更多理解，由此形成正向的、良性的循环，两个彼此独立的场域之间的界限悄然融化，在相互走向、相互渗透、相互接纳中形成一个全新的、更大的、和谐的成长场域。

1. 家校共育的必要性

就当下而言，家校共育不仅仅是一种主张，更是一种迫切的需要。对学校而言，教育责任的不断扩大，教育场域的无限延展，需要家长介入其中，才能更好地完成教育任务。2020 年新冠肺炎疫情期间，为保证"停课不停学"而开展的线上教学，如果没有家长的参与、介入，几乎无法开展。就以线上的形式完成的安全教育、普法教育、初中生综合素质评价，同样需要家长介入。日渐丰富、复杂的校内教育教学活动，也需要家长的参与、协作。家校共育，对

---

① ［德］马丁·布伯. 我和你［M］. 任兵，译. 北京：北京联合出版公司，2018：12.

学校而言，是资源的拓展、力量的共生。

就家长而言，家校共育不仅能保障家长知情权、参与权，更大的意义还在于通过与学校、教师的交流、合作能更好地理解、把握儿童的成长规律，从而制订更恰当的、与学校教育形成互补共融的家庭教育计划，为儿童成长营造最佳成长环境。从某种程度上讲，家庭教育只有与学校教育互相融合、相互渗透才能达到好的效果。对学校教育而言，也是如此。没有家庭教育的支持，学校教育也困难不少。更为严重的是，如果家校关系走向了反面，不是共育，而是互相指责，家校双方都将困难重重，举步维艰，最终伤害的是儿童的成长、家国的未来。

2. 家校共育需要双方的投入

家校共育需要情，也需要理。情理交融的家校共育既需要家校双方都投入真情，也需要建立合作框架，组建合作机构，明确合作制度，开展合作活动，引导好、规范好双方的行动，确保各项活动高质量、高水平地开展。

家校共育是双向的。从学校来说，要多做家庭教育的引导者、建议者，而不是旁观者，学校要以家长学校为平台开展好家庭教育理论的宣传与教育、家教实操方法的介绍与指导；吸纳家长加入校务委员会，组建好各级家长委员会，提高家长参与学校管理的制度化水平；教师多做家长、学生的朋友，而不是高高在上的专家、权威，通过平等的对话、真诚的沟通，走近家长，走进家庭。

从家长来讲，要注意参与学校管理、教学以及各类活动的方式方法。既不盲目"迎合"，也不过多"挑刺"，更不故意"找茬"。具体来讲，家长更应该做好以下四点。

在管理上，做有意义的第三只眼。除了配合学校做好各项工作以外，家长，尤其是家长委员会的成员，要多从"第三只眼"的角度出发，审视学校、教师管理行为的合理性、合法性，充分利用自己的学识提出合理化建议。当然这里要注意的是，多采取建议式、协商式的办法，而少一点投诉、上访甚至"校闹"式的维权。当学校管理、教师行为明显逾越合理、合法的界限且不予改正的时候，则通过法律途径解决问题。

在教学上，做有分寸的助学者。知识学习是学校的主要任务，主场是学校，家长是补场者、助学者。在这一过程中，要注意助学的分寸，坚持"让专业的人做专业的事"的原则，配合学校做好相关教育教学工作，而不过多干涉学校、教师正常的教育教学行为。

在活动上，做有办法的参与者。积极参与学校、班级举行的各类活动是家校共育的重要途径。在校园活动尤其是班级活动中，作为家长，除了以家长义工的身份帮助学校组织活动、维持秩序外，还可以积极地出谋划策，做有想法、有办法、有创意的策划者、参与者。家长的参与对孩子来讲是示范，也是激励。

在成长上，做有主见的引导者。成长的主场是家庭。正如上文所讨论的，品德的培养、情感的丰富、习惯的养成，家庭教育拥有更多的责任和优势，一对一的教育方式更有利于浸润式的德行教育的开展。在这一过程中，学校的责任是做好德行引领、价值教育，为学生成长奠定认知底色。而主要的教育活动则应当由家长承担，家长在真实的生活场景中通过道德示范、亲子活动、行为纠偏等有效手段，于长久的、细微的生活浸润中，引导儿童完成道德建构和精神升华。

理解、合作、共融，当一个超越家庭场域、学校场域之上的更大、更新、更和谐的儿童成长场域形成之时，也就是家校合力最大之时，儿童成长最美之时。

不忘初心，方得始终。不管是学校，还是家庭，其初心都是儿童的健康成长，都是孩子的人生幸福、可持续发展和整个社会的蓬勃。因此，携手共育，不是选择，是责任！

第七章　文化与创新

——积极教育中国化的尝试

> 冯先生的话，只要把"值贞元之会，当绝续之交"略改动为"值元亨之会，当复兴之时"，可以完全表达我们身处"由元向亨"时代的心情。
>
> ——陈来

中华民族之所以能够绵延不绝，历久弥新，成为世界上唯一没有中断过的超大文明体，一个非常重要的原因就在于我们有着"海纳百川、有容乃大"的博大胸襟，有着"涵蕴化育、圆融至善"的创造性转化之功。要让积极教育在中国大地上扎下根，成为推动中国教育改革、进步的重要力量，除了博采众长，吸收世界各国思想精华，更需要努力汲取中华优秀传统文化的智慧，努力汲取中国特色社会主义教育思想。在此基础上，以当代视角、中国文化，审视、接纳、转注西来的积极心理学、积极教育学，为其安上中国心，注入中国魂，导入中国实践，以勇猛有为的创新精神，推动具有中国精神、中国风格、中国气派的积极教育学的形成。

第一节　觉醒、进取、包容，传统文化的启示

积极教育的提出与发展，是对生命的尊重与悦纳。"生生之谓易""不知生，焉知死"，中国传统文化具有强烈的生命意识。其中，为仁由己的觉醒、

自强不息的进取、和而不同的包容，对于积极教育思想的形成与升华具有深刻的启示性。

一、为仁由己——觉醒，积极教育之门

人的主体性觉醒是积极的前提，是积极教育得以开展的基础性条件以及所追求的核心目标之一。教师的主体性觉醒——对自我的深刻认知，对教师天命的深入领会，对职业幸福的深切期待，决定着积极教育的广度与深度，同时也是对学生主体性觉醒最好的示范与催发。

而对人的发现，人的主体性觉醒是轴心时代的主题，是以"仁"为核心范畴的儒家思想的重要组成部分，是儒家思想现代性转换的生发点。

> 为仁由己，而由人乎哉？（《论语·颜渊》）
>
> 我欲仁，斯仁至矣。（《论语·述而》）

"仁"是孔学的根本范畴，是人性结构的理想。[①] 在中国哲学中，人与仁是互为定义的，"仁者，人也"，亦可说"人者，仁也"。[②] 具体而言，仁有三义，人之性，人之道，人之成。[③]

仁是一个古老的概念，原指血气相和、身心贯通的生命状态[④]，孔子以爱释仁[⑤]——

> 樊迟问仁，子曰爱人。（《论语·颜渊》）

通过"爱"这一伦理性内涵的灌注实现了"仁"的创造性转换，成为人

[①] 李泽厚. 论语今读 [M]. 南京：江苏文艺出版社，2010：30.

[②] 陈来. 仁学本体论 [M]. 北京：生活·读书·新知三联书店，2014：4.

[③] 傅佩荣. 傅佩荣译解论语 [M]. 北京：东方出版社，2012：3.

[④] 在甲骨文中，仁有"𨒅"形，是郭店楚简中仁字的主要形态，上人下心，成语"麻木不仁"中的仁即有血气相和、相通之义。

[⑤] 尽管"仁"字早有，但把它作为思想系统的中心，孔子确为第一人。——李泽厚. 新版中国古代思想史论 [M]. 天津：天津社会科学院出版社，2008：17.

性之善的核心要义，人之为人的本质规定性[1]。

而颜渊问仁时，"为仁由己，而由人乎哉？"的谆谆教诲，旗帜鲜明地树立了人之为人（仁）的主体性、自觉性[2]，在中国哲学史上第一次实现了"人"的发现与觉醒。"我欲仁，斯仁至矣。"消除了人皆能成仁的疑虑，予弟子以成人至善的决心与勇气。

在对道——真理——的追求中，孔子同样强调学者的主体性、主动性：

> 人能弘道，非道弘人。（《论语·卫灵公》）

孟子亦然：

> 君子深造之以道，欲其自得之也。（《孟子·离娄下》）

人终究是不愿意自己变得渺小起来的。[3] 人为之而向自然孜孜以求，发现真；以人心砥砺琢磨，成就善；于天地涵泳勃发，创造美。当集真、善、美于一身时，方才蜕去小我的躯壳，成就大我的挺立。

而这一切，都始于对"人之为人""我之为我"的发现与觉醒。

以立德树人为己任的教育，尤其是冠以"积极"之名时，应当自觉地承担这一使命，引领人在追求真、善、美中蜕去小我，挺立大我，实现人性的超越。所以，他当大声以告：仁者，人也。为仁由己，而由人乎哉？

在教育中，这一人性的发现，自我的觉醒始于教师——唯于觉醒之师才能育出觉醒之人，成于学子——唯有造就觉醒之人的教育才能称得上"积极"二字。

觉醒，积极教育之门！

---

① 陈来在《仁学本体论》一书开宗明义：本书之宗旨，是欲将儒家的仁论演为仁学本体论。

② "仁在内在方面突出了个体人格的主动性和独立性。""仁既非常高远又切近可行，既是历史责任感又属主体能动生，既是理想人格又为个体行为。"——李泽厚. 新版中国古代思想史论［M］. 天津：天津社会科学院出版社，2008：25.

③ 张楚廷. 课程与教学哲学［M］. 北京：人民教育出版社，2003：178.

二、自强不息——进取，积极教育之路

进取是积极教育的核心要素，是积极教育所期待的，是要催发的生命状态。

> 天行健，君子以自强不息。（《周易·乾》）

中华民族自古有着自强不息、积极进取的光荣传统。从神话中的女娲补天到历史中的大禹治水，从秦皇汉武的一统山河、开疆拓土到近现代中国人民波澜壮阔的反封建、反侵略、反独裁的斗争，无不生动体现了并一次又一次强化了这一伟大的民族精神。这一精神见之于典籍，传之于梨枣①。

1. 进取，是向上的超越

向上进取，超越现有的生存境地。唯有如此，生命才能摆脱命运的控制与追踪，成为自己的主人。

> 人洁己以进，与其洁也，不保其往也。（《论语·述而》）

人难免陷于泥淖之中，但只要能"洁己以进"，孔子就"与其洁也，不保其往也"——这一"与"一"不"给予了陷于泥淖中的人们以巨大的鼓舞与信心，使其重拾信心，勠力前行，实现人生向上的超越。

作为儒学的核心范畴，"仁"本身就具有鲜明的超越性②。李泽厚认为，构成这个思维模式和仁学结构的四因素分别是：血缘基础、心理原则、人道主义、个体人格。其整体特征则是实践理性。③ 仁，即情即理，情理相融。从"仁者，爱人"这一典型论述看，仁既是人情的凝聚——爱者，情也，又是实践理性的内化——其爱所指，人也，是孔子所认可的理想人格的精神内核，是人之为人即完成对人之自然属性的超越而至理想人格的本质规定性。

---

① 旧时刻版印书多用梨木或枣木，故以"梨枣"为书版的代称。

② 这一超越性不同于宗教的超越性，而是对人的自然属性与生活的琐碎、庸碌、无常的超越，是建立在"一个世界"的基本假设上的伦理性超越。

③ 李泽厚. 新版中国古代思想史论［M］. 天津：天津社会科学院出版社，2008：18.

作为人格理想，"仁"赋予了中国人以积极进取的心理基础与价值尺度，激励着一代又一代志士仁人"仁以为己任"，自强不息，奋斗不止，一如陆象山所言：

> 要当轩昂奋发，莫恁地沉埋在卑陋凡下处。①

从而在人生的长河中实现了人格向上的飞腾，人生向上的超越。

2. 进取，是向善的执着

向上是功利，向善才是境界，才是对人之自然之境、功利之境的超越。人之异于禽兽者几希？唯善而矣。

> 上善若水，水善利万物而不争。（《道德经·第八章》）

善的利他性，在中国传统文化语境中是不言而喻的，尧舜禹汤之所以被历代称为圣王，正在于他们的利他。如禹：

> 劳身焦思，居外十三年，过家门不敢入。（《史记·夏本纪》）

对于君子而言，善是最大的德行：

> 君子莫大乎与人为善。（《孟子·公孙丑上》）

善是修身的终极目标：

> 大学之道，在明明德，在亲民，在止于至善。（《大学》）

需要一生的砥砺修行：

---

① 钱穆. 四书释义［M］. 北京：九州出版社，2017：212.

　　有匪君子，如切如磋，如琢如磨。（《诗经·卫风·淇奥》）

　　当子贡用此诗回答夫子的诘问时，夫子许以：赐也，始可与言诗也，告诸往而知来者。（《论语·学而》）

　　更需要一生的执着：

　　诚之者，择善而固执之者也。（《中庸》）

　　唯执着才能成就善。

　　3. 进取，是向美的涵化

　　存善致美，养善臻美。美是最后的哲学，也是存在的自由之地、圆融之境。

　　里仁为美，择不处仁，焉得知？（《论语·里仁》）

　　与西方哲学中美更多指向艺术的自然的审美不同[①]，中国传统哲学所意指的美更多是一种生存境界之美，是人与人、人与自然和谐相处的美好境界。

　　而这一里仁之美，不是静态的观照，而是人的主动选择、创造——择不处仁，焉得知？

　　可欲之谓善。有诸己之谓信。充实之谓美。充实而有光辉之谓大。大而化之之谓圣。圣而不可知之之谓神。（《孟子·尽心下》）

　　在此，美是德的充实与流布，是人与人和谐相处的至善之境。

　　这一美超越了"悦耳悦目"的感官之美，是"悦心悦意"的和谐，是"悦志悦神"[②]的庄严，是中国人为之奋斗、为之进取的理想之乡，至善之境。

　　中国传统文化语境中的自强不息、积极进取具有深刻的仁学内涵、丰厚的

---

　　① 这里指西方近现代美学，如黑格尔美学关于古典型、象征型、浪漫型三种类型的阐述，康德美学对优美、壮美以及形式美、依存美的论述，无不如此。

　　② 见李泽厚《美学三书》。

222

美学意蕴，其所指向的不仅仅是功利与功业，更是道德与境界，对于消解、对治当下教育中工具主义、技术主义、功利主义的倾向①具有重要意义。这一仁学内涵、美学意蕴本身是也应当是积极教育的重要内容。

彭凯平教授在《吾心可鉴：澎湃的福流》一书中，将利他教育、美德教育列为积极教育的重要内容，同时指出"为天地立心，为生民立命，为往圣继绝学，为万世开太平"，此哲学家所应期许者也。这是少数人能达到的一种境界，对于我们大多数人来说，我们做不到开太平，继绝学，但我们的心要追求高尚。我们虽然不一定能够完全做到，起码我们可以尝试去学习，这就是积极教育追求的一种境界。②

所以，积极教育之积极进取，不是单纯地追求更多的奖励、更高的升学率，而是向教育的至善至美之境砥砺前行，奋楫扬帆。

三、和而不同——包容，积极教育之成

包容是积极教育的必备要素。唯有包容——承认与接受人的多样性，教育才能走出千人一面的误区，打破精英教育的樊篱，融化阶层固化的坚冰，从而成为社会和谐发展的积极因素。

包容，造就了中华民族兼容并蓄、有容乃大的民族品格，是最值得当代社会传承与践行的民族精神之一。

1. 包容，源自对多样性的承认与尊重

多样性，作为一种客观存在，不以人的意志为转移。它不仅体现在自然万物之中，同样也体现在人类社会之中。

> 物之不齐，物之情也。（《孟子·滕文公上》）
>
> 万物并育而不相害，道并行而不相悖。（《中庸》）

人，禀赋不同，经历各异，如果简单的"一"以同之，只会伤其情，害其意。

---

① 祝铨云. 新形势下的教育困境及几点建议［J］. 教书育人·教师新概念，2010（11）：11-13.
② 彭凯平. 吾心可鉴：澎湃的福流［M］. 北京：清华大学出版社，2016：306.

2. 包容，是"和而不同"的智慧

"和"是一个古老的概念，《尚书》中就有"百姓昭明，协和万邦"之说。"和也者，天下之达道也"，它不仅是天地的"包育之力"——"致中和，天地位也，万物育焉"，也是先王的"治理密码"——"礼之用，和为贵，先王之道斯为美"。

和，不是被动的接受，不得已的迁就，而是主动的兼容并蓄，容其所短，用其所长。

> 及其使人也，器之。（《论语·子路》）

器之，量才而用。

3. 包容，是对强者的尊重与仰慕

不要惊讶，对强者的包容也并不是件容易的事。不然，唐太宗的纳谏也不会被历史大书、特书。

> 其心休休焉，其如有容。人之有技，若己有之；人之彦圣，其心好之。（《尚书·秦誓》）

妒贤嫉能与虚荣一样，是人性的弱点。历史上，不少俊彦之士老于林中，不能为国所用的一个重要原因就是当道者的妒贤嫉能。正因如此，秦人把"断断猗，无他技"，却能容人所长——"人之有技，若己有之；人之彦圣，其心好之"——的人视为可以保子孙黎民的国宝。

4. 包容，是对大众的容纳，对"不能者"的体恤与关心

解决了社会竞争机制，使人才辈出，各有所用之后，如何避免"赢者通吃"是必须解决的社会问题。

> 君子尊贤而容众，嘉善而矜不能。（《论语·子张》）

这一在尊贤、嘉善的同时对大众的容纳，对"不能者"的体恤，有利于

避免"赢者通吃"，使"老有所终，壮有所用，幼有所长，矜寡孤独废疾者皆有所养"的理想之治（于当下而言，是一个良性社会的基本要求）成为可能。

而这一"尊贤与容众，嘉善而矜不能"的社会治理主张，对当下的教育也同样具有深刻的启示性。

5. 包容性成长，积极教育的题中之义

当前教育在高考指挥棒的调动下，似乎已经习惯了功利主义教育的华山一途，逐渐失去了包容的能力。就学校而言，得更多奖、获更高升学率仍旧是办学工作的第一目标，于此以外的"身心和谐""包容性成长"等，常常是边缘性、装饰性的，从没有也无法走入办学目标体系的中心。

但随着社会的发展，尤其是沿海发达地区城市化、信息化的高速发展，生存性教育不再是社会教育需要的唯一类型，发展性、享受性教育也逐渐走入人们的视野①。整体而言，以功利性、生存性教育为主要形态的教育现实与多元化、层次化教育需求错位龃龉，张力日增。

包容性发展是人们为了克服现代文明发展中的根本性困境和不足而提出来的一种新发展理念，是中国传统智慧对当代人类命运发展的主要贡献之一。赋予积极教育以包容性内涵，也是摆脱当下教育发展困境、满足多元化教育需求的必由之路。

承接这一发展趋势，积极教育应当增强教育的包容性。既要继续开展生存性教育，为"升学—就业"提供学力保证，又要大力提倡发展性教育，为满足个性化发展需要提供特色化教育路径的支持，也要适度开展"享受性教育"，为精英家庭提供优质、高端教育服务。在学校教育中，不仅要致力于"嘉善"，着力于优秀人才的培养，也要致力于"矜不能"，打破唯分数论，在"选拔—成才"之外，为发展相对滞缓的或有特殊要求的孩子创造相对宽容的成长环境，允许他们按照自身的节奏拔节、成长。

教育，只有在为"能者"铺就成才之路的同时，也为"不能者"创建成长的花园，才能称得上成熟的教育。

包容，积极教育之成。

---

① 祝铨云. 新形势下的教育困境及几点建议［J］. 教书育人·教师新概念，2010（11）：11-13.

觉醒、进取、包容，是中国传统文化予以现代教育的深刻启示。积极教育当以引领当下教育走出工具化、功利性的误区为己任，关切师生的生命存在，启发师生的主体性觉醒，在向上、向善、向美的积极进取中实现全体师生的包容性成长。

第二节　爱国、责任、实践，中国特色社会主义教育思想的启示

在吸收、转化积极心理学研究成果的同时，积极教育应当自觉吸收中国特色社会主义教育思想的营养，接受它的指导，坚持社会主义核心价值观，坚持贯彻党和国家的教育方针，成为当前教育改革的推动力量。

一、以爱国主义挺立积极教育的精神支柱

在社会主义核心价值观中，最深层、最根本、最永恒的是爱国主义。[1] 中华民族有着深厚的爱国主义传统，历任党和国家领导人都十分重视爱国主义教育。

抗战时期，在谈及文化教育时，毛泽东指出，应当以提高和普及人民大众的抗日的知识技能和民族自尊心为中心。[2] 在 1978 年全国教育工作会议上，邓小平提出，要把青少年培养成忠于社会主义祖国的优秀人才。[3]

2018 年 5 月 2 日，在与北京师范大学学生座谈时，习近平指出，爱国，是人世间最深层、最持久的情感，是一个人立德之源、立功之本。在 2018 年全国教育大会讲话中，习近平要求，要在厚植爱国主义情怀上下功夫，让爱国主义精神在学生心中牢牢扎根，教育引导学生热爱和拥护中国共产党，立志听党话、跟党走，立志扎根人民、奉献国家。

---

①　习近平. 习近平总书记系列重要讲话读本（2016 年版）［M］. 北京：学习出版社、人民出版社，2016：191.

②　毛泽东、邓小平、江泽民论教育［M］. 北京：中央文献出版社、人民教育出版社、北京师范大学出版社，2002：52.

③　毛泽东、邓小平、江泽民论教育［M］. 北京：中央文献出版社、人民教育出版社、北京师范大学出版社，2002：141.

2019 年 11 月，《新时代爱国主义教育实施纲要》发布，要求"始终高扬爱国主义旗帜，着力培养爱国之情、砥砺强国之志、实践报国之行，使爱国主义成为全体中国人民的坚定信念、精神力量和自觉行动"。

意义作为幸福元素之一，指的是归属和致力于某种超越自我的东西。[①] 作为性格优势之一的超越优势，将一个人与更庞大的宇宙形成联系。[②] 这两者表明，积极心理学在追求人生蓬勃的过程中，注意引领个体超越自我，将生命与更为广阔的存在联系在一起，赋予人生厚重的价值归属感。

所以说，引领学生在关注自身幸福与成长的同时，将个体命运与社会、国家和民族等超越性存在紧密联系在一起，以爱国主义挺立精神支柱，是积极教育的内在要求与神圣使命。

1. 树立爱国主义教育主体意识

爱国主义教育是全社会共同的责任，但学校必须明白，一个人精神生命形成的关键期——青少年时期——是在学校度过的，因此学校必须树立爱国主义教育的主体意识，义不容辞地担当起培育爱国情感，深化爱国认知，树立爱国精神的重任。立德树人，要立爱国主义之德，树爱国主义之人，如此才能把"培养德智体美劳全面发展的社会主义接班人、建设者"的教育方针落到实处。

2. 将爱国主义建立在深厚的情感之上

从小事做起，将爱国主义与爱家、爱班、爱校、爱乡等生命共同体教育联系在一起，将爱国主义建立在深厚的情感之上。天下大事必作于细。爱国主义首先是一种情感，而任何情感不会发生在抽象的事物上，能激起情感的必定是具体的、活生生的人、事、物、景。因此，从学生身边可感的家庭、班级、校园、家乡着手，让学生深切感受到家庭的温馨、班级的团结、校园的多彩、家乡的美好，再逐步扩大至更为广阔的生命共同体——国家与民族的山川之美、历史之厚、文化之深，形成自发的热爱之情，爱国主义教育才能免于空洞，成为有本之木，有源之水。

---

① ［美］马丁·塞利格曼. 持续的幸福［M］. 赵昱鲲，译. 杭州：浙江人民出版社，2012：16.
② ［美］克里斯托弗·彼得森. 打开积极心理学之门［M］. 侯玉波，王非，译. 北京：机械工业出版社，2018：149.

3. 将爱国主义建立在丰厚的精神文化之上

从文化入手,将爱国主义与中华优秀传统文化、革命文化、社会主义先进文化教育联系在一起,将爱国主义建立在丰厚的精神文化之上。

民族是基于文化认同的生命共同体,作为文明型国家①,中华民族更是如此。因此,爱国主义教育始于情感,成于文化。爱国主义教育要免于贫乏,就一定要扎扎实实开展好文化教育,让学生深刻认识到、体会到中华优秀传统文化的博大与精深、革命文化的严肃与深刻、社会主义先进文化的科学与丰富,形成文化认同,树立文化自信。传统是活着的过去,文化是精神的血脉。只有在文化的浇灌之下,爱国主义精神才能在学生心中根深叶茂,至死不渝。

4. 以爱国主义为核心,深入推进思想政治教育

重视思想政治教育,是中国特色社会主义教育的本质特征,事关培养什么人、怎样培养人、为谁培养人等根本性问题。积极教育要立足中国大地,就必须以爱国主义为核心,全面、深入推进思想政治教育,对学生进行理想信念教育、纪律教育、道德教育、集体主义教育、社会主义教育,引领青少年树立共产主义远大理想,把个人成长与民族复兴、国家富强联系起来,赋予生命以更为深刻的意义,使人生蓬勃富有更深厚的价值内涵。

二、以责任意识提供积极教育的动力之源

天下兴亡,匹夫有责。责任意识是将爱国主义精神转化为报国行动的动力之源,也是实现个人幸福、人生蓬勃的意志支撑。中国特色社会主义教育思想十分重视师生责任意识的培养。

1. 教育之责,首在教师

党和国家的历任领导人都对广大教师寄予厚望,赋以重任。1938 年,毛泽东为《边区教育》题词:为教育新后代而努力。② 在 1978 年全国教育工作会议上,邓小平明确指出:中小学教师和幼儿教育工作者,负有培养革命接班

---

① 张维为. 文明型国家 [M]. 上海:上海人民出版社,2017.
② 毛泽东、邓小平、江泽民论教育 [M]. 北京:中央文献出版社、人民教育出版社、北京师范大学出版社,2002:12.

人的幼苗的重任。① 又说：一个学校能不能为社会主义建设培养合格的人才，培养德智体全面发展、有社会主义觉悟的有文化的劳动者，关键在教师。②

进入新时代后，习近平明确指出，发展教育事业，广大教师责任重大、使命光荣。③ 教师是人类灵魂的工程师，是人类文明的传承者，承载着传播知识、传播思想、传播真理，塑造灵魂、塑造生命、塑造新人的时代重任。④ 向广大教师提出了"四个引路人"的明确要求——做学生锤炼品格的引路人，做学生学习知识的引路人，做学生创新思维的引路人，做学生奉献祖国的引路人。⑤ 为广大教师履行教书育人的使命指明了方向，明确了责任。

2. 履行职责，贵在奋斗

奋斗精神是责任意识的生动体现，是社会主义建设和中华民族伟大复兴的强大精神动力。

1939 年 5 月，毛泽东在延安庆贺模范青年大会上说："中国的青年运动有很好的革命传统，这个传统就是'永久奋斗'。"⑥ 邓小平指出：（要缩短与发达国家的距离）必须下长期奋斗的决心。⑦

习近平同样强调奋斗的长期性、艰巨性："奋斗是长期的，前人栽树、后人乘凉，伟大事业需要几代人、十几代人、几十代人持续奋斗。"他指出，新时代是奋斗者的时代、幸福都是奋斗出来的、奋斗本身就是一种幸福。⑧ 要求在培养奋斗精神上下功夫，教育引导学生树立高远志向，历练敢于担当、不懈奋斗的精神。⑨

积极心理学强调人的建设性力量，鼓励、尊重人的主体性，强调"对孩

---

① 毛泽东、邓小平、江泽民论教育 ［M］. 北京：中央文献出版社、人民教育出版社、北京师范大学出版社，2002：141.

② 毛泽东、邓小平、江泽民论教育 ［M］. 北京：中央文献出版社、人民教育出版社、北京师范大学出版社，2002：144.

③ 2015 年 9 月 9 日，习近平给"国培计划（2014）"北京师范大学贵州研修班参训教师的回信.

④ 2019 年 9 月 10，习近平在全国教育大会上的讲话.

⑤ 2016 年 9 月 9 日，习近平同志到北京八一学校看望慰问师生时的讲话.

⑥ 摘自习近平 2018 年 5 月 2 日在北京师范大学师生座谈会上的讲话.

⑦ 邓小平：艰苦奋斗的创业精神是建设中国特色社会主义的主要手段和途径 ［DB/OL］. 邓小平纪念网-人民网. http://cpc. people. com. cn/n1/2018/0727/c69113-30172690. html.

⑧ 新时代，习近平谈奋斗 ［DB/OL］. 中国青年网. https://news. youth. cn/sz/201805/t20180522_11625800. htm.

⑨ 2018 年 9 月，习近平在全国教育大会上的讲话.

子主体性的重视建立在孩子必须为他的行为承担责任的基础之上"①。塞利格曼在《持续的幸福》中将积极的人际关系、成就列入幸福元素，鼓励人们为实现人生和人类社会的蓬勃而努力奋斗。

责任意识、奋斗精神是内含于"积极"之中的，是积极教育的本质性要求。

3. 责任意识与奋斗精神的培养

强化教师的教育主体地位，以教育自觉启发、强化教育责任意识与奋斗精神。Ryan 和 Deci 的自我决定论连续体理论研究表明，自主水平越高，在活动上就坚持得越久，表现就越好，主观幸福感就越强。② 教师的教育责任感与教育幸福感紧密相连，这要求尊重、强化教师的教育主体地位，尊重、鼓励教师的首创精神，增强教师在教育教学工作中的自主性、积极性，从而把教育责任从外在要求转化为内在激励，激发教师为人民教育事业奋斗终身的热情。

强化学生的成长主体地位，在"自主选择，自我负责"的反复实践中，培养学生的责任意识和奋斗精神。在这一过程中，最为关键的是尊重孩子的选择权，并坚持孩子的责任让他自己承担，只有这样才能培养孩子的规则意识，孩子对他人的权利才可能有基本的尊重，对法律才可能有基本的敬畏。③ 即孩子的基本的社会责任意识才可能得以建立，并在此基础上逐步意识到自己与他人、社会的紧密联系，愿意为社会、民族和国家的命运负责、奋斗。

三、以实践创新提升积极教育的内在品质

重实践、求创新是中华民族的优秀品质，从孔子的"学而时习之"到王阳明的"知行合一"、陶行知的"做学教合一"，从汤铭文中的"苟日新，日新新，又日新"到"创新是一个民族进步的灵魂"，数千年来，一以贯之。

1. 实践出真知

在《实践论》中，毛泽东同志指出："认识从实践始，经过实践得到了理

---

① 刘丽琼. 积极取向的家庭教育［M］. 北京：科学出版社，2017：24.

② ［爱尔兰］Alan Carr. 有关幸福和人类优势的科学：积极心理学［M］. 丁丹，等，译. 北京：中国轻工业出版社，2018：137.

③ 刘丽琼. 积极取向的家庭教育［M］. 北京：科学出版社，2017：47.

论的认识，还须再回到实践去。"邓小平理论，贯穿始终的一条主线就是：实践出真知，实践长才干，在探索实践中求发展。①

习近平同志教导青年学子：学到的东西，不能停留在书本上，不能只装在脑袋里，而应该落实到行动上，做到知行合一、以知促行、以行求知。要求青年学子"不论学习还是工作，都要面向实际、深入实践，实践出真知；都要严谨务实，一分耕耘一分收获，苦干实干"②。

2. 创新是第一动力

1953 年 3 月 7 日，在普通教育工作座谈会上，毛泽东要求重视培养学生的创造精神。③ 邓小平强调："我们一定要有独创精神，要闯出自己的道路。"④

习近平指出：建设社会主义现代化强国，发展是第一要务，创新是第一动力，人才是第一资源。⑤ 学校教育"要在增强综合素质上下功夫，教育引导学生培养综合能力，培养创新思维"⑥。

创造力是积极心理学 24 种性格优势之一。幸福五元素之一的"沉浸"是指在内在动机驱动下从事具有挑战性和可控性的需要大量技能的活动时体验到的状态——幸福在挑战性、创造性的活动中。

在引领学生追求幸福，实现人生蓬勃，推动社会殷盛的过程中，积极教育应当打破学科中心、认知中心，以实践性、创造性重塑学习过程。

3. 以学生主体性实践活动建构学习过程

当前学校教育一个非常重要的缺陷是以认知性活动为中心，过分强调学科知识的系统性，学习过程窄化为认识、记诵、操作信息符号的过程，教育与生活的分裂愈演愈烈，成长异化为追求"成绩—升学"的过程。知识增长的同时并没有带来成长的欢欣，创造性冲动也在反复的作业操作中几近于无。要突

---

① 叶炳昌. 重在实践——学习《邓小平文选》之感悟［DB/OL］. 邓小平纪念网-人民网. http：//cpc. people. com. cn/n1/2018/0808/c69113-30216363. html.

② 摘自习近平 2018 年 5 月 2 日在北京师范大学师生座谈会上的讲话。

③ 毛泽东、邓小平、江泽民论教育［M］. 北京：中央文献出版社、人民教育出版社、北京师范大学出版社，2002：69.

④ 邓小平：我们一定要有独创精神，要闯出自己的道路［DB/OL］. 邓小平纪念网-人民网. http：//cpc. people. com. cn/n1/2019/0227/c69113-30904205. html.

⑤ 摘自习近平 2018 年 5 月 2 日在北京师范大学师生座谈会上的讲话。

⑥ 摘自习近平 2018 年 9 月 10 日在全国教育大会上的讲话。

破这一成长困局，教育要做的是走出学科中心、认知中心，不是简单的少讲多练，而是以学生的实践活动为中心组织学习过程，突出过程性、操作性、体验性，切实建立起学生与自然、生活、社会、世界的直接的真实的联系，提高学生发现问题、解决问题的能力，并在切实地解决问题的过程中体验情绪、情感的真实变化，丰富学生的内心世界，促进人格的健全。

4. 发挥性格优势在创造性学习①过程中的作用

在教育教学中开展创造性学习是培养学生创新能力的重要途径，创造性学习是一种基于内在动机——真实的喜欢、热爱——而展开的学习方式。积极心理学认为，人们在工作、关系和爱好中看重的东西与他们自己的性格优势相一致。② 因此，在教育教学过程中，注重发现、发挥学生的性格优势，更利于学生找到自己真正喜欢的学习内容，采取更为适合自己的学习方法，从而更具创造性地开展学习活动，取得更好的学习效果——学习过程不再是在外力驱动下的知识积累过程，而是在内在动机驱动下的探索过程、创造过程。

积极教育要坚持扎根中国大地办教育，全面吸引中国特色社会主义教育思想，自觉挺立爱国主义精神，强化思想政治教育，坚持社会主义办学方向，提升责任意识，培养奋斗精神、实践能力和创新品质，打造具有中国风格的崭新教育形态。

第三节　一种努力，积极教育的中国化

文化是一种历史积淀而成的稳定的生存方式。"文化，到处都制约着我们的生活，不管你是否意识到，从降生的瞬间直到死亡。"③ 教育作为一种文化传承活动，自身就是文化传统的产物，教育无时无刻不接受着文化的规训。在

---

① 作为创造性教育的一种形式，创造性学习是在发现学习与创造性思维等研究的基础上发展起来的，与传统学习方式——维持学习——相对，是能够引起变化、更新、改组和形成一系列问题的学习方式。（参见 360 百科：创造性学习）

② ［美］克里斯托弗·彼得森. 打开积极心理学之门［M］. 侯玉波，王非，译. 北京：机械工业出版社，2018：160.

③ ［日］筑波大学教育学研究会. 现代教育学基础［M］. 钟启泉，译. 上海：上海教育出版社，1986：90.

中国大地上推进积极教育，必然接受来自中国文化的规训。所以说，积极教育的中国化不是一个选择，而是一个必然。我们要做的，是努力使这一过程更为自觉地发生，更为顺利地推进。当然，这是一个宏大的课题，也必然是一个艰辛的过程，需要的不仅仅是理论的勇气与努力，更要实践的自觉与担当。

正因宏大，不是一节文字所能完成的，因此，本书于此只对以下两个问题略加阐述，而把更大的空间与可能付诸实践，等待实践的回答与创造。

一、为什么能？积极教育中国化的可能性浅述

谈论"为什么能"的问题，实质上就是谈论能否"接上头"的问题。如果以嫁接为喻的话，就是作为新穗的"积极心理学""积极教育"能否接得上作为砧木的"中国文化"的枝，有无这样的豁口。研究表明，这个豁口是有的，前现代的中国传统文化与后现代文化有着异曲同工之处。我们且看下面两位现代思想家的论述。

> 德里达前几年到中国来，说，中国没有哲学，许多中国人大为气愤，其实他是在推崇中国。德里达认为，他们自己正要从哲学里挣脱出来。……现在西方的所谓的"后哲学"，我认为就是从思辨的狭义的形而上学转变到那种以生活为基础的哲学。中国没有哲学吗？有吧，就是那种"后哲学"。生活大于语言，也大于几何学，语言的普遍性意义和翻译的可能性来自人类衣食住行的普遍性。所以我说中国哲学和后现代哲学恰恰是可以接头的。①

这是李泽厚先生 2010 年的谈话录中的一段话，也正是在这一谈话录中，李泽厚先生提出了"应该是中国哲学登场的时候了"。而提出这一主张的一个根本性前提就是，"中国哲学和后现代哲学恰恰是可以接头的"。而且，李泽厚先生认为"后现代到德里达，已经到头了"。所以，中国哲学的登场，不是简单的接头，而是"接着讲"。

那么作为后现代之一的积极心理学、积极教育能否与中国的哲学、中国的

---

① 李泽厚，刘绪源. 该中国哲学登场了：李泽厚 2010 年谈话录［M］. 上海：上海译文出版社，2011：7.

文化接上头呢？可以的，比如它的核心概念"幸福"。我们看到，塞利格曼的结构化的幸福理论 PERMA：积极的情绪、投入、人际关系、意义和目的、成就，已经走出了希腊的实现论幸福观以及被康德用道德驯化了的幸福观，而回到了生活的、经验的、世俗的幸福观，这与中国传统文化及民间社会所崇尚的基于现实生活的"寿、富、康宁、攸好德、考终命"虽然具体指标、要素不同，但指向现实、指向生活的价值取向是相通的。

关于中国的"前现代"与西方的"后现代"的相通，陈来先生也有类似看法。

列维纳斯主张把哲学看作是"爱的智慧"而非传统希腊语中的"智慧之爱"。成中英指出，中国哲人的出发点在以人的自觉为中心来建立与世界的关系，所以应该反过来说，是爱的智慧之学。①

走出语言哲学、分析哲学的死胡同，甚至跳脱出本体论、认识论，② 回到生活，扬弃"智慧之爱"，回到"爱的智慧"，后现代在某种程度上讲是向中国传统文化的致敬与回归。正因如此，千年交接之时，就有西方哲人说过，世界的未来在中国，在孔子。这一切，构成了归属于后现代的积极心理学、积极教育中国化的前提与基础，构成了积极心理学、积极教育学的新穗嫁接到中国文化砧木上的豁口。下面从三个方面具体讨论积极心理学、积极教育与中国文化的可"嫁接"之处。

1. 儒家文化，积极的文化倾向

积极心理学、积极教育与以儒家文化为主体的中国文化可"嫁接"的豁口除了上文提到的"幸福"的生活指向外，一个非常重要的嫁接点在二者的

---

① 陈来. 仁学本体论 [M]. 北京：生活·读书·新知三联书店，2014：11.

② 李泽厚在 2010 年谈话录中指出：海德格尔提出"哲学的终结"，他讲的是以希腊哲学为标本的、我称之为"狭义"的形而上学的终结，是从古希腊以来的哲学的本体论，或者叫存在论，那是用思辨的方式探索 being（存在）的纯理性追求的某种"终结"。见李泽厚，刘绪源. 该中国哲学登场了：李泽厚 2010 年谈话录 [M]. 上海：上海译文出版社，2011：2. 陈来先生在《仁学本体论》中指出，列维纳斯对传统西方哲学的形而上学方向进行了扭转，即形而上学不再是要追问存在的问题，而是把人与他者的一致看作形而上学的根本问题。两位学者实际上都指出后现代向着中国传统文化的转向，指出了后现代与中国传统文化"嫁接"的可能性。

出发点——"人"上。仁是儒家思想的核心，仁者，人也。儒家的人是有血有肉的人，是情理相融的人。他昂扬伟岸，可以"赞天地之化育，则可与天地参"，可以"从道不从君"，可以"无欺也，而犯之"，可以"见大人而藐之"；他奋发有为，"苟有用我者，期月而已可也，三年有成""如欲平治天下，当今之世，舍我其谁也"；他善良正直，"泛爱众，而亲仁""以德报德，以直报怨"。而积极心理学本质上是人本主义心理学，是人本主义心理学在二十一世纪的传承与表达，其创始人塞利格曼有着深厚的人文情怀。

在书中，我们不难觉察到在文字智能的背后，塞利格曼教授的人文关怀，以及对心理学的发展、对国家的发展、对人民成就幸福人生的向往，都怀着巨大的盼望和心胸。①

积极心理学的研究渊源，最早可追溯到 20 世纪 30 年代 Terman 关于天才和婚姻幸福感的研究，以及荣格关于生活意义的研究。②

积极心理学、积极教育与儒家文化在原点上的相通——对人的发现、对生活的回归——为积极心理学、积极教育的中国化提供了"嫁接"的可能。彭凯平也主张在积极心理学的研究、推广中注意与传统文化的结合。

心理学作为一门基础科学，它所做的很多关于人类心理机制、过程的研究，应该是比较具有普世性的。但是，有关人类社会和文化心理的研究，有关幸福、快乐、积极的研究，都应包含文化因素的考量。因此，如何将"传统文化与现代科学心理学"结合起来，我个人觉得要有一种宽容、大度、严谨和务实的态度。③

不仅在原点上，还在具体细节上，传统文化尤其是儒家文化体现出积极入

---

① ［美］马丁·塞利格曼. 持续的幸福［M］. 赵昱鲲，译. 杭州：浙江人民出版社，2012；推荐序.

② ［爱尔兰］Alan Carr. 有关幸福和人类优势的科学：积极心理学［M］. 丁丹，等，译. 北京：中国轻工业出版社，2018；译者序Ⅱ.

③ 彭凯平. 吾心可鉴：澎湃的福流［M］. 北京：清华大学出版社，2016；262.

世、奋发有为的文化特质。在上节关于传统文化的启示中，我们清晰地看到，不管是"仁以为己任"的主体性觉醒，还是"自强不息"的进取精神、"和而不同"的包容大度，都体现出鲜明的积极特质，是中华民族自古以来开疆拓土、生息繁衍的精神力量，是积极教育中国化最有力的文化支撑和精神力量。

2. 中国特色社会主义教育思想，积极教育中国化的思想源头

中国特色社会主义教育思想是新中国历代领导人关心教育、思考教育的理论结晶。党的十八大以来，习近平关于教育的重要论述，进一步丰富了中国特色社会主义教育思想。这一教育思想为中国教育改革指明了方向，提供了思想基础和理论保障，是积极教育中国化的思想源头。

首先，习近平关于扎根中国大地办教育的思想，为积极教育中国化指明了方向。

任何一个事物的发展都必须有适合其生长的环境和土壤。教育也是一样，任何一个国家的教育发展都是建立在其自身历史土壤之上的。由于历史条件、文化传统和具体国情不同，各国教育都有其各自独特的内在逻辑和生成规律。习近平同志强调，坚持党对教育事业的全面领导，坚持把立德树人作为根本任务，坚持优先发展教育事业，坚持社会主义办学方向，坚持扎根中国大地办教育，坚持以人民为中心发展教育，坚持深化教育改革创新，坚持把服务中华民族伟大复兴作为教育的重要使命，坚持把教师队伍建设作为基础工作。这意味着，办中国特色社会主义教育事业必须牢牢扎根于中国大地，要始终坚持一切从中国实际和中国国情出发，继承而不守旧，借鉴而不照搬，追赶而不追随。[①] 推进积极教育中国化，是积极教育的发展方向，是积极教育扎根中国大地的内在需要。

其次，习近平关于教育本质的论述，为积极教育中国化指明了道路。

联合国教科文组织 2015 年度报告提出："应将以下人文主义价值观作为教育的基础和目的：尊重生命和人格尊严，权利平等和社会正义，文化和社会多样性，以及为建设我们共同的未来而实现团结和共担责任的意识。"党的十八大提出"人类命运共同体"的主张。习近平总书记在清华大学苏世民学者项目启动的贺信中指出："教育决定着人类的今天，也决定着人类的未来。"又

---

① 教育部课题组. 深入学习习近平关于教育的重要论述 [M]. 北京：人民出版社，2019：82-83.

强调："教育应该顺此大势，通过更加密切的互动交流，促进对人类各种知识和文化的认知，对各民族现实奋斗和未来愿景的体认，以促进各国学生增进相互了解、树立世界眼光、激发创新灵感，确立为人类和平与发展贡献智慧和力量的远大志向。"习近平的这段论述，使我们充分认识到教育的本质和作用。教育的本质就是通过传授知识、提高品德、启迪智慧，培养促进社会发展的人才，是提高每个人的生命质量、提升生命价值的重要途径。[①] 这一对教育本质的论述，既阐明了教育的个体功能——提高每个人的生命质量、提升生命价值，又指出了教育的社会功能、人类功能——为人类和平与发展贡献智慧和力量。将个体价值的实现与人类命运共同体的建设联系在一起，为积极教育在中国的推广、实施指明了实施路径：将个体生命价值建立在为超越性共同体的存续与发展提供"创造性劳动"之上。

再次，习近平关于"四有好教师"的论述，为积极教育中国化指明了师资建设的标准。

怎样的老师才是好老师，习近平提出了四条标准：要有理想信念、要有道德情操、要有扎实学识、要有仁爱之心。在北京市八一学校与教师座谈时，他又提出了四个"引路人"："广大教师要做学生锤炼品格的引路人，做学生学习知识的引路人，做学生创新思维的引路人，做学生奉献祖国的引路人。"[②] 其中，理想信念，是源头活水，是好老师的不竭动力；道德情操，是境界修为，是好老师的成长阶梯；扎实学识，是行动利器，是好老师的实践工具；仁爱之心，是幸福之本，是好老师的成就之根。

在谈及一个老师应该如何对待学生时，习近平总书记指出："好老师一定要平等对待每一个学生，尊重学生的个性，理解学生的情感，包容学生的缺点和不足，善于发现每一个学生的长处和闪光点，让所有学生都成长为有用之才。"[③] 这是对仁爱之心最具体的阐述。以仁的超越性超越人的自然属性，超越生活的琐碎与庸常，超越社会的固陋习俗，担当人之为人的责任，抵达人之为人的理想之境，成就人之为人的文明之域，是"仁"给予积极教育、涵育积极教师的启示，而"四有好教师"的提出，进一步丰富了积极教师的本质

---

① 教育部课题组. 深入学习习近平关于教育的重要论述 ［M］. 北京：人民出版社，2019：19.
② 教育部课题组. 深入学习习近平关于教育的重要论述 ［M］. 北京：人民出版社，2019：133.
③ 教育部课题组. 深入学习习近平关于教育的重要论述 ［M］. 北京：人民出版社，2019：137.

内涵和修养标准，为积极教育中国化提供了师资建设的指引。

3. 陶行知教育思想与实践，一种中国化的典范

1914 年，陶行知赴美国哥伦比亚大学师范学院攻读教育学博士学位。哥大期间，他师从杜威、克伯屈、斯特雷耶等进步主义教育大师。回国后，陶行知曾试图用杜威的教育理论来解决中国人民大众受教育的问题。搞了几年，毫无成效。这一经历使他认识到不考虑中国的实际，对杜威的一套生搬硬套，在中国根本行不通。回顾自己走过的弯路，陶行知沉痛地说："我从美国回来，用杜威的一套到处碰壁，到了山穷水尽，不得不另找出路。"基于这一认知，陶行知先生结合中国实际，对杜威的教育思想"翻了半个筋斗"（刘大伟、王亚光，2018）将杜威的教育即生活、学校即社会、做中学转换成生活即教育、社会即学校、教学做合一。[①]

相比于发展到一定高度的美国，当时的中国社会大多数人没有受教育的机会，在当时的中国做教育，重要的不是教育为生活做准备，而是普及教育，使更多人有受教育的机会。"教育即生活"在中国根本没有实行的根基，相反，"生活即教育"能在更大的场域推行教育，使更多的人以更方便的形式得到教育。社会即学校同样是针对中国的现状提出的，以解决教育资源不足的问题。而只有推行教学做合一才能使"生活即教育""社会即学校"成为现实，解决中国教育长期以来与生活实际相脱离的问题。

这一基于中国社会现状、中国文化特点翻的"半个筋斗"，既合理借鉴了杜威教育思想的内核，又使其更符合中国的实际，更具有可实施性，也在现实生活中创造了生活教育、创造教育、平民教育的不凡成绩，创造了"晓庄师范"这一推行"生活教育"的模范样本，推进了中国教育现代化的进程。

杜威曾称赞说："陶行知是我的学生，但比我高过千倍。"这当然是出于老师对学生的一片深情，但也从一个侧面告诉我们一个事实，任何一种思想，只有基于中国的实际，走中国化的道路，才能扎根中国大地，融入中国社会，成为推动中国进步的力量。生活教育如此，积极教育也是如此。陶行知先生的教育实践，开创了国外先进教育思想中国化的先河，对积极教育的中国化提供

---

① 以下内容参见刘大伟，王延光. 陶行知将杜威的理论翻了半个筋斗："生活即教育"［DB/OL］. 人民网：2018. 06. 06. http：//history. people. com. cn/n1/2018/0606/c372333-30040524. html.

了一个值得借鉴的样板。

二、该怎么做？积极教育中国化的几点建议

积极心理学、积极教育与中国文化在原点上的相通、在细节上的相约，中国特色社会主义教育思想所具有的积极特质，为积极教育中国化提供了接入点和精神指引。在具体推进上，下手处、着力点很多，本书提出以下四个方面的建议。

1. 人能弘道，非道弘人。相信人，尊重人的主体性

主体性原则看似现代，实则有着两千多年的历史。这生动体现在儒家尤其是孔子的教育思想之中。

> 关于孔子的教育理念，我们首先会想到孔子的"人能弘道，非道弘人"（《卫灵公》），这句话堪称孔子教育的核心理念。……在传统的教育观念中，"君将纳民于轨物"（《左传·隐公五年》），就是将百姓强制纳入规范之中，被教育者是需要被矫正、塑造的对象。但是，孔子说出了"人能弘道，非道弘人"，我们能看到其中本质的变化。
>
> 儒家对于代代相传的"道"极为看重，但若将"人"和"道"放在天平上进行比较时，孔子的态度非常值得关注——他认为实现"道"的基础依据与根本推动来源于"人"，这体现出孔子对于人的信任和认可，这是非常宝贵的思想。当我们实实在在地参与教育活动时，就会深切地体会到，教育是一件不断挑战我们对于人性的认知的过程。此时以这句话反省自己，能体会到孔子这句话说得非常彻底。孔子通过这句话，奠定了中国古代教育思想的底色：对于人的自身价值的认可，以及对人性彻底的信任与尊重。"人能弘道，非道弘人"，把人放在一个根本的位置上，孔子教育思想的核心，就是承认人的主体性和人的本有价值。①

---

① 孟琢. 立人与诗教：《论语》教育思想漫谈 [DB/OL]. 选自钱婉约. 国学要义精讲读 [M]. 上海：生活·读书·新知三联书店，2020年. 转摘自北师大章黄国学公众号 2020.9.28.

正如孟琢所说："'人能弘道，非道弘人'，把人放在一个根本的位置上，孔子教育思想的核心，就是承认人的主体性和人的本有价值。"这是孔子教育思想的核心，是现代教育思想的原点、出发点，也是积极教育的原点、出发点。推进积极教育的中国化，一个根本的出发点就是走出现代性对人性的不信任以及人性本恶的假设，回到中国传统文化的尤其是儒家思想的原点：人性本善，不是本原为善，而是"人之异于禽兽者几希"的使人之为人的本质之善。相信人性，相信人的主体性，从而在根本掂转教育的用力方向——不是规驯人、塑造人，而是相信人，诱发人本有的向上、向善、向美之心，通过发现、培育、运用人的本性中的积极的、正向的因素，成就人的人生幸福、可持续发展和社会蓬勃。

2. 价值升华，超越积极心理学的个体式设定

从尼采开始，后现代思想在扬弃现代主义中为自己清场，在热闹了近百年后，走到德里达处，以几乎用粉碎一切的姿态走向了自己的终结。

> 遵循福柯、德里达的反理性，后现代的特点是摧毁一切，强调不确定性，不承认本质的存在，一切都是现象，都是碎片，都是非连续性。自我也是碎片。反对宏大叙事，反整体，一切都是细节，是多元的，相对的，表层的，模糊的，杂乱的，并无规律可寻，也无须去寻。于是理性到感性一般（实践、经验、生命）再到感性个体（死亡、此在）再到彻底的虚无（后现代，什么都行）。①

后现代反抗"理性"压迫的初衷是找回生活，找回人，走到最后，把人与生活都丢了。正因如此，李泽厚说："后现代到德里达，已经到头了；应该是中国哲学登场的时候了。"同样回到生活、回到人，与后现代不同，中国哲学以"仁"完成了人与他人、与社会、与宇宙的勾连。

> 智慧之爱之学是希腊哲学，爱的智慧之学是中国哲学。爱的智慧

---

① 李泽厚，刘绪源. 该中国哲学登场了：李泽厚2010年谈话录［M］. 上海：上海译文出版社，2011：3.

就是怎么关切他人、怎么建立关系、怎么实现自己、怎么与人为善、怎么与民同乐，这是中国哲学考虑的问题，这就是深度的、广度的爱，叫仁爱，是人自己的方式，也是人存在的方式。①

在仁中，人不仅活出自己的模样，也与他人、与社会、与宇宙紧密相连。

> 士不可以不弘毅，任重而道远。仁以为己任，不亦重乎？死而后已，不亦远乎？（《论语·泰伯》）

弘毅者谁？我。弘毅者为谁？为仁。仁者，人也。我之弘毅，是自作主张，自我振作，自我奋发，自我坚忍，这是一个顶天立地的、大写的我，一个将自己的生命既归属于自己，又归属于他人、社会、人类、宇宙的我。我自是我，但我不是浩渺宇宙中的孤篷，恰恰相反，我是以一颗仁心与宇宙打成一片的整体性存在。

> 乾称父，坤称母；予兹藐焉，乃混然中处。故天地之塞，吾其体；天地之帅，吾其性。民，吾同胞；物，吾与也。（张载《西铭》）

天地之间，我虽渺小，却浑然中处，以天地为体，为性，以民为同胞，以万物为侣俦。我是渺小的，却不是孤独的；我是个体的，却不是碎片的。

既注重个体的觉醒，又注重超越性价值的实现，同样是犹太人的传统与思想特色之一。在《塔木德》中，先知们拷问众生：

> 如果我们不为自己努力，我们靠谁？
> 如果我们只为自己努力，我们成了什么？
> 如果我们现在还不明白，我们什么时候才明白？②

第一问提醒的是人的主体性原则，人只有靠自己，独立自主，自力更生才

---

① 陈来. 仁学本体论 [M]. 北京：生活·读书·新知三联书店，2014：11.
② 塔木德 [M]. 塞妮娅，编译. 上海：生活·读书·新知三联书店，2015：2.

能挺立于世间，成为堂堂正正的"我"。第二问提醒的是人的意义，要求人们把人生不仅仅系于自己的方舟之上，还要与超越性存在紧密相连——

> 必须从只想着自己转变为强调自我以外的世界。自我实现并不是要隐退于我们这个堕落的世界之外，也不是要沉溺于自我陶醉之中，要实现自己的价值必须参与社会生活，并对这个世界能有所贡献。①

第三问呼唤人们及时觉醒，走出懒惰与自我中心，在自立自强中成己达人。

与德里达的"后现代"不尽相同的是，积极心理学重视关系，重视与他人相处，承认他人的、关系的重要性，主张把自己与更大的超越性的存在联在一起。将古希腊的四德——"智慧、勇敢、节制、正义"与仁爱、超越同列为积极心理学的六大美德。这些都体现了一定的"保守性"，一定的对极端"后现代"思想的调和、纠偏。但不可否定的是，积极心理学是以主张、强调个人主义②的西方文化为背景的，对个体本位的强调是它天然的基础。因此，在推广积极心理学，以及以此建构积极教育的过程中，不仅要吸收其中合理的成分，突出人的"主体性""独立性"，突出人的自由、个性，也要防止过犹不及，走到极端个人主义，走到人的碎片化、虚无化的后现代陷阱中去。这就需要在人的精神建设中，突出东方传统的集体主义信念。在价值引领中，将个人的价值建立在通过为他人、社会提供"创造性劳动"之上，将个体命运同超越性存在——家庭、国家、民族联系在一起，将个体的前途融入中华民族伟大复兴的征途中去，在伟大的民族复兴中实现个体的生命价值，从而实现生命的整体性、庄严性，打破后现代的碎片化、虚无化的"诅咒"，使个体生命价值得到升华。

3. 对话先贤，从先儒的"对话式"教学案例中汲取智慧

对话哲学起于马丁·布伯，但"对话式"教学却不仅滥觞于古希腊的苏格拉底，也源自中国的至圣先知，是儒家教育的主要形式。即使在科举考试盛

---

① 塔木德［M］. 塞妮娅，编译. 上海：生活·读书·新知三联书店，2015：2.
② 需要注意的是，不要把个人主义简单地和自私自利画等号。个人主义的核心是个体独立、自由。当然，维护私利，主张私产神圣不可侵犯也是题中之义。

行，俗儒们只以"背诵+戒尺"为主要教学手段的明朝，心学大儒王阳明先生也仍旧恪守着这一对话教育的传统。《传习录》就是一部师生对话录，一部儒家教育的经典案例。现举一例：

> 爱问文中子、韩退子。先生曰："退之，文人之雄耳；文中子，贤儒也。后人徒以文词之故推尊退之，其实退之去文中子远甚。"爱问："何以有拟经之失？"先生曰："拟经恐未可尽非。且说后世儒者著述之意，与拟经如何？"爱曰："世儒著述，近名之意不无，然期以明道，拟经纯若为名。"先生曰："著述以明道，亦何所效法？"曰："孔子删述《六经》，以明道也。"先生曰："然则拟经独非效法孔子乎？"爱曰："著述即于明道有所发明。拟经似徒拟其迹，恐于道无补。"先生曰："子以明道者使其反朴还淳，而见诸行事之实乎？拟将美其言辞，而徒以说说于世也？天下之大乱，由虚文胜而实行衰也。……不知文中子当时拟经之意如何？某切深有取于其事，以为圣人复起，不能易也。……"①

退之指韩愈，有"文起八代之衰，道济天下之溺"的功绩，深受后学者的推崇。文中子指王通，隋代大儒，著有《续六经》，包括《续诗》《续书》《礼论》《乐经》《易赞》《元经》等，共80卷，对后世也有着深远的影响。《三字经》把他列为诸子百家的五子之一："五子者，有荀扬，文中子，及老庄。"本段对话的核心就是讨论王通《续六经》（即徐爱说的"拟经"）的是非得失，徐爱遵从世说，认为这是"失"——何以有拟经之失？王阳明则不同意这一世说俗见，认为"拟经恐未可尽非"，又说："某切深有取于其事，以为圣人复起，不能易也。"充分肯定王通拟经的历史功绩。其中是非曲直不是本书在此讨论的重点，本书关注的是这一教学过程本身。

我们看到，问题由徐爱发起，"爱问文中子、韩退之"，先生接过话头，明确表达自己的观点，"其实退之去文中子远甚"，引出了徐爱的斥疑："何以有拟经之失？"而后，师生围绕这一中心话题反复辩驳。在这一过程中，先生

---

① 王阳明. 传习录［M］. 长沙：岳麓书社，2016：9-10.

没有一语断了，而是反复论述，欲尽其详；学生也没有唯命是从，而是不断与先生交锋，反复辩驳，一再重申自己的观点。这就是典型的对话式教育。首先，师生平等，教师不是严不可犯的传道人，学生也不是言听计从的应声虫。二者都以独立主体的身份参与其间。其次，心灵转向，二人都真诚地对待对方的问答，尽心思考、回复、辩驳。最后，意义流转，在反复辩驳中，深明大义，达成共识。

积极教育如果要以"对话"为核心构建师生交往模式，以"对话"为主体构建课堂教学形态，那么大可从《论语》《传习录》这些传世经典，这些对话教学的经典案例中汲取智慧，明其理，通其式，得其实，最终形成既具中国特色又有当代风范的对话式教学模式，推动课程改革、教学改革进程。

4. 知行合一，积极教育的中国化实施

西方从古希腊开始就有重"智"的传统，认为"智慧即美德"；而中国有重"德"的传统，认为"美德即智慧"。可以有知而不行的"智"，但不能有知而不行的"德"。虽然前者也流弊不少（马克思正是看到这些流弊，所以说"重要的不是认识世界，而是改造世界"），但德若不行，它就不仅仅是研究成果的束之高阁，而是道德的败坏。因此，知行合一，是重"德"的中国传统的必然要求。往圣的谆谆教诲，君子的努力践行，使"知行合一"成为中国人最重要的德行传统。在论及实践时，我们曾反复阐述这一传统，本节再略举一二。

> 圣人之道，入乎耳，存乎心。蕴之为德行，行之为事业。彼以文辞而已者，陋矣。①

这段话出自朱熹的《近思录》。在这段话中，朱熹首先指出了知、行的共同源泉是圣人之道，这道蕴之于心，就是德行；行之于世，就是事业。知行同源而分途，知之切就是内圣，行之笃就是外王。最后着重指出，彼以文辞而已者，陋矣。如果只停留在口头上，既入不了心，又见不了行，就浅陋了。反对辞章之学，是历代儒家的共识。

---

① 朱熹，吕祖谦. 近思录 [M]. 斯彦莉，译注. 中华书局，2011：31.

然学之道，必先明诸心，知所往，然后力行以求至，所谓"自
明而诚"也。诚之道，在乎通道笃。通道笃则行之果，行之果则守
之固。①

王阳明把行、知看成"良知"的一体两面——"知是行的主意，行是
知的工夫"，朱熹的"知行论"则是有先后之分的。具体讲，就是知先行
后——然学之道，必先明诸心，知所往，然后力行以求至。除此外，二者在
诸多细节上还有分别。但二者都讲知行合一，只不过一个以"良知"合，
一个以"天道"统，而且都重"诚"、重"笃"，要切实地知，切实地行，
方成君子。

就道德而言，知行合一是必然的要求，没有知的行是盲目的，没有行的知
是空洞的。若仅以学校德育而言，要落实知行合一，确实不易。毕竟学校以学
习知识为主，学校道德教育，更多是落实在知上。因此，要打通校内外，做好
家校共育，才能使知行合一落到实处。这就是"三全育人"——全员、全程、
全方位育人的必要性所在。但这并不表明，学校德育就可以只重知，而完全不
要行。这一观念是有害的，这只会使道德教育辞章化、浅陋化，成为道德的纸
上谈兵。就学校而言，要做到知行合一：第一，把道德认知建立在丰富的生活
经验之上。第二，校园生活要以德为先导，重师德，重良好的校园人际关系的
建设，重儿童友好性制度、校园、文化建设，为学生德行的成长提供友好的环
境支持。第三，重视德育性活动和活动的德育性，在校园活动与德性的双向渗
透中增加学校德育的实践性、丰富性。

就知识学习而言，知行合一也是必要的。这一问题在积极课程与教学章
节中已反复讨论。本书主张以学生主体性实践活动为中心组织课程实施，建
议建构"在实践上接触世界""在实践上建构知识""在实践上运用知识"
的实施链条，在实践中求知，在实践中创新，在知行合一中促进学生的全面
发展。

积极教育的中国化是扎根中国办教育的必然要求，具有鲜明积极特质的中

① 朱熹，吕祖谦. 近思录［M］. 斯彦莉，译注. 中华书局，2011：32.

国传统文化、中国特色社会主义教育思想为这一进程提供了理论指引和精神力量，倡导以"创造性劳动"为核心内容的价值观，引领师生超越生命的自然属性和生活的琐碎庸常，在更为广阔的时空境域实现自身价值，以对话、实践推动师生关系建设、德育建设、课程建设向纵深发展，从而形成具有中国气派的育人体系。

主要参考书目

哲学类

［1］［德］马克思，恩格斯.马克思恩格斯选集：第1卷［M］.北京：人民出版社，1995.

［2］［德］马克思.1884年经济哲学手稿［M］.中共中央马克思恩格斯列宁斯大林著作编译
局，编译.北京：人民出版社，2018.

［3］［德］恩斯特·卡西尔.人论［M］.甘阳，译.上海：上海译文出版社，2013.

［4］［德］马丁·布伯.我与你［M］.任兵，译.北京：北京联合出版公司，2018.

［5］李成旺.《德意志意识形态》导读［M］.北京：中国民主法制出版社，2018.

［6］肖广岭.自然辩证法导读［M］.北京：中国民主法制出版社，2018.

［7］［德］海德格尔.存在与时间［M］.陈嘉映，王庆节，译.北京：生活·读书·新知三
联书店，2014.

［8］［法］伊曼努尔·列维纳斯.时间与他者［M］.王嘉军，译.武汉：长江文艺出版
社，2020.

［9］［美］Howard A. Ozmon，Samuel M. Craver.教育的哲学基础［M］.石中英，邓敏娜，
译.北京：中国轻工业出版社，2006.

［10］［法］萨特.存在与虚无［M］.陈宣良，译.北京：人民出版社，1987.

［11］［德］康德.实践理性批判［M］.邓晓芒，译.北京：人民出版社，2003.

［12］［德］康德.道德形而上学原理［M］.苗力田，译.上海：上海人民出版社，1986.

［13］［法］皮埃尔·布尔迪厄.实践理论大纲［M］.高振华，李思宇，译.北京：中国人
民大学出版社，2017.

［14］陈来.仁学本体论［M］.北京：生活·读书·新知三联书店，2014.

［15］李泽厚.批判哲学的批判：康德述评［M］.北京：生活·读书·新知三联书店，2007.

［16］［英］休谟.人性论（下）［M］.关文运，译.北京：商务印书馆，1980.

［17］［英］约翰·密尔.论自由［M］.程崇华，译.北京：商务印书馆，1982.

［18］傅佩荣.一本书读懂西方哲学史［M］.北京：中华书局，2010.

［19］［德］汉斯-格奥尔格·伽达默尔. 诠释学Ⅱ：真理与方法［M］. 洪汉鼎，译. 北京：商务印书馆，2010.

教育学类

［20］张楚廷. 教育哲学［M］. 北京：教育科学出版社，2006.

［21］冯苗. 教育场域中的对话：基于教师视角的哲学解释学研究［M］. 北京：教育科学出版社，2011.

［22］李敏. 深度学习：理论与实践［D］. 长春：东北师范大学，2019.

［23］［美］小威廉姆·E. 多尔. 后现代课程观［M］. 王红宇，译. 北京：教育科学出版社，2015.

［24］陶行知. 陶行知教育文集［M］. 成都：四川教育出版社，2017.

［25］檀传宝. 学校道德教育原理［M］. 北京：教育科学出版社，2000.

［26］张楚廷. 课程与教学哲学［M］. 北京：人民教育出版社，2003.

［27］［日］佐藤学. 静悄悄的革命［M］. 李季湄，译. 北京：教育科学出版社，2014.

［28］［美］杜威. 民主主义与教育［M］. 王承绪，译. 北京：人民教育出版社，2001.

［29］黄济. 教育哲学通论［M］. 太原：山西教育出版社，2011.

［30］［英］怀特海. 教育的目的［M］. 庄莲平，王立中，译. 上海：文汇出版社，2012.

［31］［法］卢梭. 爱弥尔（上）［M］. 叶红婷，译. 北京：台海出版社，2016.

［32］［捷克］夸美纽斯. 大教学论［M］. 傅任敢，译. 北京：教育科学出版社，1995.

［33］曹刘霞. 儿童积极心理学［M］. 成都：四川科学技术出版社，2018.

心理学类

［34］［美］马丁·塞利格曼. 持续的幸福［M］. 赵昱鲲，译. 杭州：浙江人民出版社，2012.

［35］［爱尔兰］Alan Carr. 有关幸福和人类优势的科学：积极心理学［M］. 丁丹，等，译. 北京：中国轻工业出版社，2018.

［36］［美］Patty O' Grady. 积极心理学走进小学课堂［M］. 任俊，译. 北京：中国轻工业出版社，2016.

［37］［美］克里斯托弗·彼得森. 打开积极心理学之门［M］. 侯玉波，王非，译. 北京：机械工业出版社，2018.

［38］曾光，赵昱鲲，等. 幸福的科学：积极心理学在教育中的应用［M］. 北京：人民邮电出版社，2018.

[39] 陶新华. 教育中的积极心理学 [M]. 上海：华东师范大学出版社，2017.

[40] 任俊. 写给教育者的积极心理学 [M]. 北京：中国轻工业出版社，2019.

其　他

[41] 四书五经上卷 [M]. 天津：天津古籍出版社，1988.

[42] 李泽厚. 美学三书 [M]. 北京：商务印书馆，2006.

[43] 李泽厚，刘纲纪. 中国美学史 [M]. 北京：中国社会科学院出版社，1984.

[44] 李泽厚. 论语今读 [M]. 南京：江苏文艺出版社，2010.

[45] 李泽厚. 由巫到礼　释礼归仁 [M]. 上海：生活·读书·新知三联书店，2015.

[46] 李泽厚，刘绪源. 该中国哲学登场了：李泽厚 2010 年谈话录 [M]. 上海：上海译文出版社，2011.

[47] 窦文宇，窦勇. 汉字字源：当代新说文解字 [M]. 吉林：吉林文史出版社，2005. 转摘自国学大师网。

[48] 王阳明. 传习录 [M]. 长沙：岳麓书社，2016.

[49] 司马迁. 史记 [M]. 郑州：中州古籍出版社，1991.

[50] 钱冠连. 美学语言学 [M]. 上海：华东师范大学出版社，2018.

[51] [美] 诺姆·乔姆斯基. 语言与心智 [M]. 熊仲儒，张孝荣，译. 北京：中国人民大学出版社，2015.

[52] 张岱年. 中国国学传统 [M]. 北京：北京大学出版社，2016.

[53] 孙隆基. 中国文化的深层结构 [M]. 桂林：广西师范大学出版社，2004.

[54] 赵汀阳. 天下的当代性：世界秩序的实践与想象 [M]. 北京：中信出版社，2016.

[55] 陈振华. 积极教育论纲 [J]. 华东师范大学学报（教育科学版），2009（9）.

[56] 班华. 德育理念与德育改革 [J]. 南京师范大学学报（社会科学版），2002（7）.

[57] 祝智庭，彭红超. 深度学习：智慧教育的核心支柱 [J]. 中国教育学刊，2017（5）.

[58] 祝智庭，孙妍妍，彭红超. 解读教育大数据的文化意蕴 [J]. 电化教育研究，2017（1）.

[59] 郭元祥，伍远岳. 学习的实践属性及其意义向度 [J]. 教育研究，2016（2）.

[60] 胡莹. 康德与马克思自由观比较 [J]. 黑龙江教育学院学报，2006（7）.

[61] 叶浩生. 身心二元论的困境与具身认知研究的兴起 [J]. 心理科学，2011（4）.

[62] 冯建军. 从主体间性、他者性到公共性：兼论教育中的主体间关系 [J]. 南京社会科学，2016（9）.

[63] 张灵燕. "有意义的他者" 的产生根源与影响路径分析：基于中国地质大学（武汉）部分大学生的调查研究 [J]. 今传媒，2017（1）.

［64］刘要悟，柴楠. 从主体性、主体间性到他者性——教学交往的范式转型［J］. 教育研究，2015（2）.

［65］曾志浩. 国家意识形态安全视域下的核心价值观建构［J］. 三峡大学学报（人文社会科学版），2013（7）.

［66］柴凤品，何军民. 自由必须承担责任：萨特论自由和责任的关系［J］. 黔东南民族师专学报，2001（8）.

［67］祝铨云. 古今说"德"［J］. 中小学德育，2015（11）.

［68］陈爱华. 从哲学到教育：马丁·布伯的对话理论［J］. 南昌大学学报（人文社会科学版），2015（10）.

［69］欧阳康. 马克思实践论思维方式的基本构架［DB/OL］. 光明日报网.

［70］郭华. 深度学习及其意义［J］. 课程·教材·教法，2016（11）.

［71］罗生全. 70 年课程研究范式的回顾与展望［J］. 湖南师范大学教育学科学报，2019（5）.

后　记

　　积极教育丛书是深圳市龙华区教育科学"十三五"规划攻关课题"积极教育理论引领区域教育内涵发展实践研究"（课题批准号 LHGGZZ18001）的研究成果。本课题主持人是王玉玺，副组长是段先清、张学斌、袁再旺，核心成员有朱美健、刘洪翔、刘芳、段新焕、刘丽芳、张文华。2020 年，祝铨云加入该课题组。

　　积极教育丛书主编是王玉玺，副主编是谌叶春、段先清、张学斌、袁再旺，编委有胡学安、朱美健、黄仕则、席春玲、刘洪翔、林日福、刘丽芳、祝铨云。本书由刘洪翔、祝铨云执笔。其中，刘洪翔负责积极教育核心理论的建构。祝铨云负责积极教师、积极德育、积极课程与教学、积极家校共育、积极教育中国化等章节的撰写。二人共同讨论、撰写了积极教育哲学基础部分：人与积极——积极教育的中心与本有之义。全书由祝铨云统稿。

　　广东省教育科学院教材研究所副主任钟守权教授、深圳大学师范学院副院长李臣教授、深圳大学师范学院张祥云教授给予了专业指导。在此，一并表示感谢。

积极教育丛书编委会

2021 年 2 月